경상국립대학교 SSK 연구단 연구총서 제4권

포스트자본주의와 마르크스주의의 혁신: 이론과 실천

정성진 엮음

박노자, 장대업
한상원, 김현강
권정임, 정성진
김덕민
안잔 차크라바티
사이토 고헤이
지음

권오범
유철수 옮김

진인진

포스트자본주의와 마르크스주의의 혁신: 이론과 실천

초판 1쇄 발행 | 2024년 6월 25일

엮은이 | 정성진
지은이 | 박노자, 장대업, 한상원, 김현강, 권정임, 정성진, 김덕민, 안잔 차크라바티, 사이토 고헤이
옮긴이 | 권오범, 유철수
편　집 | 배원일, 김민경
발행인 | 김태진
발행처 | 진인진
등　록 | 제25100-2005-000003호
주　소 | 경기도 과천시 관문로 92 101동 1818호(힐스테이트 과천중앙)
전　화 | 02-507-3077-8
팩　스 | 02-507-3079
홈페이지 | http://www.zininzin.co.kr
이메일 | pub@zininzin.co.kr

ⓒ 경상국립대학교 SSK 연구단 2024
ISBN 978-89-6347-603-2 93300

* 책값은 표지 뒤에 있습니다.

* 이 저서는 2021년 대한민국 교육부와 한국연구재단의 지원을 받아 수행된 연구임(NRF-2021S1A3A 2A02096299).

· · · ·

머리말

    1991년 옛 소련 붕괴와 함께 마르크스주의도 파산했다는 통념은 적어도 학술 영역에 관한 한 사실과 다르다. 마르크스주의 분야 전문학술지나 논문과 단행본 수는 옛 소련 붕괴 전 고점을 이미 돌파했으며 매년 증가하고 있다. 구글엔그램뷰어(Google Ngram Viewer)로 검색해 보면 매년 전 세계에서 영어로 출판된 책들 중 '마르크스주의(Marxism)' 혹은 '사회주의(socialism)'라는 단어가 포함된 책들의 비율은 1968년 혁명 전후해서 고점에 도달한 뒤 1991년 소련 붕괴 후 크게 감소했지만, 2008년 글로벌 금융위기 직후인 2009년 바닥을 치고, 이후 다시 상승 주세로 반전되었다. 21세기 들어 마르크스주의 연구는 양적으로 크게 증가하고 있을 뿐만 아니라, 질적으로도 새롭고 다채롭게 발전하고 있다. 마르크스 자신의 사상에 관한 연구는 물론, 마르크스의 방법론에 의거한 현대사회와 전근대 사회 연구, 포스트자본주의 사회 기획 등, 경제학, 사회학, 정치학, 역사학, 철학, 문학 등 인문사회과학 전분야에 걸쳐, 새로운 개념과 혁신적 성과들이 쏟아져 나오고 있다. '새로운 마르크스 읽기(neue Marx-Lektüre)', 마르크스 가치론의 '신해석(NI)', '시점간 단일체계 해석(TSSI)', 실증적 마르크스주의 경제학, 포스트모던 마르크스 경제학, 계급과정(class process), '제3의 세계'(World of the Third), 마르크스주의 금융

위기론, 우노(宇野)학파, 구루마(久留間)-오타니(大谷) 학파를 중심으로 한 일본 마르크스주의 경제학의 재흥, 프레카리아트, 네오그람시안 IPE, 정치적 마르크스주의(Political Marxism), 열린 마르크스주의(Open Marxism), 트로츠키주의 불균등결합발전론, 하비(D. Harvey)의 신제국주의, 국가자본주의, 자율주의, 스피노자 마르크스주의, 푸코 마르크스주의, 지젝 마르크스주의, '21세기 사회주의', 사회적 재생산 페미니즘, 교차성(intersectional) 마르크스주의, 생태사회주의, 탈성장 코뮤니즘, 아나키스트 코뮤니즘, 코먼(common), 어소시에이션, 리얼 유토피아, 참여계획경제, 디지털 사회주의, 가속주의(accelerationism), 중국의 당국가 주도 마르크스주의 연구의 대약진 등 일일이 나열하기 어려울 정도이다.

    21세기 마르크스주의 연구의 역동적 부활은 다음과 같은 사정들을 배경으로 한다. 첫째, 2008년 글로벌 금융위기 이후 자본주의의 모순이 총체적으로 격화되면서 1991년 옛 소련 붕괴 이후 득세했던 '자본주의 이외 대안 부재론(TINA)'이 급격히 퇴조한 반면, 자본주의가 아닌 다른 세상에 대한 관심이 새롭게 부활하면서 이와 연동되어 포스트자본주의의 대표적 사상인 마르크스주의에 대한 연구가 재활성화되었다. 둘째, '사회주의의 종주국'을 자처했던 소련의 붕괴는 기존의 마르크스주의에 고질적이었던 '정통 vs 이단'의 종교적 이분법을 무의미하게 함으로써 오히려 과학으로서 마르크스주의의 자유로운 발전과 창조적 혁신을 고무했다. 셋째, 21세기 들어 '새로운『마르크스-엥겔스 전집』(MEGA)'이 속속 간행되었는데(2024년 6월 현재 예정된 114권 중 73권 출간), 이는 마르크스주의에 대한 새로운 연구를 촉진하는 계기가 되었다. 특히 그 동안 거의 알려지지 않았던 자연과학과 생태학 분야에 관한 마르크스의 발췌노트의 출판은 21세기 생태 마르크스주의와 탈성장 코뮤니즘의 주요한 이론적 자원이 되었다.

21세기 들어 마르크스주의 연구가 새롭게 활성화되면서 마르크스의 새로운 면모들이 드러났다. 지난 세기 마르크스주의 연구가 대체로 마르크스의 사상을 하나의 통일되고 완결된 체계로 교조화하여, 예컨대 '청년' 마르크스(소외론)와 '중기' 마르크스(잉여가치론) 중 어떤 마르크스가 '진정한' '정통' 마르크스인지를 다루는 식의 유사 '종교재판'으로 퇴화했던 것과 달리, 21세기 마르크스주의 연구에서는 '수천 개'의 마르크스의 존재가 인정되고, 열린 체계로서 마르크스 사상의 끊임없는 전환과 진화 과정, 특히 후기 마르크스에서 사상 혁신이 강조된다. 21세기 마르크스주의의 혁신은 특히 포스트자본주의 분야에서 두드러진다. 어소시에이션과 코먼 개념의 전면적 도입 및 아나키스트 코뮤니즘으로의 전환을 통한 '아래로부터 사회주의' 비전의 명료화, 사회적 재생산 페미니즘, '교차적' 마르크스주의 및 탈성장 코뮤니즘과의 접합을 통한 마르크스의 포스트자본주의 상(像)의 확장, 참여계획경제론, 디지털 사회주의론의 발전을 통한 포스트자본주의 기획의 구체화 등이 그것이다.

　이 책은 21세기 마르크스주의의 혁신을 포스트자본주의의 이론과 실천을 중심으로 개관·평가하고 한국적 함의를 검토하기 위해 기획된 학제간 국제공동연구의 결과로서, 이 연구에 공동연구원으로 참여하고 있는 사이토 고헤이(斎藤幸平), 안잔 차크라바티(Anjan Chakrabarti), 박노자 등 이 분야 국내외 전문연구자들이 기고한 모두 9편의 독립 논문을 "'현존 사회주의'를 넘어서'(1부), '마르크스주의의 혁신의 이론적 자원들'(2부), 및 '21세기 포스트자본주의의 구상'(3부) 등 총 3부로 편집한 것이다.

　1부 '현존 사회주의'를 넘어서(1부)는 소련과 중국을 다룬 논문 2편을 수록했다. 먼저 박노자는 "소련 몰락 이후 소련과 동구권의 사회·경제적 형태에 관한 포스트 소비에트 마르크스주의자들의 논의들"에서 소련 몰락 이후의 소련과 동구권의 마르크스주의자들의 소련식 사회들의 사회·경제적 형태에 대한 논의를 검토한다. 박노자는 먼저 소련 몰락 이전의 소련 및 동구권 출신 비판적 마르크스주의자들의 소련에 대한 시각을 소개한다. 박노자에 따르면 비판적 마르크스주의자들에게 소련이 계급사회인지 아닌지의 문제는 큰 논쟁거리였다. 예컨대 그 중 한 흐름(트로츠키, 카갈리츠키, 타라소프 등)은 소련 사회의 미완의, 혹은 과도기적 성격을 강조해서, 소련의 집권 관료들을 계급이 아닌 계층으로 다루어왔던 반면, 다른 흐름(먀스니코브, 세메노프 등)은 소련을 관료라는 지배계급이 잉여가치를 수취하는 '정상적' 계급 사회로 인식해 왔다. 박노자는 소련이 경향적으로는 자본주의화되고 있었다 하더라도 자본주의로의 완전한 전화는 수십년간 유예되었고 1920년대말부터 1980년대말까지 국가가 토지, 자본, 노동시장을 대체했다고 주장한다. 나아가 박노자는 이것이 노동자 민중의 입장에서도 꼭 부정적이지만 않았으며, 실제로 많은 러시아인들에게 옛 소련 시절은 상대적으로 평등했던 시대로 기억된다고 주장한다. 박노자는 소련이 비록 사회주의 이상을 실현시키지 못했다 해도 그 세계사적 기여는 심대했으며, 사회주의 건설이 사실상 불발에 그쳤다 해도, 혁명을 거친 사회의 역사 전체를 오로지 '실패'로만 치부하는 것은 정당하지 않다고 주장한다.

장대업은 "제국인가 동지인가? 중국의 부상속에서 동아시아의 개발도상국의 미래"에서 일대일로(Belt and Road Initiative) 사업에서 전형적으로 드러나는 자본주의 세계체제에서 중국자본주의의 현재 위치를 검토한다. 기존 연구들 다수는 오늘날 중국은 외국 영토를 점령하거나 외국 영토에 군대를 주둔시키고 있지 않기 때문에(Ching Kwan Lee), 혹은 오늘날 중국 경제는 자본주의 경제가 아니라 '비자본주의적 시장경제'이기 때문에(G. Arrighi), 제국주의적이라고 볼 수 없다고 주장한다. 하지만 장대업은 오늘날 중국에서 자본의 과잉축적의 현실에 주목하면서, 과잉축적이 추동하는 '공간적 조정'(spatial fix) 메커니즘이 중국을 불가피하게 제국주의로 전화시키고 있다고 분석한다. 장대업에 따르면 오늘날 중국은 민간 자본축적에 대한 국가의 지원, 대기업(민간 또는 국유)으로의 부의 고도 집중, 노동자계급의 박탈이 진행되면서, 자본의 과잉축적이 심화되면서 제국주의로 전화되고 있다. 장대업에 따르면 일대일로 사업은 오늘날 중국 자본주의가 안고 있는 만성적 과잉 축적에 대한 공간적 조정으로서, 중국의 제국주의적 전환의 상징이다. 하지만 장대업은 이와 같은 공간적 조정이 중국 자본에게 시간을 벌어주는 줄 수 있지만, 과잉축적이 야기한 환경적, 경제적 문제는 해결되지 못한 채 많은 개도국들에게 부채나 노동착취, 수탈 등의 형태로 이전될 뿐이라고 분석한다. 장대업은 오늘날 중국의 제국주의적 팽창이 동시에 신식민주의적인지에 대해서는 판단을 유보하면서도, 중국이 또 하나의 제국주의를 향해 가고 있으며, 동아시아의 평화와 인간다운 미래를 위한 노력에 중대한 위협이 되고 있다고 결론내린다.

2부 '마르크스주의의 혁신의 이론적 자원들'에는 마르크스의 가치형식론, 지젝의 포스트자본주의론, 사회적 재생산론, 후기 마르크스 사상의 혁신을 다룬 4편의 논문을 수록했다. 먼저 한상원은 "마르크스의 가치형식 분석과 그 비판적 방법론: 네 가지 서술단계에 대한 문헌적 검토를 중심으로"에서 마르크스의 가치형식론의 성립 과정을 상세하게 분석하고 이를 통해 마르크스의 방법론의 주요 특징들을 드러낸다. 이를 위해 한상원은 마르크스의 텍스트 중 『정치경제학 비판을 위하여』(1859), 『자본론』 1판(1867), 『자본론』 1판의 부록, 및 『자본론』 2판(1872)에 서술된 가치형식론의 차이 및 진화 과정을 분석한다. 한상원에 따르면 이 텍스트들에서 서술된 마르크스는 가치의 실체인 '노동'과, 가치 크기를 재는 척도로서 '노동시간' 간의 관계를 물으면서, '가치'를 '교환가치'로 만드는 가치의 '형식'을 강조하는데, 이는 상품의 가치를 투하노동시간으로 정의하는 리카도 경제학과 명확하게 구분된다. 한상원은 마르크스의 가치형식론은 자본주의를 상품물신성 및 추상의 지배라는 관점에서 비판하는 새로운 자본주의 비판 방법의 탄생으로 이어졌다고 평가한다. 마르크스의 가치형식 분석이 함축하는 자본주의 비판 방법은 '내재적 초월'의 변증법적 비판으로서 비판 대상의 해체와 재구성을 지시하는데, 이는 마르크스의 정치경제학 비판을 경험주의, 실증주의 혹은 착취론으로 환원, 특권화하는 마르크스 이후 주류 마르크스주의 경제학의 방법과도 다르다. 나아가 한상원에 따르면, 마르크스가 네 가지 가치형식의 서술들 사이에서 어떤 선택지를 향해갈 지 망설이고 동요하면서, 반복해서 자신의 관점과 서술을 정정하고, 자신의 생각을 발전시켜 나간 과정은 이른바 '하나의 통일된, 또 유일하게 옳은' 마르크스를 전제하는 전통적 마르크스주의와도 상충된다.

김현강은 "지젝의 자본주의 비판과 포스트자본주의관"에서 자본주의에 대한 지젝(S. Žižek)의 비판과 대안을 실재론과 주체론을 중심으로 검토한다. 김현강은 지젝이 '자본주의 이외 대안 부재론(TINA)'이 두 번 죽었다고, 즉 처음에는 비극으로(2001년 9/11 테러) 죽었고, 두 번째는 희극으로(2008년 글로벌 금융위기) 죽었고, 현대 자본주의의 이념인 자유민주주의의 환상도 이와 함께 죽었다고 단언하면서, 자유민주주의를 대체할 수 있는 것은 좌파 사회민주주의도 우파 포퓰리즘도 아닌 공산주의라고 주장한 것에 주목한다. 실제로 지젝은 글로벌 자본주의의 대안으로서 마르크스주의적 공산주의를 제안한다. 김현강은 또 지젝이 프롤레타리아트를 전통적 마르크스주의처럼 한 계급으로서, 즉 배타적이고 분열적인 '거짓' 보편성으로서가 아니라 글로벌 자본주의에서 배제된 모든 사람들로 이해하고 '착취당하고 억압받는 자들의 전 지구적 연대'를 제안한 것에도 주목한다. 김현강에 따르면 이와 같은 지젝의 포스트자본주의관은 이성의 경계를 넘어서는 유토피아의 '광기'와 우발적인 정치적 행동, 즉 합리적 논증을 넘어 비합리적인 것으로 될 위험성을 내포한다. 실제로 지젝에게는 유토피아적 미래에 대한 청사진을 그리는 것은 불가능하며, 전통적 마르크스주의와 달리 역사의 모든 것을 포괄하는 계획도, 예측가능한 발전단계도 존재하지 않으며, 미래는 항상 부정적이고 상상할 수 없는 것으로 남아있다. 하지만 지젝은 민중이 투쟁하는 주체로 서는 한 진리는 실현될 수 있다면서 공산주의로의 이행에 수반된 위험을 '유토피아의 가능성에 대해 지불해야 할 대가'로 간주한다. 김현강은 이와 같은 지젝의 진리를 향한 투쟁과 포스트자본주의 기획 프로젝트에 공감한다. 지젝이 말했듯이 진리는 오직 진리를 위한 투쟁을 통해서만 발생하기 때문이다.

권정임은 "사회적 재생산 여성주의의 비판적 재구성: 계급, 무급 돌봄·가사 노동에 대한 보상 및 기본소득을 중심으로"에서 최근 주목받는 바타차르야(T. Bhattacharya) 등의 사회적 재생산 페미니즘을 비판적으로 검토하고 이를 마르크스적 관점에서 확장한다. 권정임은 사회적 재생산 페미니즘은 마르크스의 정치경제학에 의거하여 자본주의 사회에서의 여성 억압과 여성 해방의 가능성을 사회경제, 계급, 젠더, 인종, 생태 등 자본주의 사회의 다층적 차원과의 체계적인 연관 아래 통합적이면서도 비환원론적으로 연구할 수 있는 전망과 단서를 제공함을 보인다고 평가한다. 사회적 재생산 페미니즘은 계급문제로 환원되지 않는 젠더 문제의 고유성을 이분법이 아니라 통합적으로 이해하고, 이를 위해 마르크스의 정치경제학을 계급 착취만이 아니라 여성 억압까지 설명하는 통합적 이론으로 확장·발전시켰다는 것이다. 즉 사회적 재생산 페미니즘은 생산과 재생산, 계급과 젠더를 통합적으로 이해하며, 노동계급도, 무급 또는 유급 여부와 무관하게, '일생 동안 사회 재생산 전체에 참여하는 생산 계급 속의 모든 사람들'로 이해한다는 것이다. 권정임은 사회적 재생산 페미니즘의 문제의식에 기본적으로 동의하면서도 그것이 자본주의 사회에서의 여성 억압과 여성 해방의 가능성을 연구하는 보다 체계적인 연구프로그램이 되기 위해서는 그것을 마르크스의 정치경제학 비판의 시각에서 재구성할 필요가 있다고 지적한다. 예를 들어 기존의 사회적 재생산 페미니즘이 사회적 재생산을 '노동계급과 그 노동력'을 중심으로 사고했던 것과 달리 권정임은 이를 '프레카리아트와 그 역량 또는 노동력'으로 확장할 것을 제안한다. 이와 함께 권정임은 무급 돌봄·가사 노동에 대한 적절한 보상을 위한 정책으로서 기본소득이 기존의 사회적 재생산 페미니즘에 추가되어야 한다고 주장한다. 권정임에 따르면 기본소득은 공식 경제에서 노동시간 단축과 젠더화된 분업의 해체 및 가정 내 돌봄·가사 노동의 젠더 평등한 분담의 조건을 제공할 것이다.

정성진은 "후기 마르크스와 마르크스주의의 혁신의 이론적 자원들"에서 후기 마르크스가 이룩한 사상적 혁신을 이에 관한 최근의 대표적 연구들이 무스토(M. Musto)의 『마르크스의 마지막 투쟁: 1881-1883년의 지적 여정』, 자렘브카(P. Zarembka)의 Key Elements of Social Theory Revolutionized by Marx, 사이토 고헤이의 『지속 불가능 자본주의』를 중심으로 검토한다. 정성진에 따르면 최근 마르크스 연구의 새로운 흐름은 후기 마르크스 사상의 혁신적 측면을 MEGA로 출간되고 있는 자료들을 이용하여 변경혁명, 커먼, 물질대사 등의 개념을 중심으로 재구성하는 것인데, 무스토와 자렘브카 및 사이토의 책들은 강조점의 차이에도 불구하고 후기 마르크스 사상이 오늘날 마르크스주의의 혁신의 지렛대가 될 수 있음을 보여준다는 점에서 중요하다. 정성진에 따르면, 무스토는 말년의 마르크스가 러시아 등 비서유럽 사회의 공동체들의 연구를 통해 변경혁명론을 채택했으며, 동시대 마르크스주의자들과 거리를 두었음을 보여준다. 또 자렘브카는 MEGA를 이용하여 말년의 마르크스가 『자본론』 1권의 개정 작업을 지속했음을 보이고, 이는 엥겔스의 판본들로는 읽어낼 수 없는 후기 마르크스의 역사관 및 경제이론의 중요한 전환을 반영하는 것이라고 주장한다. 그리고 사이토는 후기 마르크스의 포스트자본주의 사상이 코먼의 고차원에서의 부활을 핵심으로 하는 탈성장 코뮤니즘으로 전환했음을 입증하고, 이를 오늘날 기후위기의 대안으로 구체화했다. 정성진은 무스토와 자렘브카, 사이토의 연구들은 모두 21세기 마르크스주의의 혁신과 재건을 위한 야심적 시도들로서 향후 심화된 연구와 논의로 이어져 포스트자본주의 이론과 실천의 발전에 기여할 것으로 전망한다.

3부 '21세기 포스트자본주의의 구상'에는 포스트자본주의 구상과 관련하여 모더니티, 사회적 욕구 및 생태 문제를 다룬 세 편의 논문을 수록했다. 먼저 김덕민은 "공산주의: 모더니티와 유토피아"에서 비데(J. Bidet)와 뒤메닐(G. Duménil)의 논의에 기초하여 포스트자본주의 유토피아에서 모더니티, 즉 현대성의 문제를 다룬다. 김덕민은 현대성의 양면성, 즉 이데올로기적 측면과 유토피아 측면의 동요에 유의하면서, 비데가 말한 메타 구조의 논리에서 발견되는 공산주의를 마르크스를 경유한 현대성 이론으로 보충한다. 이로부터 김덕민은 자유와 평등, 소유라는 현대성의 이데올로기는 자본주의에서 피지배계급이 자본주의를 폐지하기 위한 주장으로 작동할 수 있으며, 현대성의 현실적 실현은 자본주의의 폐지, 즉 유토피아를 요청한다고 주장한다. 자본주의가 자유, 평등, 소유라는 가치라는 측면에서 사회의 진보에 기여한 것은 사실이지만, 계급사회로서 자본주의가 이 가치들을 단순한 이데올로기로 만들기 때문에, 자유, 평등, 소유의 유토피아는 역설적이게도 자본주의 생산양식의 폐지를 통해서만 실현될 수 있다는 것이다. 다시 말해서 현대성의 이데올로기들이 '실현가능한 유토피아'로서 '공산주의적 주장'으로 전환된다는 것이다. 또 김덕민에 따르면 오늘날 '관리주의(managerialism)'의 현대성인 능력주의(meritocracy)의 경우 신분제 사회를 돌파하는 힘이자 자본소유자들의 권력을 제한하는 힘이기도 하지만, 오늘날은 신자유주의와 자칭 사회주의에서 계급사회를 더 공고히 하는 이데올로기로 작동하고 있다. 이로부터 김덕민은 궁극적 해방, 즉 포스트자본주의 유토피아를 구현하기 위해서는 이러한 사회적 가치들의 실현을 제약하는 자본주의와 관리주의 생산관계의 계급 요소들을 무력화하는 투쟁들, 예컨대 시장과 관리 내의 계급 요소들인 생산수단의 사적 소유, 정보 및 성과에 대한 독점과 접근 장벽 등을 무력화하는 투쟁이 필요하다고 주장한다.

안잔 차크라바티는 "반자본주의 비판과 포스트자본주의 변혁에서 사회적 욕구의 필수성"에서 기존의 마르크스주의 연구에서 소홀히 된 포스트자본주의에서 사회적 욕구를 본격적으로 검토한다. 차크라바티에 따르면 식량, 건강, 환경은 자연적인 사회적 욕구가 아니라, 다중결정적이고 모순적인 공간 내에서 장기적 투쟁 과정을 통해서 생겨난다. 즉, 자본가와 노동자 간의 '근본적 계급과정'에서의 계급투쟁과 '부차적 계급과정'에서의 계급투쟁(근본적 계급과정의 비계급 조건 제공자로서 실질적 수취자와 잠재적 청구자 간의 투쟁) 외에도, 사회적 욕구의 인정과 여기에 공급되는 사회적 잉여의 크기를 둘러싼 욕구 투쟁도 있다. 예를 들어 생산·전유되는 잉여가치의 양을 고려할 때, 사회적 잉여로 가는 개발 분배가 증가하면 계급 분배가 감소하여 자본가들과 부차적 지불로서 상당 부분을 수취하는 직접적 동료 집단들에게 압박으로 작용한다. 그래서 성장이 둔화되는 경제위기 국면에서 사회적 잉여로 가는 재분배에 대한 반대가 두

드러진다. 한편 차크라바티에 따르면 보편적 기본소득의 도입은 계급 분배와 나머지 개발 분배에 영향을 주어 계급 및 비계급 과정 간 다중결정된 모순의 복합성을 증가시킬 뿐이며, 생산된 총 잉여가치 중 얼마나 많은 부분이 생산잉여 대신 그것으로 돌려야 하는지와 관련된 계급 문제와 무관하다. 또 차크라바티에 따르면 인도에서 식량 안보에 대한 논쟁에서 계급 중심 접근법은 식량 안보에 대한 공공 정책의 형성을 사회적 욕구, 계급 분배, 개발 분배를 둘러싼 투쟁으로 풀어냄으로써 새로운 해석을 제공할 수 있다. 차크라바티에 따르면 계급 변혁의 목적은 비착취적 방식을 구현하는 것 외에 정치적 쟁점이 된 사회적 욕구들을 충족시키기 위한 사용가치와 잉여의 생산, 전유, 분배, 수취의 조직화를 재구성하는 것이기도 하기 때문에, 비착취적 계급 환경과 공정한 분배를 위한 계급투쟁과 욕구 투쟁은 다 같이 중요하다.

사이토 고헤이는 "21세기를 위한 카를 마르크스의 생태사회주의의 유산"에서 마르크스의 생태사회주의 사상을 검토한다. 사이토에 따르면 현실 사회주의가 붕괴한 지 30년이 지난 최근 사회주의 사상이 크게 부흥하고 있는데, 이는 심화되는 기후위기 뿐만 아니라 죄근 마르크스 생태사상의 재발견에 의해 촉진된 것이다. 사이토는 이 재발견에서 중심적인 것은 '물질대사 균열(metabolic rift)'과 '자본주의의 2차 모순(J. O'Connor)' 개념인데, 특히 '물질대사 균열'에 관한 포스터(J. B. Foster)와 버킷(P. Burkett)의 정식화 덕분에 다른 분야의 마르크스주의 연구가 쇠락하고 있을 때도 마르크스주의 생태학은 소련 붕괴 이후에도 글로벌 생태 위기의 심화와 더불어서 더 큰 영향력을 얻게 되었으며, 이는 다양한 사회과학적 연구들 특히 해양생태학, 농산업, 질소순환 교란, 기후변화에 대한 연구 등에서 증명되었다고 말한다. 사이토는 자연과의 소외된 관계를 극복하는 것은 '적(Red)'과 '녹(Green)' 모두의 핵심적 과제이며, 인류와 지구의 종말을 피하기 위해서는 '녹색 자본주의'의 한계를 인식하고 시장 시스템의 더 급진적인 변화를 시작해야 하는데 이를 위해서는 마르크스의 생태사회주의 사상을 영유하는 것이 필수적이라고 주장한다. 사이토에 따르면 마르크스의 생태사회주의 사상은 인류세의 지구적 생태위기에 직면한 우리에게 인간과 자연에 대한 지배와 수탈을 무한정으로 추구하는 자본주의와 생산력주의를 거부하고 주어진 자연적 한계 내에서 사회적 부를 윤택하게 하는 지속가능한 삶을 구상하는 상상력을 회복해 준다. 사이토에 따르면 물질대사 균열에 대한 마르크스의 비판은 21세기 글로벌 생태위기의 비판적 분석을 위한 방법론적 토대를 제공하며, 정치경제학과 자연과학의 융합적 분석을 통해, 더욱 현대적으로 갱신, 보완될 수 있다.

이 책은 경상국립대학교(GNU) 한국사회과학연구(SSK) 연구단이 교육부와 한국연구재단의 지원을 받아 수행하고 있는 연구과제인 '포스트 자본주의와 마르크스주의의 혁신: 글로벌 맥락에서 아시아의 미래'(NRF-2021S1A3A2A02096299) 연구의 선행 단계였던 1단계(2018-2021) 연구에서 수행한 이론 및 방법론 관련 연구결과 일부를 보충하여 2단계 연구의 확대·심화된 시야에서 다시 수정·보완하여 '경상국립대학교 SSK 연구단 연구총서' 시리즈 제4권으로 묶어 낸 것이다. 이 이론 연구에 기초하여 진행된 본 연구 결과의 주요 부분은 총서 제1권 『동아시아 자본주의: 마르크스주의적 접근』(진인진, 2023)과 제2권 『동아시아 마르크스주의: 과거, 현재, 미래』(진인진, 2023), 및 제3권 『동아시아 포스트자본주의 대안: 평가와 전망』(진인진, 2024)으로 출판되어 있으니 함께 참고할 수 있다.

이 책의 출판비를 지원해 준 한국연구재단과 경상국립대학교 산학협력단에 감사드린다. 이 책에 수록된 논문 9편 중 장대업, 김현강, 김덕민, 안잔 차크라바티가 기고한 4편의 논문은 이 책에 처음 출판되는 것들이며, 박노자, 한상원, 권정임, 정성진, 사이토 고헤이가 기고한 5편의 논문은 기존 출판물을 이 책을 위해 수정·보완한 것이다. 옥고를 기고한 저자들과 기존 출판물 일부를 재활용할 수 있도록 해준 원저작권자들께 감사드린다. 또 이 책이 전문 학술서적임에도 흔쾌히 출판을 맡아 준 진인진의 김태진 사장님, 이 책에 수록된 일부 논문을 번역한 유철수, 권오범 선생님, 이 책의 원고를 훌륭하게 편집하고 교열한 진인진의 배원일, 김민경 선생님께 깊이 감사드린다. 또 원고와 교정지 수합을 도와준 SSK 연구단의 김원직 선생님께도 감사드린다. 하지만 이 책에 있을 수 있는 오류는 모두 이 책의 공동저·역자와 엮은이의 몫이며, 기회가 닿는 대로 바로잡을 것을 약속한다.

2024년 6월 25일
경상국립대학교 한국사회과학연구(SSK) 연구단장 정성진

목차

머리말 ··3

1부 '현존 사회주의'를 넘어서 ···································· 19

제1장 소련 몰락 이후 소련과 동구권의 사회-경제적 형태에 관한
포스트-소비에트 마르크스주의자들의 논의들 / **박노자** ················ 21
제2장 제국인가 동지인가?
중국의 부상속에서 동아시아의 개발도상국의 미래 / **장대업** ············ 57

2부 마르크스주의의 혁신의 이론적 자원들 ·································· 89

제3장 마르크스의 가치형식 분석과 그 비판적 방법론:
네 가지 서술단계에 대한 문헌적 검토를 중심으로 / **한상원** ············· 91
제4장 지젝의 자본주의 비판과 포스트자본주의관 / **김현강** ················· 135
제5장 사회적 재생산 여성주의의 비판적 재구성: 계급, 무급 돌봄·가사
노동에 대한 보상 및 기본소득을 중심으로 / **권정임** ··············· 165
제6장 후기 마르크스와 마르크스주의의 혁신의 이론적 자원들 / **정성진** ··· 207

3부　21세기 포스트자본주의의 구상 245

제7장　공산주의: 모더니티와 유토피아 / **김덕민** 247

제8장　반자본주의 비판과 포스트자본주의 변혁에서
　　　사회적 욕구의 필수성 / **안잔 차크라바티** 269

제9장　21세기를 위한 카를 마르크스의
　　　생태사회주의의 유산 / **사이토 고헤이** 305

제1부
'현존 사회주의'를 넘어서

제1장

소련 몰락 이후 소련과 동구권의 사회-경제적 형태에 관한 포스트-소비에트 마르크스주의자들의 논의들[1]

박노자(블라디미르 티코노프, 오슬로대학교 문화연구 및 동양언어학과 교수)

1. 들어가며

소련의 몰락은 구 소련과 동구권의 마르크스주의에 상반된 이중적 영향을 끼쳤다. 일면으로 여태까지 소련 공산당 중앙위원회에 부속되어 있던 마르크스-레닌주의 연구소 같은 마르크스주의 연구 기관들이 일반적인 사회, 철학 연구소로 개편되는 등(Распоряжение Президента РСФСР от 05.11.1991 г. № 73-рп Об учебных и научных учреждениях ЦК КПСС, ЦК Компартии РСФСР, крайкомов и обкомов КПСС) 기존의 마르크스주의 연구가 상당한 존재의 위기를 겪게 됐다. 여태까지 모든 대학의 필수 과목이었던 마르크스·레닌주의 철학과 소련 공산당 당사(黨史)도 (1990년대에 주

---

[1] 이 장은 박노자(2019)를 수정·보완한 것이다.

로 서구 주류의 통설에 따르는) 정치학 입문 등으로 대체되는 등 마르크스주의의 기초가 '일반 교양'으로서의 위치를 잃고 그 만큼 마르크스주의 관련 학술 서적의 독자층도 크게 줄었다(Кагарлицкий, 2006: 7). 그렇지만 또한 일면으로는 늘 공산당의 이념과 정책에 맞추어져야 했던 '국시'(國是)로서의 위치를 잃은 소련 이후의 마르크스주의는 그만큼 사고와 표현의 자유를 얻기도 했다. 더 이상 공산당의 정치적 강령이나 목표, 이념 등을 염두에 두고 학술적 연구의 결과를 집권당 정치인들의 구미에 맞추어 줄 필요가 없어졌다. 동시에 세계 학계와의 소통도 원활해져 구미권 마르크스주의의 연구 결과도 보다 쉽게 받아들일 수 있게 됐다.

이처럼 궁핍해졌으면서도 일면으로 더 자유로워진 상황에서 중요한 화두로 부상된 연구 과제가 바로 마르크스주의적 입장에서 본 구 소련과 동구권의 사회구성체(formation, формация)이다. 소련 시대에 소련 공산당이 공식적으로 표방하는 것은 '사회주의 국가'라는 '간판'이었다. 소련 당국이 그들이 이미―불완전하게나마― 1930년대 후반에 건설했다는 '사회주의'[2]를,《완전한 공산주의로의 과도기적 사회》라고 정의하곤 했는데, 실은 마르크스나 엥겔스가 '사회주의'와 '공산주의'를 따로 생각하지 않았기 때문에[3] '사회주의 국가'와 관련된 소련의 공식적 입장은 고전적 마르크스주의와 잘 부합(符合)되지 않았다고 볼 여지가 크다. 거기에다가 '사회주의 국가'라는 표현 자체도 마르크스주의적 입장에서는

---

2   소련이 불완전하지만, 기본적 수준의 사회주의를 이미 건설했다는 주장을, 스탈린이 1937-1938년부터 줄곧 해왔다. Сталин(1946: 248) 참조.
3   마르크스는 "완전한 공산주의"로의 과도기로서의 "무산계급 독재 기간"을 상정했지만(Marx, Karl. 1951 [1875]: 21), 그 과도기를 "사회주의"라고 호칭하지 않았으며, 독자적인 사회·경제적 형태로 개념화하지도 않았다.

형용모순으로 인식되지 않을 수 없다. 고전적 마르크스주의 입장에서는 '사회주의'는 더 이상 계급간의 적대적 모순이 존재하지 않는 무계급 사회를 의미하며, '국가'는 바로 계급적 지배를 뒷받침하는 통치기구를 뜻하기 때문이다(Kucherov, 1956). 비록 고전적 마르크스주의의 입장을 충분히 인식하는 연구자라 하더라도 소련 시대에는 '사회주의 국가'가 정권의 통치 명분이었던 만큼 이 부분에 대한 학술적 언급마저도 스스로 검열하지 않을 수 없었다. 하지만 포스트-소비에트 시대에는 이와 같은 금기들이 무의미화되면서 《소련이 과연 마르크스주의적 입장에서 본다면 어떤 사회이었는가》는 다시 한번 관심을 모으는 주제가 됐다.

이 주제에 더 큰 의미를 부여하는 것은 포스트 소비에트 시대의 사회·정치적 및 문화적 환경이다. 소비에트 시대에 대한 포스트 소비에트적 집단 기억은 극도로 양분되어 있어 소비에트 시대 전체가 지속적으로 논쟁의 대상이 되고 있다. 1990년대에 시장 자본주의로의 급속한 이행을 이념적으로 합리화하는 자유주의적 담론은 언론 및 지식계에서 나름의 지적 헤게모니를 확보했는데, 그 담론의 입장에서 본 소련은 그저 파시슴 시대의 독일과 많이 다르지 않은 '전체주의 국가'에 불과했다(Müller, 2003; Ципко, 2009). 하지만 이와 같은 담론은 머지 않아 포스트 소비에트, 그리고 많은 구 동구권 사회의 민초들로부터 상당한 불신을 받게 됐다. 소비에트 시절에 대중 소비의 위축이나 정치적 권리의 박탈 등에 대해서 불만을 가졌던 많은 사람들로 하여금, 탈(脫)소비에트 시대의 극단적인 신자유주의적 조치들은 잃어버린 복지 혜택과 완전 고용 등에 대한 향수를 불러일으켰는데(Balmforth, 2018), 이런 '소비에트 향수'는 '전체주의'라는 과거에 대한 자유주의적 설명 방식과 정면 충돌하게 돼 있었다. 게다가 2000년대 들어 새로이 부상한 러시아 푸틴 정권 주변의 안보 기관 내지 군대 출신의 관료층도 자유주의적 소련관(觀)을 상당히 수정했다. 소련의 몰락에 대해 '지정학적 참변'과 같은 수사가 일반화되는 한편 특히 스탈린 시절의 군사적 공업화 등 소련의 근대화 성공들은 새롭게 긍정적 조명을 받았다(Shlapentokh and Bondartsova, 2009). 그런데 이와 같은 수정된 《탈(脫)자유주의적》 소련관(觀)도, 소비에트 시대의 사회적 권리 등을 보다 중시하는 대중적인 '소비에트 향수'의 방향과는 다소 거리가 있다.

이처럼 계속해서 소비에트 사회의 성격에 대한 물음들이 사회로부터 제기되는 상황에서 '소비에트 문제'에 대한 답변이 포스트 소비에트 마르크스주의자들에게 지속적으로 요청되고 있다. 아래에서 논의하듯이 '소비에트 문제'에 대한 논쟁은 이미 혁명 직후 시절에 시작된 만큼 답변의 주된 형태들이 일찌감치 1920-1930년대에 어느 정도 정형화되기도 했다. 즉, 러시아의 혁명이 필연적으로 부르주아 혁명 과제의 해결에 머무를 수밖에 없다는 시각은 소련 경험의 사회주의적 성격을 회의하는 시각으로 계승·발전됐으며, 트로츠키의 '변질된 노동자 국가'론이나 레닌, 부하린의 '국가 자본주의' 논의 등은 오늘날까지 소련의 사회·경제적 형태에 대한 논의에 영향을 끼치고 있다. 하지만 동시에 소련의 몰락과 과거 관료층의 자본가 내지 관료 자본가로서의 변신, 그리고 탈(脫)소비에트 사회와 소비에트 사회 사이의 계승과 단절 등도 마르크스주의자들의 소비에트 사회의 성격에 대한 논의에 중요한 시사점을 안겨주지 않을 수 없다. 이 장(章)에서는 먼저 소련 몰락 이전부터의 소비에트 사회 성격에 대한 마르크스주의자들의 논쟁부터 정리해보고, 그다음에는 소련 몰락 이후의 논쟁에 대해 서술할 것이다.

2. 1920년대부터 1991년까지: '변질된 노동자 국가'인가, '산업사회의 아시아적 생산양식'인가?

'후진 국가 러시아'에서 사회주의를 지향하는 혁명이 일어났다는 것은, '단계론'에 익숙해진 제2인터내셔널의 마르크스주의 이론가들에게 불가사의한 일이 아닐 수 없었다. 단계론의 입장에서 보면 러시아에서 일어날 수 있는 유일한 혁명은 바로 권위주의 왕권 국가이었던 제정 러시아로서 자연스럽게 터질 법한 부르주아 민주주의 혁명이었다. 그런 국가가 독자적으로 사회주의를 향해 갈 수 있다는 것은 '경제적 토대'의 결정적 역할을 중시하는 제2인터내셔널 식의 마르크스주의로서는 수용이 불가능한 입장이었다. 그래서 레닌의 한 때의 스승이었던 칼 카우츠키(Karl Kautsky, 1854-1938)는, 볼셰비키들이 만약 권력을 계속 유지하자면 강력한 독재 국가를 건설하고 외국 자본을 끌어들여 러시아의 공업화를 꾀하는 등 그들의 사회주의적 강령과 전혀 관계없는 조치들을 취해야 할 것이라고 내다봤다(Kautsky, Karl. 1920 [1919]). 이는 꼭 현실과 먼 이야기만도 아니었다. 일종의 총동원 전시 경제이었던 '전시 공산주의' 시기가 1921년 초반 종료되고 나서 레닌의 '신경제 정책'(NEP, 1921-1929)에 따라 일부 국유화된 공장들의 재민영화, 외자 유치책, 농민에게 현물세 납부 후 잉여 곡물 매매 허용 등의 일련의 조치들이 진행됐다(Bandera, 1963). 레닌 스스로 이와 같은 정치·경제 형태를 '국가 자본주의'라고 규정하면서도 《노동계급을 대변하는 정권이 허용하면서 동시에 제한하는 상황에서의 국가 자본주의가 일반 자본주의 국가에서의 국가 자본주의와 다르다》고 주장했다(Lenin, 1971 [1922]: 425-427). 나아가서 레닌은, 원칙상 (자본주의적) '문명'의 발달이 사회주의 건설의 토대가 돼야 하지만, 러시아와 같은 '절망적인 상황'에서 무산계급이 먼저 권력을 쟁취하고 나서 그 다음에는 사회주의의 전제조건으로서 '문명'을 성취하면 가능하지 않겠느냐고 묻기도 했다(Lenin, 1965 [1923]: 476-480). 즉, 레닌은 러시아가 사회주의 혁명을 경험했다는 논지를 펴면서도 '권력을 쟁취한 무산계급의 대변자'로서의 공산당이 (유럽에서는 자본계급이 이끌어온 자본주의적) '문명의 발달'을 러시아에서 주도해야 할 거라고 피력했다. 그렇다면 (자본주의적) '문명의 발달', 구체적으로 이야기하면 공업화와 각종 인프라 구축, 문맹 타파, 나아가서 복지국가 건설 등의 역사적 과제들을 담지할 국가가 과연 '사회주의 국가'인가라는 문제는 여전히 남아 있었다.

1920년대 러시아의 국유화된 공업시설들을—이를 '국가 자본주의'로 보려는 다소 조심스러운 레닌의 접근과 달리—아예 '사회주의적 부문'이라고 명명한 니콜라이 부하린(Nikolai Bukharin, 1888-1938)은, '사회주의'와 같은 용어를 사용할 수 있는 근거로 역시 사회주의를 지향하는 무산계급의 '대변세력', 즉 공산당의 '영도'를 들었다(Bukharin, 1926). 그런데 '영도세력'인 공산당은 과연 노동계급을 어디까지 '대변'했는가? 당내의 나름대로의 민주주의와 함께 다당제는 아니지만 그래도 복수의 후보 출마가 가능한 민주적 소비에트 선거나 파업권 등을 행사할 수 있는, 얼마간 자율성이 남아 있는 노조들이 존재했던 1920년대에는 그런 이야기는 어느 정도 가능했겠지만, '무산계급의 독재'라기보다는 차라리 '무산계급에 대한 독재' 내지 '무산계급 위에 군림하는 독재'로 보였던(Kucherov, 1956: 189-195) 스탈린의 1인 독재 정권의 윤곽이 뚜렷해진 1930년대에는 공산당이 과연 누구를 대변하는가를 사회주의자들도 얼마든지 회의할 수 있었다. 이미 1928년에 유배 중에 소련을 탈출해 프랑스에서 망명생활의 나날을 보냈던 노동자 출신의 급진파('노동자 반대파') 공산주의자 가브리일 먀스니코브(Gavriil Myasnikov, 1889-1945)는, 1930년대 초반에 소련에서 당의 관료들이 사회주의 대신에 일종의 '국가 자본주의'를 실시한다는 결론에 이르렀다(Мясников, 1931). 그 결론의 주된 논거는 일선 노동자들에 대한 관료의 독재, 그리고 사실상의 잉여 착취에 해당되는 국유화된 공업시설의 운영방식이었다.

먀스니코브보다 훨씬 더 잘 알려진 전간기(戰間期)의 소련의 좌파 망명객, 레프 트로츠키(Lev Trotsky, 1879-1940)도 1930년대의 소련 공산당을 '노동자들의 대변자'로 보지 않았다. 잘 알려져 있다시피, 그는 스탈린이 이끄는 보수적 관료들이 이미 프랑스 혁명 시기의 테르미도르 반동과 같은 내부로부터의 보수적 정변을 일으켜 당과 국가에 대한 독재를 실시하고 있다고 봤다. 농업 집단화(1929-1932) 과정에서 농민들의 잉여를 수시로 수취할 수 있는 '집단 농장'이라는 메커니즘을 만든 보수적 관료들은, 국유화된 공업 부문에서도 노동자들을 수직적으로 통제하는 지배세력으로 부상했다는 것이 트로츠키의 의견이었다. 부하린보다 마르크스주의의 변증법이나 역사해석의 논리에 훨씬 더 민감한 트로츠키는 소련에 대해 '사회주의 국가'라는 정의를 내세우지 않았고 국유화된 부문을 '사회주의적 부문'이라고 호명하지 않았다. 즉, 그는 단순한 국유화와 '사회주의적 운영', 그리고 사회주의를 지향한다는 정치집단의 집권과 '사회주의 국가 건설' 사이의 차이를 인식했던 것으로 보인다. 하지만 그는 먀스니코브와 달리 관료층을 신흥 '지배계급'이 아닌 '지배계층' 만으로 봤고, 또 그 지도부가 '혁명을 배반한' 소련을 '국가 자본주의' 사회라기보다는 '변질된 노동자 국가'라고 보려 했다(Trotsky, 1973 [1937]: 243-266). 그의 주된 논거는, 관료들이 비록 노동자들에게 마땅히 있어야 할 생산시설에 대한 통제권을 실제로 박탈하긴 했지만 아직까지 생산시설의 법적인 소유권까지는 전유하지 않았다는 점이었다. 그는 나아가서 1930년대 중반의 소련은 자본주의도 사회주의도 아닌, 어떤 과도기적이고 유동적인 사회적 형태에 속한다고 진단했다.

과연 소련 관료들이 (아직도) 갖지 못한 생산수단에 대한 법적 소유권과 그들이 이미 갖고 있는 통제권 사이의 차이가 '(변질된) 노동자 국가'와 '국가 자본주의' 사이의 차이를 판별하는 기준이 될 수 있는가? 법적 소유권은 한 사회의 사회·경제적 형태에 대한 판단의 주된 근거가 될 수 있는가? 이 부분에 대한 트로츠키의 입장은 변증법적인 마르크스주의보다 형식적인 부르주아 사회의 '법의 논리'에 더 가깝다는 비판을 받을 여지도 있었지만, 미증유의 변화 속의 소련 사회가 매우 유동적이며 가변적이라는 그의 말을 부정하기 어렵다. 전간기와 제2차 세계대전을 지나 소련은 적어도 지정학적으로는 하나의 세계적 무게 중심이 되고, 집권 관료층의 입장도 가일층 공고화됐다. 이에 따라 전후의 소련, 동구권의 비판적 마르크스주의자들은 '(변질된) 노동자 국가'보다 '국가 자본주의', 나아가서는 아예 '국가의 전반적 소유'를 중심으로 하는 '아시아적 생산양식'의 산업적 변종이라는 논리에 방점을 찍는 일이 더 잦았다.

이와 같은 유의 평가를 내리는 것으로 한 때에 트로츠키의 비서를 지냈던 러시아 유대계의 재미(在美) 이민자 라야 두나옙스카야(Raya Dunaevskaya, 1910-1987) 등이 유명하지만(Dunayevskaya, 1941; van der Linden, 2007: 110-116), 이들의 이론적 성취는 전후 소련이나 동구권에 그다지 잘 유통되지 못했다. 거기에 비해서는 같은 동구권에 속했던 유고슬라비아 혁명의 주역, 그리고 한 때의 유고슬라비아 정부의 2인자이었던 밀로반 질라스(Milovan Đilas, 1911-1995)의 기념비적『신계급론: 공산 체제의 분석』은 동유럽과 소련, 그리고 중국 사회 등에 다대한 영향을 미쳤다. 유고슬라비아에서 새로이 건설되는 당 주도의 공업 사회가 사회주의의 이상(理想)대로 직접 생산 담당자들의 생산 통제권을 잘 보장해주지 않고 오히려 서구의 부르주아 민주주의 국가에 비해서도 민주성이 노골적으로 결여된다는 점에 대해 실망한 질라스는, 구미권 마르크스주의

자들의 '국가 자본주의' 논의에도 시사점을 얻어 동구권의 '공산' 체제들을 '새로운 지배의 형태'로서 분석했다. 그에 의하면 역사적으로 뒤떨어진 동구권이나 러시아 사회에서 매우 결속력이 좋은 혁명적 지식인 집단인 공산당이 집권을 하고 나서 새로운 공업경제를 만드는 등 위로부터의 압축적 근대화를 실시하고, 새로이 건설된 근대 사회의 집단적 지배자로 군림한다는 것이다. 질라스는 이런 '신사회'를 서구형 '국가 자본주의'(예컨대 독일이나 영국의 전시 경제)와도 비교했지만, '전형적인 국가 자본주의보다 훨씬 더 철저한, 관료적 공업 소유와 정치지배, 이념 공유를 겸비한 통제'라는 결론을 내렸다(Djilas, 1957). 이와 같은 질라스의 동구권이나 러시아의 후진성에 대한 강조는 10월 혁명의 사회주의적 성격을 부정했던 카우츠키의 논리와 일맥상통한다. 또 그의 '관료 지배'에 대한 신랄한 비판은 트로츠키뿐만 아니라 그 전의 먀스니코브 등 1920년대의 반(反)관료적 '노동자 반대파'를 방불케 한다. 실은 질라스는 소련을—트로츠키와 달리—'왜곡'을 혁명적으로 수정하고 다시 '노동자 국가'로 돌아올 수 있는 '변질된 노동자 국가'가 아닌 '국가 자본주의보다 더 혹독한 독재체제'로 평가한 것이다. 트로츠키는 물론이고 먀스니코브보다도 훨씬 더 '본질적인' 비판이었다.

    1920년대부터 시작하여 전후기까지 이어진 비판적 마르크스주의자들의 소련 및 동유럽 사회 성격 논쟁에 있어서는 관료계층의 성격 규정은 분명히 한 가지 관건이었다. 1930년대의 트로츠키는 관료들을 (아직도) 계급으로 성장되지 않은 계층으로 봤던 반면, 1950년대에 그 저술 활동을 벌였던 질라스는 이미 착취계급으로 성장했다고 못을 박았다. 이와 함께 또 하나의 논점은 소련 및 동유럽 사회들의 '근대적 성격'의 문제였다. 질라스에게는 공산당들의 본질적인 역사적 의미 그 자체는 바로 후진 사회들의 후발적 추격(追擊)형 압축 근대화, 즉 공업화이었다. 폴란드의 유명한 재야 맑시스트인 야체크 쿠론(Jacek Kuroń, 1935-2004)과 카롤 모제레브스키(Karol Modzelewski, 1937-2019) 역시 1960년대 중반에 동유럽의 '사회주의'를 전간기와 세계대전 직후라는 세계 자본주의 체제의 특수한 위기 국면에서 생긴 하나의 후진 지역 근대화의 방향으로 파악한 바 있다(van der Linden, 2007: 168-171).

한편 한때 공산주의자이었다가 그 뒤로는 나름의 마르크스주의적 사고를 지니면서도 정치적으로 극단적 반공주의자가 된 재미(在美) 독일 중국학 전문가 칼 위트포겔(Karl Wittfogel, 1896-1988)은 동유럽 사회 모델의 원형이 된 러시아의 '사회주의'를 '아시아적 생산양식'의 하나의 변종으로 간주했다. 위트포겔에 의하면 몽골 지배기(1237-1480)에 러시아 사회는 '일체 국토가 왕토의 성격을 지니는', 유럽적 의미에서의 절대적 사유(私有)재산제도가 결여된 '아시아적 전제사회'가 됐으며, 레닌 집권 이후 18세기 초반부터의 외피적인 서구화의 표면을 깨고 '완전한 아시아적 전제 왕권'으로 회귀했다는 것이다(Wittfogel, 1957: 420-441). 이 책은 진보적인 서구 학계에서는 학술이라기보다는 냉전 프로파간다라는 부정적 평가도 받았지만(Perry, 1988), 소련이나 동유럽의 일부 비판적인 재야 마르크스주의자들에게는 상당한 시사점을 안겨주었다. 그들의 사회에서 '전지전능'을 지향하는, 행정과 입법, 사법에다가 일체 생산과 분배과정까지도 직접 관리하는 '만능 국가'의 역사적인 계보가 지배층이 모두 국가관료 형태로 조직돼 있었던 일부 아시아의 초기 계급 사회와 맞닿아 있을 수 있다는 지적은 그들에게는 일단 비판적 사고를 심화하는 계기로 작용했다. 더군다나 마르크스가 일부 논저에서 '아시아적 생산양식'을 직접 언급했으며 소련의 동방학 학계에서도 특히 중국 사회의 '왕토사상'이나 일군만민(一君萬民)식 지배구조, 관료에 의한 촘촘한 인민 관리 등을 이와 같은 방식으로 개념화하는 것을 일찍 시도했기 때문에 위트포겔의 담론에 소련의 일부 비판적 마르크스주의 지식인들이 상당한 관심을 보였다(소련 학계에서의 '아시아적 생산양식' 관련 논쟁들에 대한 총정리는, Dunn, 1982 참조).

소련과 동유럽을 '공업 사회'의 한 변종으로 본 질라스의 책과 중국과 같은 왕권 만능의 고대·중세 제국의 근대적 변형으로 파악한 위트포겔의 책은, 교묘하게도 같은 해, 즉 1957년에 나왔다. 그 후로는 한 때에 획일적이며 천편일률적으로 보였던 소련 진영은 각종의 변화 조짐들을 대폭적으로 보였다. 잘 알려져 있다 시피 소련 흐루쵸브(집권: 1953-1964) 지도부는 다수의 노농대중에게 나름의 소비수준까지 보장해주는 동유럽형 복지국가 건설을 지향했다. 하지만 이는 1960년 이후 중국에서 '수정주의'로 규정되면서, 그 '관료주의적 변질' 등이 비판을 받았다. 중국의 마오주의자들이나 일부 서구 마오주의자들은 소련의 복지 사회 지향이나 서방과의 평화 공존 노선 등을 보수적인 것으로 파악하여 비판했던 반면, 폴란드나 체코슬로바키아의 비판적 마르크스주의자들은 주로 기존의 소련 체제의 비민주성을 문제 삼았다. 한데 마오주의자들도 동유럽의 비판적 맑시스트들도 먀스니코브나 트로츠키, 질라스 비판의 정신을 이어받아 관료 지배의 사회를 (진정한) 사회주의로 보려 하지 않는 점에서는 의견을 모았다(van der Linden, 2007: 183-257). 소련 역사학계의 대표자 중 한 명인 미하일 보슬렌스키(Mikhail Voslensky, 1920-1997)도 이러한 경향과 마찬가지로 질라스가 지적한 공업화 중심의 소련 내지 동유럽 사회의 역사적 발전 과정과 위트포겔이 이야기한 전근대적 아시아 제국들과의 유사성을 소련에 대한 비판적 분석의 논거로 들었다. 서독으로 망명한 그가 1980년대에 내놓은 '노멘클라투라'(nomenklatura, 당과 국가 관료층) 지배 사회의 이론은, 이어서 1985-1991년간 페레스트로이카(체제 개혁) 시기와 그 후의 소련과 그 후 러시아 사회의 소련관(觀)에 상당한 영향을 끼쳤다.

　　소련과 동유럽, 내지 중국이나 북한, 베트남, 몽골 등에서의 급진적 좌파 지식인들의 조직('공산당')에 의한 권력 쟁취가 궁극적으로 후진 국가들의 압축 근대화의 역사적 노정이라는 질라스의 논리를, 보슬렌스키도 공유했다. 단, 주로 소련과 동유럽에 중점을 두었던 질라스와 달리 보슬렌스키는—동유럽에 비해서 공산당 내지 노동당들이 더욱더 노동자보다 지식인 '전위'와 농민 '대중'으로 구성돼 있었던— 동아시아 등의 '현실 사회주의' 국가들에 대해서도 상당한 관심을 보였다. 그 이유 중의 하나는, 그에게는 '공산 혁명'이라는 후진 지역 근대화의 길이 경제적으로 공업화를 의미하는 동시에 정치, 사회적으로 '아시아적 전제 사회'의 근대적 변형의 탄생을 의미했기 때문이었다. 전근대 시대에 전형적인 관료 국가이었던 중국과 북한, 베트남에서 소련 모델이 빠른 시기에 현지화되어 매우 잘 정착됐다는 것은, 그런 차원에서는 보슬렌스키에게 매우 의미심장했다. 그가 위트포겔을 인용하면서 '아시아적 생산양식'을 거론하기도 했지만 또 일면으로는 1917년의 러시아 혁명이나 1949년 중국 혁명의 승리를 자유주의적 근대에 대한 봉건잔재의 반동적 승리라고 비판적으로 규정하기도 했다. 그에 의하면 자유주의적 삼권 분립이나 표현 내지 결사의 자유 등을 전면 부정한 소련형(型) 근대화가 그 기술적 내지 경제적 성과와 무관하게 정치, 사회, 문화적으로 근대적 자유주의에 대한 '봉건적인 반동'에 해당됐다는 것이다(Voslensky, 1984). 카우츠키가 후진 국가 러시아에서의 레닌의 혁명이 사회주의로 나아갈 수 없을 것이라고 내다봤다면, 정치적으로 카우츠키의 노선을 계승한 서독의 온건 좌파에 가까웠던 보슬렌스키는 레닌의 혁명이 사회주의는커녕 '정상적' 자본주의 내지 국가 자본주의마저도 발전시키지 못한 채 일종의 공업 기반 위의 '봉건제의 근대적 변종'으로 떨어지고 말았다고 결론을 내렸다.

위에서 본 것처럼 1920년대부터 1980년대까지 소련과 동유럽을 중심으로 전개되었던 소련형(型) 사회들의 형태적 성격에 대한 비판적 재야 마르크스주의자들의 논의에서는 크게 봐서는 명확히 분류될 수 있는 세 가지 큰 흐름들이 나타났다. 첫째, 트로츠키의 '변질된 노동자 국가'의 논리를 계승, 발전한 일부 논자들은, 동유럽식 체제가 몰락될 때까지, 그리고 그 중에서 일부는 그 몰락이 이루어지고 나서도 소련형(型) 사회들을 '미완성의', '과도기적' 사회로 간주했다. 예컨대 헝가리의 비판적 마르크스주의의 전통을 이은 소련사의 베테랑 연구자 토마스 크라우즈(Tamás Krausz, 1948년생)의 경우에는 1917년 10월 혁명으로 탈(脫)자본주의적 대안 근대를 지향한 진정한 혁명을 간주하면서 스탈린 시절의 보수화('소련의 테르미도르 반동') 이후에도 그래도 수십년 동안 전형적 시장 자본주의의 부활을 유예시킨 소련형(型) 근대화가 직접 생산자들에게 '포괄적 복지국가'라는, 보다 나은 근대화의 조건을 제시했다고 여겼다(Kpayc, 1997). 이와 같은, 10월 혁명 그 자체에 대한 긍정과 스탈린 시절의 보수화에 대한 부정, 그리고 스탈린과 그 후 근대화 노선에 대한 양면적 평가를 강조하는 시각은 현재 러시아의 마르크스주의자늘에게도 매우 큰 영향을 주었다.

둘째, '국가 자본주의'의 논리는 상당히 중요한 위치를 차지해왔다. 멀리는 레닌과 부하린이 일찌감치 '노동 계급의 대표자인 소비에트 국가'가 관리하는 1920년대의 시장 경제를 '국가 자본주의'로 규정한 바 있었다. 스탈린 시기에 접어들어 시장 경제의 대부분이 국가화되자 라야 두나옙스카야 등은 스탈린을 정점으로 한 관료계급을 새로운 형태의 자본 축적 그리고 잉여가치 착취의 주체로 파악하여 소련을 하나의 엄청난 규모의 독점업체와 같은 존재로 간주했다. 그렇지만 소련과 동유럽에서는 이와 같은 파악 방식보다 질라스나 보슬렌스키가, 위트포겔등의 '아시아적 생산양식' 논리를 참고하여 고안한 설명 방식이 더 큰 영향력을 행사했다.

셋째 흐름을 형성한 이 설명의 방식은, 트로츠키나 트로츠키주의자 출신의 두나옙스카야 등과 달리 10월 혁명을 '사회주의(를 지향한) 혁명'이라기보다는 지식인 '전위당'에 의한 권력 쟁취로 간주했으며 소련이나 동유럽 식의 근대화를 '반동적' 내지 '유사 봉건적'인 것으로, 즉 근대 체제인 국가 자본주의에 아예 미달하는 것으로 규정했다. 보슬렌스키의 경우 소련 사회를 공업화를 수용한 '아시아적 전제 제국'으로 묘사했다. 여기에서 보듯이 평가의 편차는 엄청나다. 트로츠키나 크라우즈의 논리 같으면 소련형(型) 사회가 비록 관료 지배하에 들어갔다 해도 생산수단에 대한 사적 소유를(아직도) 유예시킨 만큼 나름의 상대적 진보성을 지니고 있었던 반면, 보슬렌스키는 냉전 논리의 영향을 다분히 받아들여 근대에 미달하는 소련의 상(像)을 그렸다. 공통점이라면 사회주의를 공식적 간판으로 내걸었던 구 소련의 공식 입장에 대해 비판적 시각을 견지한 것이었다.

3. 1991년부터 현재까지: '반(半)주변부 비(非)시장적 근대화'의 심층적 이해

소련을 포함한 동구권의 몰락은 소련 사회의 성격을 둘러싼 논쟁에 여러모로 커다란 영향을 미쳤다. 일단 소련형(型) 근대화의 종점이 궁극적으로 세계 자본주의 체제에의 편입이라는 점과, 아직도 계층인지 이미 계급인지 1991년 이전의 맑시스트들에게 잘 이해되지 않았던 소련의 관료층이 결국 자본가, 내지 관료 자본가로 변모된다는 점은 현실적으로 다 확인됐다. 사실상 관료 자본주의 국가로의 변신에 해당되는 중국 등 동유럽 바깥의 소련형(型) 사회들의 '개혁개방' 시기도 겹쳐져, 소련형(型) 사회란 장기 지속이 가능한 독자적인 사회·경제적 형태라기보다는 어디까지나 일부 사회들이 근대로의 전환의 특정 단계에서 겪는 하나의 한시적인 변형(變形)이라는 생각은 많은 포스트-소비에트 마르크스주의자들에게 공고화되기에 이르렀다. 포스트 소비에트 마르크스주의자들의 논쟁에 큰 영향을 끼친 외부적인 상황 중의 하나는 이매뉴얼 월러스틴(Immanuel Wallerstein, 1920-2019) 류의 세계체제론의 수입이었다. 우파 진영에서는 소련을 주로 전체주의로 규정한 냉전 시기의 이론이 1990년대 러시아에 대거 유입되는 반면, 좌파 진영의 경우에는 세계체제의 변두리에 밀려난 러시아인들로서 그들과 구미권 사이의 불평등한 관계를 잘 설명할 수 있는 것 같은 세계체제론이 자연스럽게 선호됐다. 세계체제론이 유입되면서 소련의 흥망은 반(半)주변부의 근대 전환기 시기의 하나의 사건으로 재개념화됐다(이와 같은, 다소 '제3세계론적인' 세계체제론의 수용은 예컨대 Семенов, 2003: 514-568에서 돋보인다).

꼭 월러스틴을 인용하는 거야 아니더라도 1991년 소련 몰락 이후의 러시아의 경제, 기술, 지정학 차원에서의 '주변화'를 매우 강조하는 것은 스탈린주의 지식인들이다. 그들을 대표한다고 할 수 있는 사람은 아마도 그 사망 직전까지 모스크바 국립대 철학부 교수였던 리차드 코솔라포브(Richard Kosolapov, 1930-2020)였다. 과거(1979-1986년간)에 소련 공산당의 이론지인 『코뮤니스트』지를 책임편집하는 등 수많은 요직들을 두루 거친 코솔라포브는, 1991년 이후에는 소련을 완전한 사회주의 사회가 아닌 과도기적 사회로 개념화했다. 단, 그는 스탈린 시대 때야말로 사회주의 이상에 가장 근접했다고 간주했고, 그 뒤로는 체제가 이완돼가면서 점차 각종 사회 모순들이 첨예화됐다고 분석했다. 이런 '서서한 퇴보'는 1980년대 말-1990년대 초에 '급속한 내파', 즉, 몰락으로 질적으로 변환됐다는 것은 그의 분석이었다. 이 몰락으로 말미암아 러시아는 다시 후진화되어 세계의 변두리로 말려났다고 그가 보고 있었는데(Косолапов, 2014) 이와 같은 입장을 광의의 스탈린주의 진영은 대체로 공유한다. 여기에서 한 가지 지적해야 하는 부분은, '광의의 스탈린주의 진영'이 사실 상당히 다양한 사상가, 논객들을 통칭한다는 말이다. 코솔라포브 같은 경우에는 유물사관 등을 고수하는 마르크스주의자로 끝까지 남아 있었지만, 소련 시절에 과학발전을 계획하고 쿠바에의 과학 원조를 관리했던, 오늘날 고인기를 유지하는 세르게이 카라-무르자(Sergei Kara-Murza, 1939년생)와 같은 경우에는 아예 대놓고 "서구 중심주의적" 마르크스주의를 부정한다. 카라-무르자는 일련의 저서에서 '소비에트 프로젝트'의 정수를 "전통적인 마을 공동체의 공업시대에의 재현"으로, 또 스탈린을 "독창적이며 전통에 기반하는, 종래의 마을, 공동체 정신에 입각한 매우 바람직한 대안적 근대화의 제창자"로 묘사한다(Кара-Мурза, 2008). 하지만 과거의 코솔라포브도 그랬듯이, 카라-무르자도 오늘날 가장 규모가 큰 스탈린주의적 야당인 러시아 연방 공산당(KPRF)을 때때로 비판적으로 지지한다 해도 정식 당원으로 참여하지 않는다. 동시에는 연방 공산당의 이론가들도 코솔라포브나 카라-무르자 같은 유명 관료, 학자 출신 논객들도 스탈린 시기를 '사회주의 이상' 내지 '러시아 민족의 공동체적 이상'에 가장 근접한 시기로 긍정적으로 평가하고 오늘날 상황을 '후진화'와 '주변화'로 규정하는 데에는 입을 모으고 있다.

    한데 소련의 주류 '사회과학'은 꼭 코솔라포브와 같은 정통파 스탈린주의자만을 배태시킨 것도 아니다. 코솔라포브의 후배이며 그 사망 직전까지 같은 모스크바 국립대 경제학부의 경제이론 및 정치경제학과의 학과장으로서 봉직하고 있었던 알렉산드르 부즈갈린(Alexander Buzgalin, 1954-2023) 같은 경우에는, 카우츠키와 트로츠키, 그리고 크라우즈와 같은 사상가들의 영향을 받아 '네오마르크스주의적'이라고 할 수 있는 그의 소련관(觀)을 구축하기에 이르렀다. 그는 트로츠키나 크라우즈와 마찬가지로 1917년 10월 혁명을 '사회주의 지향적인 대중의 반란'으로 간주했지만, 카우츠키와 마찬가지로, 그 당시의 러시아는 사회주의로의 진입을 위한 기본적인 토대가 마련돼 있지 않았다고 분석했다. 나아가서 그는 세계 자본주의 체제로부터 고립을 당한 혁명 러시아가《생존을 위해》추격형 공업화를 추구했다고 봤고, 그 과정에서는 (트로츠키의 분석대로) 보수화를 거듭한 지배 관료계층이 (크라우즈의 논리대로) 노동자 계층과 '사회적 타협'을 이루어야만 했다고 분석했다. 노동자들이 관료들의 정치적 지배를 인정해주는 대가로 광범위한 사회적 권리와 혜택을 획득했으며, 소련은 고전적 자본주의도 진정한 의미에서의 사회주의도 아닌, 중간적인 '변질된 과도기적 사회'로 남았다가 결국 계급형성 과정이 완료된 관료들에 의해 (反)주변부 자본주의로 편입됐다는 것이다(Бузгалин, Колганов, 2010). 이와 같은 개념화와 트로츠키식 '변질된 노동자 국가'론의 차이는, 부즈갈린이 소련이 이미 정치적으로 '노동자'와 전혀 무관한 관료들의 지배를 받고 있다는 점을 강조했던 부분이다. 하지만 트로츠키나 크라우즈와 마찬가지로, 부즈갈린도—적어도 압축형 근대화의 여러 방법들 중에서는— 소련식 근대화의 '상대적 진보성'을 인정했다.

코솔라포브나 카라-무르자 같은 경우에는—충분히 예상할 수 있듯이— 러시아의 바람직한 미래를 조금 덜 억압적이긴 하지만 근본적으로 소련의 패턴을 따르는 '국유 경제'와 '공동체 정신을 기반으로 하는 사회' 등으로 본다. 스탈린주의자들이 대부분이 다 그렇듯이 그들에게 '세계' 보다 '우리 나라', 즉 러시아가 우선이지만, '세계'를 사고할 때에도 바람직한 미래를 대체로 '국가/국유화된 생산 부문이 주도하는 경제 발전'으로 보려고 한다(Кара-Мурза, 2014). 이와 판이하게 탈(脫)스탈린주의적이며 '국제주의적 마르크스주의자'인 부즈갈린이나 그 주위의 지식인들은 소련의 긍정적인 측면들을 인정하되 그들의 미래상(像)을 소련의 경험과 꽤나 다른 방식으로 구축해왔다. 부즈갈린이 생각했던 탈자본주의적 미래란, 국유화된 경제라기보다는 탈(脫)경제화된, 즉 생산-소비 패러다임을 넘어 모든 구성원 각자의 창조성의 자유로운 발전과 직접적 참여 민주주의를 가능케 하는 탈산업사회다(Buzgalin, 2009). 하지만 부즈갈린 등은 마르크스의 본래 이상인 '자유의 왕국'과 가까운 희망적인 '먼 미래' 담론을 제시하는 동시에, 현실적 차원에서는 주로 신케인스주의적 '국가의 지원에 의한 첨단기술 부문 발전'이나 '복지국가의 확대' 등을 주장하면서, 좌파는 '세계체제 중심부의 헤게모니적 자본'과 최근 갈등관계에 들어간 러시아의 반주변부적 자본과 국가에 힘을 보태주어야 한다고 의견을 제시했다(Бузгалин, 2018). 부즈갈린에 따르면 좌파는 국제 갈등의 경우 핵심부 자본에 일부분 맞서는 것으로 여겨지는 반주변부 자본과 국가와는 반미(反美)의 대의명분 차원에서 비판적 지지를 해야 했다.

    푸틴 대통령의 반주변부적 국가 관료자본주의에 대한 비판적 지지 성명을 하는가 내지 하지 않는가의 여부와 관계없이, 위에서 언급한 것처럼 세계체제론의 러시아 좌파에 대한 영향은 거의 지배적이다. 세계체제론을 포스트-소비에트 지식 공간에서 전파하는 데 앞장선 네오 내지 포스트·마르크스주의자들 중의 한 사람은 게오르기 데를루갼(Georgi M. Derluguian, 1961년생)이다. 부즈갈린도 일부의 논저를 영어로 작성·발표하지만, 구소련에서 1990년에 박사 학위를 수여하고 나서도 그 뒤에 도미하여 뉴욕주립대에서 월러스틴으로부터 다시 한번 박사 학위를 받은, 그리고 오늘날 아부다비에 있는 뉴욕대학의 분교에서 교편을 잡고 있는 데를루갼이야말로 현재 러시아 '진보 지성인' 중에서는 러·영 이중언어 구사자다. 그는 동시에 영어권과 러어권(그리고 아르메니아어권)의 지식공간에서 사회사 전공자와 대중적 지식인으로서 활약을 펼치고 있다. 그러나 부즈갈린이 '네오마르크스주의자'였다면 데를루갼은 '포스트마르크스주의'에 훨씬 더 가깝다. 부즈갈린이 —트로츠키의 전통대로— 1917년 10월 혁명을 '사회주의 지향적인 혁명'으로 보고 이 부분을 강조했지만, 데를루갼이 강조하는 것은 러시아의 추격형 근대화의 굴곡진 여정이다. 그에 의하면 러시아의 로마노프 제국은 청나라나 무갈 제국, 오스만 제국과 마찬가지로 유라시아의 하나의 '총기(銃器) 제국'이었지만, 이들과 달리 18세기 초반 이후 위로부터의 군사 본위의 근대화를 통해 반(半)식민화 내지 식민화, 약체화를 피할 수 있었다. 하지만 러시아는 같은 후발적 근대화의 주자이었던 일본으로부터 1905년에 전쟁 패배의 쓴 잔을 안고 마시고, 제1차 세계 대전에서 또 하나의 후발 근대 국가인 독일과의 군사적 경쟁에서 사실상 거의 패배한 후로는, '비(非)정통적 근대화 노선', 즉 과거 제국의 내파와 재편을 추구할 수밖에 없었다. 그것이 군사적 패배와 열강에 의한 식민화를 면할 수 있는 유일한 대안이었다. 그래서 스탈린 시대에는 소련이 '하나의 거대한 기업체'처럼 재편되어 세계체제와 적당한 '거리두기'(de-linking) 속에서 '초중상주의적'(超重商主義的, hyper-mercantilist)방식으로 근대적으로 결집된 '국민'(인민)과 '합리적인 관료제'를 만들어냈다(Дерлугьян, 2017). 데를루갼은 두나옙스카야 등처럼 소련을 사실상 '국가 자본주의 사회'로 파악하긴 하지만, 정통파(인본주의적) 마르크스주의자였던 두나옙스카야와 달리 이에 대해서 부정적으로 보려 하지 않고 오히려 —코솔라포브나 카라-무르자와 그리 다르지 않게— 스탈린 시대의 '근대화'에 있어서는 암(暗)보다 명(明)을 더 많이 발견한다. 세계체제론자인 그가 보기에는 소련의 발전모델이 일차적으로 세계체제 주변부의 독자적, 독립적 발전의 하나의 밑그림으로서 크게 기여한 것이다.

소련의 '정통' 사회과학 교육을 받고 나서 일종의 서구풍(風)의 네오마르크스주의자가 된 부즈갈린이나 미국에서 또 하나의 박사과정을 마친 데를류갼과 달리 현재 러시아 좌파 이론가이자 반전 운동가(현시점인 2024년 6월에는 푸틴 정권의 양심수)로서 가장 잘 알려진 보리스 카갈리츠키(Boris Kagarlitsky, 1958년생; 그의 책 중에는 국역된 서적들도 있다: 카갈리츠키, 2012)은 소련의 '정통파' 마르크스-레닌주의도 미국의 세계체제론도 '적통'(嫡統)으로 이어받지 않았다. 그는 1980년대 초반의 모스크바에서 일각의 지식청년들과 함께 신좌파적 지하 서클을 꾸렸다가 발각돼 소련 감옥의 맛을 봤고, 그 뒤로는 사면·복권되어 영문과 러문 등으로 활발한 이론과 역사연구, 정치평론 활동을 해왔다. 그는 1980년대말 이후부터 세계체제론의 세례를 강하게 받고, 나아가서는 러시아 역사의 전(全) 과정을 '자원 공급자이자 서구 제품 및 기술의 시장'이라는 관점에서 기술한 『주변부적 제국』이란 저서로 이름을 얻기도 했다(Kagarlitsky, 2008). 이와 같은 이론적 바탕이 있기에 카갈리츠키의 러시아 혁명 내지 소련론(論)은 부즈갈린과 데를루갼 견해들의 일종의 '절충판'으로 보인다. 정치적으로 여전히 급진 좌파를 표방하는 카갈리츠키는, 부즈갈린과 마찬가지로—트로츠키 등의 전통대로— 10월 혁명의 사회주의 지향적 성격을 인정한다. 하지만 그는—데를루갼과 마찬가지로— 1920년대 후반 이후부터의 스탈린 체제의 수립과 공고화를('관료들의 테르미도르 반동'을 강조한 트로츠키와 달리) 주로 세계체제 속에서의 러시아의 압축적인 자립적 근대화의 논리로 해석한다. 즉, 일본과 독일로부터의(준) 패배로 인해 세계체제 핵심부로부터의 자본·기술에 의존하는 추격형 근대화 노선이 파탄나고 열강의 위협이 심화되자 스탈린 체제 하에서 러시아는 여태까지 실험해보지 못한 내포적이며 자립적 근대화 노선을 선택해 엄청난 기술적·사회적 약진(공업화, 도시화, 교육수준 향상, 포괄적 복지국가 건설 등)을 했고 다른 제3세계 나라와 인민들에게 본보기가 됐다는 이야기다. 카갈리츠키에 따르면 세계체제의 핵심부와 거리를 두고 이루어진 이 자립적 근대화 과정에서 관료 지배하의 소련은 비시장적 사회이었던 만큼 공장 단위에서 전통 마을 공동체를 재현하고 더 이상 노동시장에서 상호 경쟁하지 않아도 되는 노동자들에게 좋은 노동·생활 조건을 만들어줄 수 있었다는 것이다(Кагарлицкий, 2000: 17-23). 카갈리츠키는 급속한 도시화 속에서의 소련 사회에서 《기존의 계급들이 이미 해체되고 새로운 계급들이 아직도 형성 과정 중에 있었》고, 계급들이 해체된 도시화 중의 대중 사회를 관리했던 관료층도 《형성 중의, 아직도 계급이 되지 못한 계층》이며, 관료들의 계급 형성이 바로 소련의 몰락과 서방식 자본주의 도입을 결과시켰다고 분석한다. 이 부분에 있어서는 그의 해석은 부즈갈린과 대동소이하다.

부즈갈린이나 카갈리츠키보다 더 상세한 '소련론(論)'을 제시한 마르크스주의 계통 사상가는 알렉산드르 타라소프(Alexander Tarasov, 1958년생)이다. 그는 카갈리츠키와 마찬가지로 소련 시대에 좌파적 입장에 서서 집권 정당인 공산당을 비판하고, 나아가서 급진 좌파적 지하 조직의 건설을 시도했다가 정신 병원에의 강제 입원 등 탄압을 감수해야 했다. 그의 소련관(觀)을 피력한 그의 논문은 국역된 바 있어(타라소프, 2013) 그 주요 요점만 여기에서 다시 소개하겠다. 부즈갈린이나 크라우즈, 카갈리츠키—내지 그 전의 트로츠키—와 마찬가지로, 타라소프는 소련식 사회-경제적 형태를 '자본주의도 사회주의도 아닌 양태'로 파악한다. 단, 트로츠키나 부즈갈린이 소련의 '과도기적' 성격에 초점을 맞추었다면 타라소프는 '초(超)국가주의'(super-étatisme, 파시즘 시대 일본제국의 '초국가주의', 즉 극단적인 파쇼적 내셔널리즘과는 다른 개념)라고 파악한 소련식 사회·경제적 양태를 '산업사회라는 생산양식의 하나의 독자적인 양태'라고 간주한다.

그에 따르면 일단 공업화된 산업사회인 이상 시장 자본주의에 대한 유일한 현실적인 대안은 바로 국가가 경제의 거의 전체를 흡수하고 나아가서 사회 전반을 통제하려 하는, 이와 같은 '초국가주의'다. 물론 이 '초국가주의'는, 국가가 사멸하는 '사회주의'와 엄연히 다르며, 사회주의 방향으로 나아가는 움직임이라고 보기도 힘들다. 왜냐하면 사회주의란 '초국가주의'가 지향하는 산업화와 정반대로 바로 탈(脫)산업, 탈(脫)경제로 나아가는 것이기 때문이다. 자동화를 바탕으로 다수의 인구를 생산으로부터 해방시킬 수 있는 시대에 이르러서야 '탈(脫)산업사회'라는 의미에서의 진정한 사회주의로의 이행의 가능성이라도 보인다. 20세기 초반의 러시아에서는 이론적으로라도 그런 가능성이 전무했으며, 따라서 트로츠키가 예리하게 지적한 혁명의 보수화('테르미도르의 반동')는 사실상 불가피했다. 산업화라는 부르주아 혁명의 과제의 해결에 전력(全力)을 집중시킨 스탈린 정권은 실제로 진보적이라기보다는 반(反)혁명적이었지만, 그래도 개별적 자본의 이익추구를 대체한 전지전능한 국가의 정치적 이해관계는 어떤 의미에서 소련 정권의 착취적 성격을 상대적으로 완화시키기도 했다. 물론 산업화 초기라서 한국의 박정희 정권(1961-1979)처럼 오히려 착취의 강도가 높아질 수도 있고 실제로 소독 전쟁 시기(1941-1945)와 그 전후 시기에는 소련에서의 노동 시간은 길고 노동조건들은 열악하기도 했지만,[4] 특히 전후 복구 이후의 시기(1950년대 이후)에는 정치적 고려 차원에서 전부 다 사실상의 '국가 공무원'이 된 노동계급의 노동 조건

---

4   실은 소련 노동자의 평균적 식량 등의 소비량은 1940년에 1928년보다 열악했다. 또한 1940년에 무단 결근과 이직 시도를 형사처벌하는 반노동적 법률이 채택됐는데(스탈린 정권의 소위 "노동규율 강화책"), 이 반노동 법률들은 1950년대 초반에 이르러서야 철폐됐다. Filtzer(1996: 9-14).

을 비교적 더 양호하게 만들 수 있었다. 같은 논리 차원에서 제3세계에서의 하위(junior) 파트너(예컨대 북한 등)[5]에 대해서도—비록 불평등한 종속관계라 하더라도— 직접적 경제적 이용 내지 착취보다 정치-군사적 지원에 더 중점을 둘 수 있었다.[6] 한 마디로 소련은 본질(산업사회의 한 양태)이라기보다는 그 체제의 일부 특질(개별적 기업의 이익 극대화의 부재) 내지

---

[5] 소련은 북한 점령 초기에는 일제시대의 일부 공업 시설(수풍수력발전소 등) 약탈했지만, 특히 한국 전쟁 이후의 북한에 상당 규모(1959년 이전까지는 약 29억 루블, 즉 그 당시의 환율로는 약 6억9천 미국 달러)의 무상 지원을 실시했다. 1989년까지 북한의 대외무역의 절반 정도는 소련과의 무역이었으며 소련은 원유나 비료 등에 대해 세계시장보다 낮은 '특별 가격'들을 이용해 북한을 사실상 지원하고 있었다(Armstrong, 2005). 단, 한반도 북부지역의 군사적 요충지로서의 성격을 감안하면 이와 같은 지원이 무엇보다 군사 내지 지정학적·전략적 차원이 일차적이었다고 볼 여지가 크다. 마찬가지로, 소련의 대북 지원보다 그 규모가 훨씬 더 컸던 미국의 남한에 대한 지원도 일차적으로 경제적 이윤보다 지정학적 고려에 의거한 것이었다(Ahn, 1992).

[6] 이 부분에 대해 학계에서 이론(異論)이 존재한다는 점을 지적해두어야 한다. 요컨대 개인 자본의 이윤추구 행각은 아니다 하더라도 소련과 그 하위 파트너들의 상호관계는 분명히 평등하지 않았다. 소련의 피후견 국가(하위 파트너)들은 소련에 종속돼 있었으며, 그 종속은 경제적 차원도 있었다. 예를 들어 1976년 현재 쿠바에 약 100억 달러 상당의 소련의 각종 국가 자본(인프라 건설 투자, 차관, 지원금 등)은 투자돼 있었으며, 그 중에서는 49억달라 상당액은 상환돼야 할 차관이었다. 한데 동시에 소련으로부터의 차관들은 이자율은 연 2.5% 이하로 서방으로부터의 차관에 비해 저리(低利)이었으며, 상환 시기도 계속해서 연기되곤 했다. 예를 들어 1972년에 체결된 정부간 협정에 따라 그 상환 시기는 1986년 이후로 연기됐다(Packenham, 1986). 한 마디로 미국 등 서방 자본주의 국가들에 비해서 자본이나 기술 차원에서 훨씬 약했던 소련은, 그 피후견 국가에 매력적으로 보이기 위해서라도 후견-피후견 관계 수립의 조건들을 피후견 국가들에게 더 유리하게 설정할 필요가 있었다.

상황 차원에서 제한된 진보적 역할을 때때로 수행할 수 있었다는 것이다. 타라소프와 논쟁을 벌인 또 한 명의 마르크스주의 학자인 유리 세메노프(1929-2023)는 보슬렌스키처럼 소련을 일종의 '공업사회판 아시아적 생산 양식'의 사회로 파악하여 소련 관료층을 '지배계급'으로 봤지만(Семенов, 2003: 514-568), 타라소프는 계급이라기보다는 계층이라고 여긴다. 관료들이 잉여가치를 수탈했지만 수탈한 잉여가치를 개인적으로 이용하여 이익을 추구할 수 없었고 정치적 고려 차원에서 확대 재생산 과정을 '관리'했을 뿐이기 때문이다. 부즈갈린이나 카갈리츠키처럼 타라소프도 관료층이 계급으로 전화한 시점을 소련 몰락 전후로 본다.

크게 봐서 신좌파 풍(風)의 비(非)스탈린주의적인 포스트-소비에트 마르크스주의자들의 '소련론'(論)은 두 가지 큰 흐름으로 나눌 수 있다. 부즈갈린-카갈리츠키-타라소프로 대표되는 첫 흐름은, 크라우즈와 마찬가지로 소련을 미완의 내지 과도기적 사회로 파악하고, 소련을 지배했던 관료층을 아직도 즉자적 내지 대자적 계급이 되지 못한, 즉 위계질서의 상층부에서 군림을 한다 해도 아직도 소유권에 기반하여 잉여가치를 개별적으로 수취하지는 못하는 계층으로 보고 있다. 이 계층이 명실상부한 착취계급으로 진일보하여 발전되는 것이 바로 소련 몰락 전후라는 것은 이 흐름을 대표하는 이념가들의 지론(持論)이다. 동시에 그들은, 아직도 착취계급이 되지 못한 관료계층이 세계체제의 바깥에서 이루어진 추격형 초고속 근대화 과정에서 노동자계층에 대대적인 양보를 해야 했으며, 또 비(非)시장적인 근대화인 만큼 그런 양보들을 하기가 쉬웠다는 점을 강조한다. 반대로(마르크스주의자로 자처하지 않지만, 세계체제론자이면서도 마르크스주의의 영향을 다분히 받은) 데를루갼이나 세메노프 같은 흐름에 속하는 사상가들은 소련을 국가자본주의 사회('하나의 커다란 기업': 데를루갼)나 '공업 시대의 아시아적 생산양식의 사회'(세메노프)로 보고 그 지배층을 명실상부한 지배계급, 즉 공공부문 생산수단의 집단 소유주이자 잉여가치 수취자, 투자와 재생산의 관리자로 파악한다. 어떻게 보면 소련이 (아직도) '변질된 노동자국가'라고 여겼던 트로츠키와 이미 국가자본주의 사회라고 간주했던 두나옙스카야 사이의 의견 차이가, 포스트-소비에트 마르크스주의자들 사이에서 다시 한번 새로운 차원에서 재현된다고 볼 수 있다.

4. 결론을 대신하여: '소련 실험'의 세계사적 의미

위에서 약술(略述)한 소련의 상회·경제적 형태의 성격에 대한 마르크스주의자들의 논쟁의 역사를 보면 한 가지가 확실하게 실감된다. 즉, 현재 진행 중의 정치적 과정들이나 근현대사와 관련되는 많은 주제들이 다 그렇듯이, 소련에 대한 평가는 늘 평가자의 정치적 '위치'나 '의도'에 크게 좌우된다는 사실이다. 예컨대 끝까지 소련 혁명이 '변질'을 혁명적인 방식으로 다시 극복할 수 있을 것이라는 기대를 버리지 못했던 트로츠키(Deutscher, 1963: 250-262)의 입장에서는 '변질'은 됐지만 '노동자 국가'의 기본틀이 아직도 존재한다고 판단을 내리기가 다소 자연스럽기도 했다. 그런 기본틀마저도 없었다면 그가 1930년대 후반에 꿈꾸었던 스탈린주의의 혁명적 극복은 꽤나 비현실적인 프로젝트로 보일 수밖에 없었을 것이다. 하지만 소련의 체제가 공고화되고 동구권으로까지 그 영향권을 확장시킨 1940년대에는 스탈린주의 체제를 내부에서 혁명적으로 극복하는 것은 불가능에 가까울 것이라는 점을, 많은 비판적 마르크스주의자들이 보다 선명하게 이해하기 시작했다. 그래서 두나옙스카야 같은 경우에는 소련이 '혁명의 변질'을 넘어 이미 '국가자본주의'로 재편됐다고 판단했고, 질라스는 그것도 넘어 '국가자본주의 수준에 미달하는 관료 계급 치하의 사회'로 봤다. 나아가서 후기 소련의 당국자에 맞서 서독으로 망명한 보슬렌스키는, 소련 당국자의 통치 명분을 제공했던 1917년 10월 혁명 그 자체를 근대에 대한 '봉건적 반동'이라고 규정하기까지 했다.

그런데 비판적 마르크스주의자들에게 극복 내지 내부로부터의 투쟁의 대상이었던 소련은 1990년대 이후 사라졌으며, 그 빈 자리를 메운 러시아는 한동안 혼란 속의 약체이었다가 2000년 이후에는 일종의 소(小)제국 복원과 미국의 일극적(一極的) 헤게모니에 대한 투쟁 내지 경쟁을 선포했다. 이런 상황에서 부즈갈린이나 카갈리츠키, 타라소프 등으로 대표되는 일군의 마르크스주의 사상가들은 이미 몰락한 소련과 (오늘날 러시아와 같은) '정통' 자본주의 사회 사이의 '차이'를 부각하는 것이 정치적으로 옳은 것이라고 판단한 듯하다. 스탈린의 '테르미도르 반동' 이후라 하더라도 혁명을 거쳐 비(非)시장적인 근대화 노선을 채택한 소련사회는 노동자들에게 취직 내지 실적 경쟁을 강요하거나 개별적 관료들에게 생산수단에 대한 소유 내지 잉여가치의 개인적 수탈의 권리 등을 아직 허락하지 못했는데, 이는 노동시장에서의 경쟁이나 무절제한 수탈 등이 판치는 오늘날 러시아의 현실과 판이하게 달라 보이기도 한다. 또 이와 같은 '다름'을 부각해야 좌파세력으로서 정치적 명분의 강화와 민심 결집 등이 가능할 것이다. 오히려, 러시아의 현실적 좌파 정치와 깊이 연관돼 있는 카갈리츠키나 타라소프 등과 달리 순수 연구 영역에 머물러 있었거나(세메노프) 외국에서 교수·저술 활동을 펼치는(데를루갼) 이론가들은 소련을 간단하게 '아시아적 생산 양식을 재현시킨 계급사회'(세메노프)나 '하나의 커다란 기업'(데를루갼)으로 치부한다.

그렇다면 소련 식이라는 산업사회로의 여정의 어떤 긍정적인 차별성을 강조하는 것은 오로지 정치적 의제만의 문제인가? 소련형(型)사회의 시말을 완료형의 '역사'로서 관찰할 수 있는 금일의 시점에서 본다면 이 사회가 자본주의적 세계체제와 각종의 '거리'를 둠으로서 초고속의 압축적 근대화, 그리고 대미(對美) 등 세계적 패권 세력과의 투쟁/경쟁에서의 생존을 추구했다는 것은 실감나게 보인다. 이 압축적 근대화를 주도해온—상당부분은 바로 기층민중의 출신인— 관료층이 결국 '정상적' 지배계급 형성의 길로 가고 있었던 것은 분명한 것 같다. 어쩌면 소련 시기란, 형성 과정 중에 있었던 이 계층이 아직 생산수단을 사유화하여 '정상적인'(관료)자본주의로의 전환을 이루지는 못한 '완전한 자본화 유예'의 시기라고 소급해서 볼 여지도 있다. 그런데 아울러 다음과 같은 점도 명확하다. 기존의 지배계급을 멸망시킨 혁명을 본질상 보수화시키면서도 형식상 계승한 스탈린 정권은, 세계체제와의 '거리'를 두면서 근대화를 지향하는 과정에서는 부득불 노동과 자본, 토지·부동산 시장을 부정해야 했다. 그 시장을 지배하고 있었던 기존의 엘리트들이 이미 정치적 멸망을 당한 데다가 비(非)시장적인 총동원 이외에는 스탈린 정권이 원했던 근대화, 공업화의 속도를 달성할 수 있는 방법도 없었다. 거기에다가 시장을 부정하는 혁명의 이데올로기적 명분까지 가세했다. 그 결과로는, 소련이 경향적으로는 '정통' 자본화를 향해서 불가피하게 가고 있었다 하더라도 이 '완전한' 자본화는 수십년간 '유예'되었고 1920년대말부터 1980년대말까지 국가가 토지, 자본, 노동시장을 대체했다.[7] 정확히 이야

---

[7] 물론 이 기간에도 소련과 동구권 국가에서 자본 축적과 확대재생산이 이루어지는 과정에서 약간 다른 모습이긴 하지만, 자본 및 노동 시장 그리고 여러 형태의 계급 투쟁이 이미 존재했다는 시각도 있다(Bettelheim, 1982; Chattopadhyay, 1994: 121-146). 소련을 국가자본주의 사회로 파악한 관점은, 국내에서도 이미 자세히 소개됐다(정성진, 2006: 173-211). 특히 독립채산채(獨立採算制) 등을 준(準)자본 단

기하면, '정통' 시장이 관료들 사이의 협상, 의결 과정에 의한, 정치 내지 행정적 '자원 배분'으로 대체된 셈이었다. 이와 같은 실험의 결과는 노동자들의 입장에서도 꼭 부정적이지만 않았다.

예컨대 스탈린 시대에는 상당수 노동자들이 기숙사 생활의 불편을 안고 살아야 했지만, 소련 몰락 이전까지는 대부분의 도심 세대들이 국가로부터 아파트 배정을 받을 수 있었고 세대당 평균 13평방미터의 생활주거공간을 확보할 수 있었다(Andrusz, 1984). 부유한 구미권 국가에 비해서야 턱없이 비좁게 느껴지겠지만, 도심 토지·부동산 시장을 국가가 대체했기에 판자촌이나 월세살이 강요 당하는 '부동산 하층계급'의 출현을 피할 수 있었다. 금융, 주식 시장이 없어진 만큼은 국가 기업들은 주가 내지 단기 수익 극대화에 굳이 얽매이지 않고 장기적 전략 투자나 사원 복지 투자를 보다 많이 할 수 있었다. 사실 소련같이 세계체제의 부유한 핵심부와 사이 먼 나라가 1980년대말에 이르러 거의 4천3백만 명의 성인들에게 완전 무료로 각종의 평생교육, 직업능력 향상교육, 재교육 내지 장기(長技), 특기(特技) 교육의 혜택을 줄 수 있었던 이유는 바로 시장을 대체한 국가의 상대적 '여유'이었다(Zajda, 1999: 151-155). 현재 많은 러시아인들이 위에서 이야기한 '소련 향수'를 강하게 느끼는 이유 중의 하나를, 소련 시기를 바로 '주거 등에 대한 별다른 걱정 없이 미술 수업이나 합창단 연습을 즐길 수 있었던 시대'라고 기억하기 때문이다. 그리고 노동 시장의 폐지는, 노동 강도가 다소 낮아지고 '실적 저조한 사

위로 지목하는 연구들이 있다. 그러나 여기에서는 그럼에도 불구하고―비록 국가 차원에서 자본축적 과정이 진행됐다 해도― 국가가 토지와 같은 주요 자원들을 거의 독점하고 자원과 투자의 배분을 주로 정치, 행정적 고려 차원에서 했다는 점 등 소련 내지 동구권과 서방의 '정통' 자본주의 사이의 '차이'에 일차적으로 주안점을 두기로 한다.

원'에 대한 해고의 위협을 전제로 하는 노동자 사이의 실적 경쟁이 없는 만큼 직장 생활이 '편해지는' 것을 의미하기도 했다(Burawoy and Lukacs, 1985). 편한 직장생활에다가 적어도 고급 간부 아닌 일반 사회에서는 가시적 불평등도 있긴 있었지만 비교적 적었다. 정확한 숫자는 아니지만(소련의 공식 통계는 암시장 등으로부터의 소득을 반영하지 않았다), 한 연구는 1967년 현재 소련의 지니(Gini) 계수를 0.229로, 즉 당대 서방 세계에서 가장 평등한 사회로 평가를 받는 스웨덴의 지니계수(0.254)보다 더 완전한 평등에 가까운 것으로 평가했다(McAuley, 1977). 물론 역으로 스웨덴과 같은 서방의 수정 자본주의 국가 못지않게 소련에서도 Gini 계수가 '완전 평등'과 사이 멀었다는 점이 소련 사회가 이미 상당 수준의 서열화를 이루었다는 사실을 입증하기도 한다.[8] 그렇지만, 그렇다 하더라도 소련 시절의 서열화는 남미 수준에 가까운 오늘날 러시아의 사회적 불평등들과는 비교하기가 어려울 정도이었다.[9] 그래서 많은 러시아인들에게는 소련시절은 '상대적 평등의 시대'로 기억된다. 오늘날 러시아의 극단적 불평등과 대조적인 이 부분도 '소련 향수'를 강화시키는 요인으로 작용하는 것으로 보인다. 한 마디로, 위에서 언급된 타라소프와 같은 논리대

---

[8] 소련 사회에서의 소득 불평등에 대한 실증적 연구로 Yanowitch(1977: 23-58) 등이 있다. 간부층(특권층)과 비특권층 사이의 소득 내지 생활수준의 차이뿐만 아니라, 비특권층 안에서의 숙련도에 따른 소득수준의 차이 등이 엄존했다는 사실은 이와 같은 연구를 통해 실증적으로 입증됐다.

[9] 소련 사회에 전혀 호의적이지 않은 유럽연합 의회의 조사부도, 소련 시절 말기의 최상위 1%와 나머지의 평균 소득 차이(약 4배)가 오늘날 러시아 최상위 1%와 나머지 사회 구성원 사이의 평균 소득 차이(약 20배)에 비해 꽤나 적었다는 사실을 인정하면서 많은 러시아인들에게 소련시대가 '상대적 평등의 시대'로 기억돼 있다고 기술한다(European Parliamentary Research Service, 2018).

로 '초국가주의적' 소련의 체제는 굳이 그 자체로서는 사회주의라는 미래 이상으로의 '진보'를 함의하지 않았다 하더라도 소련이 몰락된 뒤에 반(半)주변부적 자본주의의 각종 수탈과 착취의 무게를 온 몸으로 안게 된 소련 노동자 출신들의 입장에서는 소련 시대의 '완전한 자본화의 유예'는 '상대적 장점'으로 인식되기에는 충분하다.

 자본이 아닌 국가가 잉여가치의 수취, 분배, 재투자의 과정을 주관했던 소련은 타라소프와 같은 사상가들의 지론(持論)대로 근대 산업사회의 근본 원칙들을 극복하기에 실패했다. 그게 애당초부터 일국 차원, 그것도 아직 근대화 과제도 해결이 안된 한 나라의 차원에서 가능했겠느냐는 타라소프의 물음도 얼마든지 정당하다. 카우츠키 이후로는, 위에서 기술한 대로 여러 마르크스주의자들이 이와 같은 물음을 제기해왔다. 그러나 소련의 경험은 근대화, 나아가서 산업사회 형태의 다양성을 가시화하는 데에 성공했다. 시장을 국가가 대체하는 압축 근대화의 방식을, 제3세계의 국가들이 광범위하게 차용하는 등 세계체제 주변부의 근대적 발전에 기여한 바도 적지 않다. 소련 체제와의 경쟁의 압력이 서구 복지국가의 출현과 존속, 발전에도 중요한 역할을 해왔다는 것을, 소련이 몰락하고 서구 복지국가가 쇠퇴의 길로 가기 시작한 신자유주의 시대에 와서 우리가 느끼게 되는 것이다. 그러니까 여러 차원에서는 소련이 비록 사회주의 이상(理想)을 실현시키지 못했다 해도 그 세계사적 기여가 매우 컸다는 부즈갈린이나 카갈리츠키, 타라소프의 논리를, 어느 정도 수긍할 수 있다고 본다. 사회주의 건설은 사실상 불발에 그쳤다 해도, 혁명을 거친 사회의 역사 전체를 오로지 '실패'로만 치부할 수 없다는 것이 정당한 평가라고 생각한다.

참고문헌

박노자(블라디미르 티호노프). 2019. "소련 몰락 이후 소련과 동구권의 사회-경제적 형태에 관한 포스트-소비에트 마르크스주의자들의 논의들."『마르크스주의 연구』16(2): 143-173.

정성진. 2006.『마르크스와 트로츠키』. 서울: 한울.

카갈리츠키, 보리스. 2012.『생각하는 갈대-사회주의를 위하여 더 많은 민주주의를! - 1917년에서 현재까지』. 서울: 역사비평사.

타라소프, 알렉산드르. 2013. "초국가주의와 사회주의: 문제제기. 도대체 소련은 무엇이었나? 타라소프의 해답."『레디앙』6월 5일 http://www.redian.org/archive/56059

Ahn, Yeonmi. 1992. *The Political Economy of Foreign Aid: The nature of American Aid and its Impact on the State-Business Relationship in South Korea*, 1945-1972. PhD Dissertation. Yale University.

Andrusz Gregory D. 1984. *Housing and Urban Development in the USSR*. NY: State University of New York Press.

Armstrong, Charles K. 2005 "'Fraternal Socialism': The International Reconstruction of North Korea, 1953-62." *Cold War History* 5(2): 161-187.

Balmforth, Tom. 2018. "Russian nostalgia for Soviet Union reaches 13-year high." *Reuters* December 19. https://www.reuters.com/article/us-russia-politics-sovietunion/russian-nostalgia-for-soviet-union-reaches-13-year-high-idUSKBN1OI20Q

Bandera, Volodymyr. 1963. "The New Economic Policy(NEP) as an Economic System." *Journal of Political Economy* 71(3): 265-279.

Bettelheim, Charles. 1982. *Les luttes de classes en URSS—Troisième période, 1930-1941*. Tome I et II. Paris: Maspero.

Bukharin, Nikolai. 1926. "The Tasks of the Russian Communist Party." *The Labour Monthly* 8(1): 18-31.

Burawoy, Michael and Lukacs, János. 1985. "Mythologies of Work: A Comparison of Firms in State Socialism and Advanced Capitalism." *American Sociological Review* 50(6): 723-737.

Buzgalin, Alexander. 2009. "Post-Soviet Critical Marxism." *Transform! Europe* May 20. https://www.transform-network.net/en/publications/yearbook/overview/article/journal-042009/post-soviet-critical-marxism

Chattopadhyay Paresh. 1994. *The Marxian Concept of Capital and the Soviet Experience. Essay in the Critique of Political Economy.* Westport: Praeger.

Deutscher, Isaac. 1963. *The Prophet Outcast: Trotsky: 1929-1940.* London. [Toronto]: Oxford University Press.

Djilas, Milovan. 1957. *The New Class. An Analysis of the Communist System.* New York: Praeger.

Dunaevskaya, Raya [Freddie James]. 1941. "The Union of Soviet Socialist Republics is a Capitalist Society." *Internal Discussion Bulletin of the Workers Party.* March https://www.marxists.org/archive/dunayevskaya/works/1941/ussr-capitalist.htm

Dunn, Stephen P. 1982. *The Fall and Rise of the Asiatic Mode of Production.* London: Routledge.

Filtzer, Donald. 1996. "Labor Discipline, the Use of Work Time, and the Decline of the Soviet System, 1928-1991." *International Labor and Working-Class History* 50: 9-28.

European Parliamentary Research Service, 2018. *Socioeconomic inequality in Russia.* http://www.europarl.europa.eu/RegData/etudes/ATAG/2018/620225/EPRS_ATA(2018)620225_EN.pdf

Kagarlitsky, Boris. 2008. *Empire of the Periphery: Russia and the World System.* Pluto Press.

Kautsky, Karl. 1920 [1919]. *Terrorism and Communism : a contribution to the natural history of revolution*. translated by W.H. Kerridge. London: National Labour Press

Kucherov, Samuel. 1956. "The Soviet Union is Not a Socialist Society(In "Defense" of V. M. Molotov)." *Political Science Quarterly* 71(2): 182-202.

Lenin, Vladimir Ilyich. 1965 [1923]. "Our Revolution: Apropos of N. Sukhanov's Notes." In *Lenin's Collected Works*, Second English Edition. Moscow: Progress Publishers, Vol. 33.

Lenin, Vladimir Ilyich. 1971 [1922]. "To the Russian Colony in North America." In *Lenin Collected Works*. Third English Edition. Moscow: Progress Publishers, Vol. 42.

Van der Linden, Marcel. 2007. *Western Marxism and the Soviet Union: A Survey of Critical Theories and Debates since 1917*. Leiden: Brill.

Marx, Karl. 1951 [1875]. "Critique of the Gotha Program." In *Selected Writings* II Moscow: Foreign Language Publishing House.

McAuley, Alistair. 1977. "The Distribution of Earnings and Incomes in the Soviet Union." *Soviet Studies* 29(2): 214-237.

Müller, Klaus. 2003. "East European Studies, Neo-Totalitarianism and Social Science Theory." *Trent International Political Economy Center Working Paper* 03-7.

Packenham, Robert A. 1986. "Cuba and the USSR since 1959: What Kind of Dependency?" In Irwing Louis Horowitz, ed. *Cuban Communism*. 135-165. Oxford: Transaction Books.

Perry, Peter. J. 1988. "Thirty years on: or, Whatever happened to Wittfogel?" *Political Geography Quarterly* 7(1): 75-83.

Shlapentokh, Vladimir and Bondartsova, Vera. 2009. "Stalin in Russian Ideology and Public Opinion: Caught in a Conflict Between Imperial and Liberal Elements." *Russian History* 36: 302-325.

Trotsky, Leon. 1973 [1937]. *The Revolution Betrayed: What is the Soviet Union and Where is it Going?* Pathfinder Press.

Voslensky, Michael S. 1984. *Nomenklatura. Die herrschende Klasse der Sowjetunion.* München: Edition Molden.

Wittfogel, Karl A. 1957. *Oriental Despotism. A Comparative Study of Total Power.* New Haven: Yale University Press.

Yanowitch, Murray. 1977. *Social and Economic Inequality in Soviet Union.* NY: M.E.Sharpe.

Zajda, Joseph. 1999. "Adult Education and Lifelong Learning: New developments in Russia." *Comparative Education* 35(2): 151-161

Бузгалин Александр Владимирович, Колганов Андрей Иванович. 2010. *10 мифов об СССР.* Москва: Эксмо.

Бузгалин Александр Владимирович. 2018. "Российский капитал не пустили на рынки-и он начал драться." *Бизнес-Онлайн* 16 мая. https://www.business-gazeta.ru/article/382298

Дерлугьян, Георгий Матвеевич. 2017. "Советская революция 1905-1945: тезисы к первому столетию." *Неприкосновенный запас* 5: 80-96.

Кагарлицкий, Борис Юльевич. 2000. *Реставрация в России.* Москва: Эдиториал УРСС.

Кагарлицкий, Борис Юльевич. 2006. *Марксизм: не рекомендовано для обучения.* Москва: Алгоритм, Эксмо.

Кара-Мурза, Сергей Георгиевич. 2008. *Маркс против русской революции.* Москва: Яуза, Эксмо.

Кара-Мурза, Сергей Георгиевич. 2014. *Русский путь. Вектор, программа, враги.* Москва: Алгоритм

Косолапов, Ричард Иванович. 2014. "Оптимизация общественной системы." *Философия и общество* 3: 79-103.

Краус, Тамаш. 1997. "Советский термидор." *Духовные предпосылки сталинского поворота*(1917-1928). Москва: Меценат, 1997.

Мясников, Гавриил. 1931. *Очередной обман.* Париж: Склад изд. Librairie J.

Povolozky

Распоряжение Президента РСФСР от 05.11.1991 г. №73-рп Об учебных и научных учреждениях ЦК КПСС, ЦК Компартии РСФСР, крайкомов и обкомов КПСС http://www.kremlin.ru/acts/bank/350

Семенов Юрий Иванович. 2003. "Философия истории." *Общая теория, основные проблемы, идеи и концепции от древности до наших дней.* Москва: Современные тетради.

Сталин, Иосиф Виссарионович. 1946. *Собрание сочинений.* Москва: Политиздат, Том 14.

Ципко, Александр. 2009. "Идентификация тоталитаризма." *Независимая газета.* 11.03

제2장

제국인가 동지인가?
중국의 부상속에서 동아시아의 개발도상국의 미래

장대업(서강대학교 글로벌한국학과 교수)

1. 들어가며

약 16년 전, 고(故) 지오바니 아리기는 "베이징의 아담 스미스"에서 중국 발전의 미래와 인류전체의 미래를 위한 중국의 역할에 대한 그의 희망을 다음과 같이 표현했다.

> "만약 이 방향전환이 중국의 자기 중심적 시장기반 발전, 수탈 없는 축적, 비인적 자원이 아닌 인적 자원의 동원, 정책수립을 위한 대중적 참여에 기반한 정부라는 전통을 되살리고 공고히 하는 데 성공한다면 중국은 문화적 차이를 진정으로 존중하는 문명 연방의 출현에 결정적으로 기여할 수 있는 위치에 서게 될 가능성이 있다(Arrighi, 2007: 389)."

아리기의 저서가 출간된 지 16년이 지났다. 2023년 현재, 아리기가 간절히 기대했던 세계자본주의 체제에 대한 중국의 변혁적 역할에 대한 희망은 점점 더 흔들리는 듯하다. 중국은 이전보다 더 권위주의적으로 변하고 있으며 시민의 참여를 확대하여 정책 결정을 민주화하려는 모든 시도는 비애국적인 행위로 매도되고 가혹한 탄압에 직면하고 있다. 더 중요한 것은 중국이 모든 면에서 자본주의 경제로 변모하면서 경제적으로나 군사적으로 팽창하고 있다는 사실이다. 중국의 일대일로 사업(Belt and Road Initiative: BRI)은 세계 정치경제에서 자신의 역할에 대한 중국의 야심이 점점 더 커지고 있음을 보여주는 좋은 지표이다.

이 사업은 개발도상국의 경제발전에 필요한 인프라를 구축하고 개발사업에 대한 대안적인 재원을 제공한다는 점에서 이를 중국이 자본주의 세계체제의 지배자는 아니더라도 더 중요한 운영자가 되려는 시도로 보며 조심스럽게 주시하는 사람들이 많다. 또한 개도국에서의 노동 및 인권침해, 환경파괴, 지속 불가능한 부채, 주권침해와 글로벌 강대국 간의 격렬한 갈등에 대한 보고도 계속되고 있다. 종종 양면성을 띠는 이 특수한 사업이 더 가난한 국가와 개인들이 향상된 복지를 누리는 더 평화로운 세상에 공헌할 것인지 아니면 신제국과 구제국 간의 격렬한 경제 혹은 군사적 경쟁으로 우리를 이끌 것인지는 분명하지 않다. 중국이 일대일로 사업을 통해 하는 일의 진정한 의미를 알기 위해서는 단순히 이 프로젝트가 벌이는 사업에서 중국참가자들이 하는 행동 그 자체만을 바라보는 것으로는 부족하다. 일대일로의 의미는 중국이 중국 영토 안팎에서 투자, 원조, 차관, 무역, 중국 국가 및 민간자본의 확장 등을 통해 자본주의 경제로서 발전하는 과정이라는 더 넓은 맥락에서 바라봐야 한다. 이 장의 목적은 그러한 맥락을 소개함으로써 일대일로 사업에서 상징적으로 드러나는 자본주의 세계체제에서 중국자본주의의 현재 위치를 이해하고자 하는 것이다.

2. 중국과 인류의 다른 미래

중국의 지속적인 부상에 대한 아리기의 예측은 옳았다. 아리기는 20세기 후반 중국의 부상을 인류 문명사에서 자연스러운 사건으로 서술한 안드레 군더 프랑크(Andre Gunder Frank)의 "리오리엔트"(Reorient, 1998)를 따랐다. 프랑크와 아리기에게 특이한, 어쩌면 불쾌한 사건은 "자본주의적 지배가 없는 시장"의 확장을 특징으로 하는 중국의 발전이 팽창주의 정책을 뒷받침하는 우수한 산업 및 군사력을 갖춘 서구의 진정한 자본주의 경제와 경쟁하면서 "치욕의 백년"(hundred years of humiliation) 이라는 고난의 시기를 한때 경험했다는 것이다. 아리기가 보기에 최근 중국의 부상은 지난 몇 세기 동안 유럽이나 미국의 부상과는 질적으로 다른 양상을 띠고 있는데, 이것은 20세기말 중국의 부상이 팽창주의적 외교정책을 동반하지 않았고 중국이 그러한 팽창의 동기를 가지지도 않기 때문이다. 그는 송왕조 이후 중국은 확장주의 외교정책을 펼치지 않았다고 주장한다. 유럽과 달리 중국 중심의 동아시아에는 전쟁을 통해 경쟁하는 중상주의적 제국들이 존재하지 않았는데 아리기에 따르면 이러한 차이는 우연이 아니라 자본주의 경제와는 다른 자본주의적 지배가 없는 시장경제라는 중국의 발전 경로에 내재되어 있는 것이다. 칼 마르크스가 아닌 아담 스미스가 이러한 차이를 발견한 것처럼, 중국의 발전은 마르크스적 틀보다는 스미스적 틀에서 더 잘 이해할 수 있으며(Arrighi, 2007: 329), 그래서 그는 그의 책에 "베이징의 아담 스미스"라는 제목을 붙였다. 아리기는 한 세기에 걸친 대 격변 이후 중국이 개혁개방 정책을 통해 비자본주의적 시장경제의 길을 다시 시작했다고 믿었고 중국이 세계에 개방적이면서도 팽창주의 정책을 추구하지 않고 내적 발전을 추구할 수 있었던 것은 바로 이러한 중국 현대 발전의 특수성 때문이라고 보았다. 중국은 자본주의 경제가 아니기 때문에 단지 국익에 부합하는 범위 내에서만 신자유주의를 채택하고 시장개방에도 점진적이고 선별적인 접근 방식을 취하고 있다는 것이다.

중국의 평화적 부상과 "특별함"에 대한 이 논제는 중국 발전에 관한 보다 최근의 문헌에서도 재현된다. 그 중 하나가 2017년에 출간된 칭콴리(Ching Kwa Lee)의 『글로벌 중국의 유령(The Spectre of Global China)』이다. 이 책에서 칭콴리는 서구와 중국의 질적으로 다른 발전 경로 자체에 초점을 맞추지는 않는다. 그는 중국이 자본주의가 아니라고 주장한 아리기를 따르는 것 같지는 않다. 그러나 그는 또한 중국 국가자본과 다른 모든 국가의 민간자본—아마도 수십 개의 다른 '국적'을 고려하지 않고 '글로벌 민간자본'으로 모호하게 명명되고 일반화된— 사이의 공통점보다는 차이를 강조하고 싶어 한다.[1] 그는 중국 국가자본과 서구 민간자본 사이의 다른 축적 방식들에 초점을 맞추는데, 여기서 강조하는 것은 "자본의 축적"이 아니라 그 "축적의 논리"(logics of accumulation)이다. 그는 이 차이를 이해하는 것이 공포를 불러일으키는 중국의 전 지구적 팽창에 대한 신화로부터 탈

---

[1] 어떤 이유에서인지 중국기업들은 '국적'에 기반한 특정 특징을 가지고 있는 반면 다른 모든 기업들은 국적과 상관없이 동일하게 취급된다. 칭콴리는 이를 이상형(ideal typing)하기라는 방법론적 장치라고 정당화한다. 그는 이상형의 방법론이 문제를 지나치게 단순화될 위험이 있다는 점을 인정하기도 한다(Lee, 2017: 5). 그러나 이러한 유형의 불균형적인 이상형(하나 대 다른 모든 것)은 단순한 단순화를 넘어서는 신비화를 수반하기 쉽다.

출할 수 있는 열쇠라고 주장한다. 칭콴리는 중국 국가자본은 이윤 창출 뿐만 아니라 중국의 정치-외교적 영향력의 확대, 그리고 동시에(그의 분석이 주목하고 있는) 잠비아 등 아프리카 국가들의 전략 광물자원을 확보하려는 광범위한 목표를 가지고 '포괄적 축적(encompassing accumulation)'을 추구한다고 주장한다. 반면 글로벌 민간자본은 단순히 이윤 극대화만을 추구한다(Lee, 2017: 55).

칭콴리는 이렇게 중국 국가자본에 부여된 광범위한 사명들이 자원민족주의와 같은 현지의 요구와 적절히 결합되면 중국 광산 국영기업이 잠비아 국가와 사회의 요구를 수용하기 위해 타협하게 되고, 따라서 더 "양보적이고 협상 가능한" 투자체제로 이어진다고 주장한다(Lee, 2017: 29). 그는 또한 중국 국영기업과 글로벌 민간투자자가 잠비아에서 만들고 유지하는 노동체제(labour regime)가 다르다는 점을 지적한다. 글로벌 민간 자본은 "금융중심적"(finance-driven)이기 때문에 기업의 단기적인 재정적 이익에 적합한 방식으로 노동체제를 구축하며 일반적으로 정리해고 등 노동력의 양적조정을 통해 변동하는 시장상황에 대응한다. 반대로 중국 국가자본의 장기적인 목표인 원사재의 원활한 공급은 중국 국영기업들로 하여금 값싸고 안정적인 노동력 공급에 초점을 맞춘 생산중심(production-driven) 노동체제를 채택하게 만든다. 실제로 칭콴리는 두 노동체제가 모두 노동착취를 목적으로 설계되었다는 사실을 부인하지는 않는다. 그러나 그는 생산중심 노동체제의 경영정신(managerial ethos)과 금융중심 노동착취 체제의 경영정신을 구별하면서 전자는 집단적 금욕주의(collective asceticism)로 특징지어지고, 후자는 '개인주의적 커리어주의'(individualistic careerism)로 특징지어진다고 주장한다(Lee, 2017: 121).

칭콴리가 자신의 책 제목을 "글로벌 중국의 유령"이라고 한 것은 마르크스가 『공산당 선언』에서 "공산주의의 유령"을 언급한 것을 상기시키지만 그는 실제적 위협을 의미한 마르크스와는 반대의 의도를 가지고 있는 것이 분명하다. 그는 "공식적 혹은 비공식적 제국에 관련된, 아니면 고전적 식민주의나 신식민주의에 관련된 방대한 문헌"은 그들의 논의 프레임이 가지고 있는 모호함과 비생산적 성격 때문에 자신의 책에서 다루지 않는다고 밝히며 중국이 제국인가, 혹은 신식민주의자인가에 대한 이론적 논의를 피해가고 있지만(Lee, 2017: 153), 그의 분석에서 그가 암시하고 있는 것은 중국은 세계에 대한 신식민적 위협이 아니라는 것이다. 유럽 열강이나 미국과 달리 중국의 팽창은 외국 영토를 점령하거나 (중국 영토 내 일부 자치구를 고려하면 논란의 여지가 있지만) 외국 영토에 군대를 주둔시키지 않는다는 점을 강조하는 것은 아리기의 주장과 비슷하다. 여기에 칭콴리의 연구는 또 하나의 증거를 추가하는데, 중국 국영기업들은 신식민주의적 행태를 보이지 않는다는 것이다. 식민주의가 외국에 의한 다른 국가의 국민과 영토에 대한 정치적 지배로 정의된다면(Berstein, 2000: 42), 그리고 칭콴리가 잠비아의 중국 국영광산기업에서 관찰한 것이 전 세계 중국자본의 표준 행동양식이라면 그의 주장은 진실을 담고 있다고 할 수 있다.

현재로서는 서구열강의 선동가들처럼 단순히 오리엔탈리즘적 공포와 인종적 편견에 근거해 중국에 식민지주의적이라는 딱지를 붙이는 것보다는 증거와 자료에 기반한 칭콴리의 주장이 더 신빙성이 있어 보인다. 물론 중국 국영기업이 신식민주의적 행태를 보이지 않는다는 그의 주장은 중국기업이 전 세계에서 어떤 방식으로 현지 세력과 관계를 맺는지에 대한 더 많은 조사를 통해 보완되어야 할 것이다. 중국이 신식민주의적이냐 하는 문제는 칭콴리의 연구와 비슷한 분석을 수행하는 앞으로의 다른 연구들에 맡기고 나면, 중국의 평화적 부상이라는 논제에 대한 또 다른 질문에 직면하게 된다. "중국은 제국주의인가?"라는 질문이다.

칭콴리가 식민주의와 줄곧 혼동하는 것이 분명한 이 제국주의에 관한 질문은 중국이 신식민주의적이라는 질문과는 상당히 다르다. 놀랍게도 칭콴리는 중국이 제국주의화하고 있다는 여러가지 경고 신호를 무시하고 단순히 중국이 제국이 될 의지와 힘이 부족하기 때문에 제국주의가 아니라고 주장한다(Lee, 2017: 153). 하지만 홉슨(Hobson, 1902), 룩셈부르크(Luxemburg, 1913), 레닌(Lenin, 1916) 등이 제시한 제국주의의 고전적 의미를 참고하면, 제국주의자가 된다는 것은 주체의 의지나 능력뿐만 아니라 **자본축적의 조건**이 자본이 팽창주의적 행위를 추구하도록 요구하는 특정 단계에 진입했다는 것을 의미하기도 한다. 다시 말해, 제국주의자가 된다는 것은 레닌이 말한 것처럼 그들이 무엇을 할 수 있는지, 무엇을 원하는지 보다 그들이 어떤 존재인지에 관한 것이다.

> '자본가계급은 특별한 악의에서 세계를 분할하는 것이 아니라 도달한 집중의 정도가 그들이 이윤을 얻으려면 이 방법을 채택하도록 강요하기 때문에 세계를 분할한다. 그리고 그들은 상품생산과 자본주의 하에서는 다른 어떤 분할 방법도 있을 수 없기 때문에 "자본에 비례하여", "힘에 비례하여" 세계를 분할한다'(Lenin, 1916: 55).

다시 말해, 제국주의적 행동은 제국주의자의 의지가 아니라 제국주의적 조건에 기반한다는 것이다. 홉슨(1902)은 역사상 모든 제국들이 민족주의, 군국주의, 애국주의와 같은 제국유지의 필수적인 처방들을 가지고 있었지만, 현대 제국주의를 독특하게 만드는 것은 자본주의라고 주장했다. 그에게 제국주의의 조건은 본질적으로 부유한 자본가들의 손에 고도로 집중된 부와 그들이 고국의 영토안에서 이 부에서 더 많은 이윤을 창출할 수 있는 자본투자처를 찾을 수 없는 상황을 수반한다. 이러한 과도한 자본을 통제하는 대규모 은행과 금융기관은 국가가 더 많은 확장주의 정책을 도입하도록 유도한다. 룩셈부르크의 경우, 이러한 제국주의적 조건은 원시적 축적의 세계적 확장을 요구한다(Hunt, 2011: 358). 일단 국경내에서 과도하게 축적된 자본은 자신의 영토를 넘어 "모든 비자본주의적 사회 단위의 체계적인 파괴와 소멸"을 통해서만 수익성 있는 투자를 찾을 수 있다(Luxemburg, 1913: 350). 레닌은 제국주의를 "독점과 금융자본의 지배가 확립되고, 자본 수출이 뚜렷한 중요성을 획득하고, 국제적 독점자본들 간의 세계 분할이 시작되고, 최대 자본주의 강대국 간 세계 모든 영토의 분할이 완료되는" 자본주의의 최고 단계로 이해했다(Lenin, 1916: 65). 레닌에 따르면, 자본주의 발전의 이 특별한 단계는 19세기 후반에 이러한 독점 자본가들이 실제로 공장을 운영하기보다는 화폐 수입에 의존하는 자본가가 되고, 그들의 이익은 금융 과두제를 형성하는 대형 은행에 의해 확보되면서 시작되었다. 그 후 강력한 자본주의 경제의 금융 과두지배층은 국제적 트러스트를 형성하여 세계를 서로 분할, 공유하게 된다.

3. 중국의 자본주의 경제로의 전환과 제국주의적 조건

따라서 중국이 제국주의화되고 있는지 살펴보기 위해서는 칭콴리 처럼 중국이 식민주의적 혹은 제국주의적 행동을 하고 있는지를 살펴보는 것으로는 부족하다. 기침을 적게 한다는 근거로 독감바이러스 보유자를 감기환자로 진단하는 오진을 피하려면 중국 내부에 그러한 제국주의적 조건이 형성되고 있는지도 살펴보아야만 한다. 칭콴리의 "포괄적 축적 논리" 이론은 중국 자본주의가 어느 단계에 있는지가 아니라 중국 국가자본이 무엇을 어떻게 하는지에 초점을 맞추고 있기 때문에 제국주의적 조건에 대해서는 별다른 함의를 가지지 않는다. 칭콴리에게 던질 질문은 그렇다면 중국에서 제국주의적 조건이 충족되면 이 특이한 축적논리, 아니면 거의 "중국정신"이라고 불러도 될 만큼 그가 강조하는 중국의 특이성이 제국주의적 행동을 억제할 만큼 강력하고 특이한지의 여부일 것이다. 그 문제를 비켜가는 칭콴리에 비해 제국의 문제에 대해 훨씬 더 분명한 답을 하고 있는 사람은 바로 아리기이다. 아리기(2007)에 따르면 중국이 제국주의가 되는 것은 중국이 독특한 정신이나 문화를 가지고 있기 때문이 아니라 자본주의 경제가 아니기 때문에 이론적으로 불가능하다. 중국은 자본주의 경제가 아니기 때문에 중국의 부상은 평화롭고 그 결과 조화로운 세계 질서를 만들어낸다. 아리기에게 중국은 중국 내 자본가의 수가 급격히 증가하고 있음에도 불구하고 아직 자본주의 사회로 변모하지 않고있다. 그가 목격한 중국 발전의 세 가지 특징이 중국의 비자본주의 시장경제라는 개념을 뒷받침하는 것으로 추정된다: 1) 국가가 자본가에 의해 지배되지 않고 자본가로부터 격리되어 있다는 점 2) 주요 산업이 민간자본가가 아닌 국가의 통제 하에 있다는 섬 3) 중국 인구가 토지를 사실상 소유하고 향촌기업(Township and Village Enterprises: TVE)을 통해 생산수단을 집단적으로 소유함으로써 신자유주의 자본주의의 일반적인 경향인 수탈 없는 축적을 경험했다는 점 등이 그것이다.

많이 양보한다고 해도 이러한 특징은 중국이 세계경제에 개방된 직후에 벌어진 발전의 초기에 해당하는 특징으로 볼 수 있으며 이러한 특징들은 지난 수십 년간 중국 자본주의 발전에서 살아남지 못했다. 아리기는 민간기업에서 수출용 상품을 생산하는 농촌-도시 이주 노동자들이 국유기업과 TVE 노동자들에 비해 소수에 불과하다고 보았다. 실제로 공식통계는 TVE에 고용된 노동자 수가 1991년 9,609만 명에서 2012년 1

억 6,186만 명으로 계속 증가했음을 보여준다. 이러한 추세는 현대 중국에서는 여전히 공동소유 기업과 그 기업의 노동자가 더 중요하다는 아리기의 관찰을 뒷받침하는 것처럼 보일 수 있다. 그러나 여기에는 오해의 소지가 있다. 1990년대 중반 이후 TVE의 노동자 수가 증가했다는 것은 TVE가 상당 부분 민영화되면서 자본가들이 다양한 형태로 소유한 사기업에 고용된 노동자 수가 증가했다는 의미일 뿐이다(Naughton, 2007: 285-294). 따라서 소유형태가 변해버린 TVE를 대안 경제의 단위로 제시하는 것은 더 이상 유효하지 않다. 초기 단계에서는 농촌 인구가 경작지를 떠나도 고향에 남아 주로 공동소유의 TVE에서 일했다. 곧 이러한 패턴은 민간산업에서 일자리를 구하거나 도시에서 자영업자로 일하는 농촌-도시 이주 노동자의 폭발적인 증가로 대체되었다. 중국 통계에 따르면, 2019년까지 고향 밖에서 일하는 중국 내부 이주 노동자(外出农民工)의 수는 1억 7,435만 명에 달했다(NBSC, 2020). 고향 내 비농업 기업에 고용된 농촌 노동자를 포함하면, 국내외 자본가가 소유한 민간기업에서 주로 일하는 농촌 출신 노동자는 2019년 2억 9,077만 명에 달했다(NBSC, 2020). 이들은 더 이상 중국 경제의 선별적 개방에서 만들어진 소수의 노동자가 아니다. 이들은 이제 자본주의 중국 노동력의 큰 부분을 차지하는 중국자본주의의 근간이 되었다(Pringle, 2015).

국유기업에 대한 아리기의 진단도 더 이상 유효하지 않다. 개별 국유기업의 규모는 거대하지만, 2018년 기준 최소 1억 3,952만 명의 근로자를 고용한 도시 민간 기업에 비하면 더 이상 최대 고용주라고 할 수 없기 때문이다. 2018년에 이르면 국유기업의 노동자 수는 약 5,740만 명으로, 중국 전체 취업자 7억 7,586만 명의 약 7.4%에 불과하다. 게다가 국영기업의 노동자들은 상대적으로 부유한 일반 임금노동자와 점점 더 구별하기 어려워지고 있다. 이러한 변화는 '계약관리체제'(contractual management system)을 통해 작업 단위의 관리와 소유를 분리하는 것에서 시작되었다. 국가가 생산계획의 범위를 축소하고 기업의 인사관리와 이윤 배분에 자율성을 부여하게 되면서 자본주의적 형태의 자본-국가 관계로의 재편이 시작되었다. 또한 국유기업은 중앙 또는 지방 정부 예산에 특정 이윤 할당량을 제출한 후 자신의 수익을 재투자할 수 있었고 시중의 상업은행 대출도 이용할 수 있었다. 이제 국가는 계획에 의해 국유기업을 직접 통제하는 대신, 주로 국가가 소유하고 사실상 통제하는 상업은행을 통해 국유기업을 통제하려 했다. 1991년 중국 공산당이 "큰 것은 잡고 작은 것은 놓아주는" 정책을 시작한 후 국유기업의 민영화가 가속화되었다. 이후 모든 중소형 국유기업과 일부 중견 국유기업은 국내 혹은 해외 투자자에게 주식을 매각하거나 구조조정, 제휴, 합병 등을 통해 민영화 대상이 되었다.

중국 건설산업의 구조조정은 신자유주의 시기 중국의 이러한 변화를 잘 보여주는 예이다. 공식통계에 따르면 1980년 건설 부문에서 국유기업이 전체 직원의 약 74.4%를 고용했으며, 이들 중 대부분은 정규식이었다. 2010년에 이르면 건설 부문 전체 직원 중 국유기업 직원은 13.9%에 불과했다. 국가기관의 일부였던 도시 건설 작업 단위와 농촌 건설 여단도 1980년대부터 개혁의 대상이 되었다. 이들 중 상당수가 민영화 및 기업화되었다. 1990년대에는 기업 소유, 관리 및 감독 기능을 서로 분리하여 더 많은 '합리화'가 도입되었다. 1994년 건설부의 시범 프로그램에서 41개 건설 국영기업을 대상으로 다양한 기업화 방식을 시험한 결과 13개는 국유기업으로, 10개는 유한책임회사로, 5개는 주식회사로 전환했다(Qian and Hui, 2004: 10). 그 후 몇 년 동안 많은 대규모 국유기업이 합병, 인수 및 기타 형태의 합리화를 통해 중국철도건설, 중국통신건설과 같은 거대 종합 건설업체가 탄생했고, 종합 건설업체는 전문

건설업체로서 역할을 수행하기 시작했다(Qian and Hui, 2004: 11). 건설업의 국유기업과 집단소유기업 수는 2000년과 2010년 사이에 각각 9,030개와 24,756개에서 4,810개와 5,026개로 감소했다(China Statistical Yearbook, 2011). 협동조합, 공동소유회사, 유한책임회사, 주식회사, 홍콩, 마카오, 대만, 외자투자 단위 등 다른 형태의 건설 기업은 2000년과 2010년 사이에 12,778개에서 61,280개로 크게 증가했다(China Statistical Yearbook, 2011).

한편, 중국의 농촌인구는 복지제공의 급격한 감소, 지방 당국과 기업의 토지수탈, 선대제와 비슷한 방식 또는 "토지임대 및 노동고용"을 통해 농업 생산을 조직하는 방식으로 집단 토지소유제를 우회하는 대규모 농식품기업의 영향력 확대 등 다양한 형태의 수탈로 계속해서 고통을 겪었다(Andreas, 2008: 133). 2000년대 중반에 이르면 약 4천만 명의 농민이 토지를 잃은 것으로 나타나며 매년 2백만 명의 농민이 추가로 토지에 대한 권리를 상실하는 것으로 추산되었다(Zhao and Webster, 2011: 529). 불법 또는 변칙적인 토지 양도 관행도 새롭게 등장하고 증가했는데 이는 1) '상장기업에 토지를 공급해주고 주식으로 받거나', 2) '개발업자가 농촌 집단소유 토지를 인수하여 직접 토지를 취득'하는 것을 묵인하거나, 3) '농촌 행정단위에 도시 지위를 부여하여 농촌 집단 소유 토지를 국유지로 변경'(Wu, 2009: 885)하는 등의 변칙을 포함한다. 농촌 집단이 소유한 농촌 토지를 국가가 아닌 다른 기관에 매각하거나 양도하는 것이 실제로 합법적이지 않음에도 불구하고 토지 수용은 계속 이루어지고 있다. 국가가 농민으로부터 토지를 취득할 때 토지의 실제 사용자는 토지 양도에 동의해야 하며 법에 따라 보상을 받아야 한다. 그러나 현실에서는 토지를 공동으로 소유한 주민들과 공식적인 합의나 보상 없이 민간 개발업자에게 토지를 불법적으로 양도하는 사례가 증가하고 있다.

1995년과 2003년 사이에만 양도를 통해 취득한 토지의 34.1%가 불법 거래와 관련된 것으로 보도되었다(Xu, Yeh and Wu, 2009: 899).[2] 지방 정부의 수입이 토지 매각을 통해 창출되는 자금에 크게 의존하기 때문에 지방정부에 의한 토지수용과 판매는 점점 일반화되어 2009년에는 지방정부 수입의 절반 이상, 즉 총 수입(중앙정부 수입 포함)의 30%가 토지 판매(총 수입의 21.5%)와 부동산 개발 관련 세금에서 나왔다(Kang, 2011: 331). 2008년 글로벌 경기침체에 대응하기 위해 중앙정부가 발표한 4조 위안 규모의 경기 부양책도 개발 확대와 토지소유권 박탈 사이의 악순환을 강화했다. 중앙정부는 각종 프로젝트에 1조 1,800억 위안만 지원했고 나머지 3조 8,200억 위안은 지방정부가 조달해야 했는데 많은 지방정부가 사업 재원을 마련하기 위해 이전보다 훨씬 더 많은 토지 양도에 의존해야 했다.

이렇듯 중국 국가가 지역 및 중앙정부 차원에서 어떤 일을 해왔는지 자세히 살펴보면 중국 국가가 독립적이고 중립적인 국가발전의 주체가 아니라 자본축적을 위해 다양한 형태의 자본가들과 함께 중국 노동

---

2 2012년 레민대학교와 란데사 농촌개발연구소가 중국 17개 성을 대상으로 실시한 설문조사에 따르면 조사 대상 마을의 43.1%가 1990년대 후반 이후 비농업 목적으로 한 개발사업의 토지수용을 경험한 있는 것으로 나타났다. 토지수용 경험자 중 77.5%는 보상을 받았으며, 9.8%는 보상을 약속받았지만 아무것도 받지 못했다. 12.7%는 보상을 약속받지 못했고 아무 보상을 받지 못했다. 농부들에게 지급된 평균 보상은 1무(0.16에이커) 당 18,739위안(3,000달러)이었는데 지방정부가 개발자들에게 판매한 토지들의 평균 판매 가격은 무당 778,000위안이었다. 이는 지방정부가 이 사업에서 약 4000%의 마진을 누렸다는 것을 의미한다. 조사가 이루어지기 전 20년간 이 사업의 총 수익은 1,470만 헥타르에서 2조 위안에 달했다(Landesa, 2012: 2).

인구에 대한 대규모 수탈을 공모해 왔다는 것을 알 수 있다. 이들 신흥 민간자본가들은 2002년부터 중국 공산당 입당이 허용되었고, 현재 대다수의 자본가들이 중국 공산당에 가입해 있다. 현재 중국에는 포춘에 상장된 많은 독점적 민간기업과 국영기업이 있으며, 후자는 국가의 목표에도 봉사해야 하는 의무를 지니고 있는 것은 맞지만 모두 이윤을 추구함으로써 그렇게 한다. 2008년 안드레아스는 다음과 같이 아리기의 주장이 놓치고 있는 점을 올바르게 지적했고, 2008년 안드레아스가 우려했던 것이 지난 16년 동안 일반적인 추세가 되었다.

> "아리기가 상대적으로 좋은 교육과 건강을 누리는 인구, 토지를 소유하고 있는 농민층 등 사회주의 유산의 일부 특성을 강조한 것은 옳다. 그러나 이러한 특성들이 국제시장에서 가장 빠르게 성장하고 성공적으로 경쟁하고 있는 경제의 부문이 자본주의 원칙에 따라 운영된다는 사실을 바꾸지는 못한다. 실제로 이 부문의 기업들이 성공적으로 경쟁할 수 있는 것은 **그들이 자본주의적이기 때문이다**. 중국 기업가들과 그들의 외국 파트너들은 강력하고 효과적인 국가 지원과 함께 적어도 현재로서는 세계에서 가장 효율적인 잉여노동력 추출 시스템을 만들어냈다. 이 시스템을 세계시장에서 경쟁력 있게 만드는 특징들이 바로 중국에서 계급 양극화를 더욱 심화시키고 있는 것들이다."(Andreas, 2008: 141, 강조는 원저자).

4. 중국을 넘어선 자본주의 경제로서의 중국

아리기의 연구는 중국이 다르며 따라서 다르게 행동한다는 것을 보여 주려고 한다. 그러나 중국의 특수성이 중국의 자본주의 경제로의 전환에 불리하게 작용하지는 않은 것으로 보인다. 사적자본 축적에 대한 국가의 지원, 대기업(민간 또는 국유)으로의 고도의 부의 집중, 박탈당한 노동자 계급을 보여주는 자본주의 경제로서 중국은 제국주의적 조건의 발전에 대해 어떤 상반된 경향도 보이지 않는다. 칭콴리에게 중국은 특수한 "축적의 논리"를 가지고 있기 때문에 남들과 다르다. 하지만 그의 연구는 구체적으로 '중국 국가자본'에 관한 것이다. 그의 연구에서 보여준 국영기업의 특수성이 국경을 넘어 확장하는 '중국 자본주의'를 어느 정도까지 일반화할 수 있을까? 중국이 현재 자본주의 경제라는 것을 인정한다면, 자본주의 경제로서의 중국이 다른 축적 논리로 인해 일반적으로 다른 행동을 보여주는지 살펴보아야 한다.

중국이 남남협력(South-South Cooperation: SSC)을 강화하려는 강력한 정치적 의지를 보여왔기 때문에 많은 개발도상국들이 중국으로부터 착취보다는 도움을 기대하는 것은 당연한 일이다. 1949년 중화인민공화국 수립 이후 중국은 전 세계 다수의 개발도상국에서 다양한 형태의 개발원조 프로젝트에 참여해 왔다. 중국이 19세기와 20세기에 걸쳐 세계 주요 강국에서 반식민지로 굴욕적인 쇠퇴를 겪으면서 '서구'의 지배적인 강대국보다는 개발도상국에 더 기대는 독특한 중국의 국제정치적 입장이 형성되었다. 이러한 정책방향의 기본원칙은 중국의 자본주의 전환에도 불구하고 특히 개발도상국에 대한 경제 및 기술 원조 분야에서 여전히 중국 외교정책의 핵심으로 남아 있었다. 2011년 4월에 발간된 중국의 대외원조백서에 따르면, 신자유주의적 자본주의로의 탈바꿈 와중에도 중국의 대외원조 정책은 1964년에 발표되어 제3세계의 지지를 받았던 '중국 대외 경제 및 기술 원조 8대 원칙'에 기반을 두고 있다. 이 원칙은 '평등과 상호 이익', '조건 없는 원조', '특권 주장 금지', '자립과 자주적 발전', '수원국에 대한 기술 이전'을 강조한다(중화인민공화국사, 당문헌 출판위원회, 베이징, 2005: Vol.3, 3063; Zhu, 2009: 71-72에서 인용).

그러나 중국의 실제 외교정책이 전적으로 이러한 정치적 연대의 원칙에 기반을 두고 있다고 말하는 것은 매우 순진해 보인다. 중국이 개발도상국에 관여하는 방식을 결정하는 요인은 사회주의적 연대의 수사와 자본주의적 경제성장의 현실 사이에서 오락가락하고 있으며 시간이 지날수록 중국의 성장동력을 유지하기 위한 천연자원에 대한 절박한 필요성이 사회주의적 수사를 점점 더 덮어버리고 있는 것이 사실이다. 그 결과 중국의 개발도상국과의 관계는 독특한 패턴을 보이고 있다. 한편으로 중국은 개발도상국과의 관계에서 평등한 관계, 국가 주권 존중, 원조와 투자에 대한 조건 없는 지원, 자립을 강조하는 원칙을 유지하고 있다. 그러나 중국의 대외 원조 및 투자 대상국의 실제 결정은 자원 외교를 위한 전략적 결정에 크게 영향을 받아왔다(Cheng and Shi, 2009). 그 결과 중국의 공격적인 자원확보를 위한 투자와 원조는 거의 전적으로 자원이 풍부한 개발도상국에 집중되는 경향이 있지만 소유권과 개입 의도가 적은 양허성 원조 및 투자 조건으로 '실제로' 자원이 풍부한 개발도상국에는 다소 유리한 방식을 취하고 있다(Sautman and Yan, 2007). 이러한 방식은 많은 개발도상국들 사이에서 중국을 정복자가 아닌 개발 '파트너'로 인식하게 만들었고, 국제개발 담론에서 중국의 영향력을 강화하는데 이바지했다. 이러한 환경에서 중국은 국제개발에서 남남협력의 역할을 점점 더 많이 대변하고 강조하며 저개발국들에게 국제경제 분야의 '게임의 규칙' 형성에 적극적으로 참여하고 국제경제, 금융 및 무역 시스템의 개혁을 추진하며 평등한 발전 권리를 쟁취하기 위해 노력할 것을 촉구하고 있다.

그러나 중국과 동아시아의 부유한 국가와 가난한 국가의 관계를 보면 중국이 개발도상국의 '큰 형님'이라는 인식은 사실보다 수사에 가깝다. 우선, 중국 내 이러한 모든 변화가 실제로 글로벌 자본주의의 주요 행위자들에게 어떻게 도움이 되었는지 생각해 볼 필요가 있다. 중국은 글로벌 민간 자본에 값싼 임금 노동력을 공급해왔다. 중국은 해외직접투자(Foreign Direct Investment: FDI)를 유치하고 이를 경제성장의 동력으로 삼은 가장 성공적인 사례이다. 1980년대부터 아세안 국가를 비롯한 많은 국가경제에서 FDI가 주요 재원이 되었지만, 중국의 FDI 붐은 독보적이었다. 2008년까지 중국으로의 FDI 유입액은 1,083억 달러에 달했다. 2017년에는 1,363억 달러에 달해 중국은 세계에서 두 번째로 큰 FDI 유치국이 되었다. 중국을 생산 기지로 활용하는 것은 주로 동아시아의 선진 자본주의 경제들 이었다. 2017년 홍콩, 싱가포르, 한국, 일본, 대만 등 동아시아 주요 5개국의 대중국 FDI는 전체 대중국 FDI의 80% 이상을 차지했다.[3] 이들에게 중국은 과도한 자본을 투자할 수 있는 수익성 있는 출구를 제공해온 것이다.

반대로 중국이 아시아 개발도상국에게 주고 있는 실질적인 혜택은 적어도 아직까지는 중국이 주장하는 정도에 크게 못미치고 있다. 동아시아의 개발도상국과 경제적 관계를 강화하려는 중국의 정책은 2010년 1월에 제정된 중국-아세안 자유무역지대와 기타 개발도상국 수입제품에 대한 관세인하를 통해 이들 국가와의 자유무역 관계를 촉진하는 데 중점을 두고 있다. 무역정책에 관한 한 중국의 개발도상국에 대한 정책은 2008년에 제정된 아세안-일본 포괄적 경제동반자 협정이나 2009년에 제정된 한-아세안 FTA와 같은 역내 선진국들이 추구하는 다른 신자유주의 정책과 크게 다르지 않다. 하지만 중국의 자유무역 이니셔티브는 아

---

[3] 중국은 다른 개발도상국에도 똑같이 투자하고 있으며 2018년 말 기준 동아시아에 5,710억 달러를 투자했다(IMF 세계 경제 전망 데이터).

시아 개발도상국을 위한 거대 시장 중국의 잠재력을 실현할 수 있는 여건을 조성하지 못하고 있다. 중국의 GDP가 증가하면서 중국의 구매력은 급격히 증가한 것이 사실이다. 그러나 수출 시장을 제공하는 것은 아시아의 개발도상국이지 그 반대가 아니다. [표 1]은 아세안 개발도상국들이 중국 및 기타 아시아 선진국과의 대규모 무역 적자로 어려움을 겪고 있음을 보여준다.

중국-아세안 자유무역지대는 캄보디아, 라오스, 미얀마, 베트남(CLMV)과 같은 아세안의 신규 회원국들이 무관세라는 일반 원칙을 따르기 전에 준비할 시간을 더 많이 확보할 수 있도록 보장했다. 또한 아세안-중국 자유무역지대 조기수확 제도(Early Harvest Scheme)를 통해 이들 경제 취약국에서 중국으로 수출하는 주요 농산물에 대해 특별 관세인하 혜택을 제공했다.

이러한 자유시장 이니셔티브들은 중국과 아시아 개발도상국 간의 교역량 증가에 분명히 기여했다. 그러나 무역 데이터에 따르면 이러한 자유시장 제도가 만성적인 개발도상국들의 대중국무역 적자 문제에 대한 해결책을 제공하지 못하고 있는 것으로 나타난다. [표 2]에서 볼 수 있듯이 중국의 개발도상국과의 무역 증가는 라오스의 경우를 제외하고는 아시아 최저개발국 측의 무역 적자 증가로 이어졌다.

표 1 　ASEAN의 무역수지(상품, 백만달러)

	1995	2005	2010	2015	2016	2017	2018	2022
일본	-35,854.5	-8,315	-12,946	1,082	-9,303	-6,923	-2,048	-1,964
한국	-2,771.2	701	-11,931	-29,725	-32,620	-41,399	-40,535	-61,002
대만	-2,479.7	-6,138	-16,818	-28,437	-29,381	-34,648	-37,893	-70,310
중국	-928.8	-8,912	-10,360	-72,914	-80,343	-66,952	-85,853	-140,570
미국	8,558.6	31,918	18,546	40,303	50,341	51,121	21,722	161,484

출처: ASEANStatsDataPortal(1995 수치는 ASEAN, 2009)

표 2 무역수지: 캄보디아, 라오스, 미얀마, 베트남 대 중국(상품, 백만달러)

	2006	2016	2018	2020	2022
캄보디아	-502	-3941	-5,281	-5,965	-9207
라오스	-23	489	-1,054	171	612
미얀마	-264	-473	-650	-1,140	-1,855
베트남	-4,290	-28,016	-24,150	-35,318	-59,973

출처: ASEAN Stats Data Portal

　　동아시아 개발도상국들에게 중국의 부상은 유리한 조건보다 더 많은 경쟁과 장벽을 야기하는 것으로 보인다. 특히 자국 자본이 저부가가치 공산품 생산에 의존하는 국가들의 경우 더욱 그러하다. 한편으로는 저개발국 현지 생산자들의 국내시장 점유율이 중국산 저부가가치 상품에 의해 도전을 받고 있고 다른 한편으로는 중국의 수출증가로 인해 그들의 수출시장이 침해당하고 있는 것이다. 중국이 더 정교한 제품과 기술로 상향 이동함에 따라 중국 기업들은 구식기술과 제품생산을 동아시아 저개발국 기업들에게 위임할 것으로 예상했지만 중국 기업들은 기본적으로 단순한 소비재 수출시장에서 나갈 기미를 보이지 않아왔고 이러한 시대는 가까운 장래에 실현될 가능성이 매우 낮다(Memis, 2009: 25). 오히려 중국 기업들은 모든 유형의 저기술 제품에서 수출 점유율을 높여왔다(Memis, 2009: 25).

　　일부 중국 수출기업들은 개발도상국으로 생산을 이전하고 있다. 특정 제조업 부문이 중국을 떠날 때 캄보디아나 베트남과 같은 개발도상국으로 이전하지만 중국기업이 현지 기업에 기술을 이전하지는 않는다. 대신, 이들 기업은 아시아의 다른 선진자본주의 경제들이 과거에 그랬던 것처럼 외국인직접투자(FDI)를 통해 개발도상국으로 생산을 확장한다. 현지 기업으로의 기술이전은 저개발국 현지 기업이 FDI 기업의 원활한 운영을 지원할 수 있는 범위 내에서만 이루어지는 것이 일반적이다.

따라서 많은 개발도상국들은 주로 조립과 같은 저부가가치 공정에 참여하면서 자본, 기계, 부품 및 기술에 대해서는 중국과 다른 선진 동아시아 경제에 크게 의존하는 현실을 벗어나지 못하고 있다. 이들 개발도상국 측의 무역적자 감소는 해당 국가의 현지 제조업체의 수출능력 증진보다는 현지에 진출한 중국과 동아시아 선진국 출신 초국적 기업의 수출증가 또는 1차 제품 수출 증가에 기반한다.

따라서 중국이 동아시아 경제에 도움이 될 것이라는 기대는 주로 일본, 한국, 대만, 싱가포르 등 중국과의 관계에서 상호보완적 특성을 활용할 수 있는 역내 선진국들을 중심으로만 구체화되어왔다. 이들 국가와 선발 동남아시아 개발도상국은 중국에서 제품을 조립하는 선진국 출신 초국적 기업을 위해 저가 부품 및 구성품 수출을 늘리는 데 주력하고 있다. 반면 중국은 동아시아 후발 개발도상국으로부터 소비재 수입을 늘리는 데 도움이 되기보다는 오히려 장벽이 되고 있다. 따라서 중국이 동아시아 개발도상국의 복지를 지원할 수 있는 잠재력이 큰 것은 사실이지만, 그 잠재력이 실현되지는 않았다. 즉, 중국의 부상과 동아시아의 포용적 지역 발전 사이에 자동적인 상관관계가 있는 것은 아니라는 것이다.

중국이 역내 저개발국과의 남남 협력을 강화하는 수단이 될 수 있는 잠재력은 다른 동아시아 선진국과 큰 차이를 보이지 않는 중국의 자유시장 접근 방식에 의해 제한되었다. 양자 간 무역이 증가에도 불구하고 작은 규모의 동아시아 국가경제에 대규모 적자를 초래하고 역내 선진국과 개도국 간의 격차가 확대되도록 허용한 이러한 자유무역 접근법 하에서 개발도상국을 위한 대부분의 이니셔티브는 대기업이 자국의 이익을 위해 개도국의 인적 및 천연 자원을 활용할 수 있는 기회를 제공하는 결과만을 낳았다. 이러한 접근 방식이 중국과 동아시아의 관계를 계속 지배한다면 중국은 아시아의 다른 모든 선진국과 마찬가지로 서구를 따라 "사다리를 걷어차고", 의식적이든 무의식적이든 동아시아 개발도상국이 중국으로부터 혜택 받을 기회를 박탈할 가능성이 크다.

5. 중국 제국주의 조건의 성숙

중국이 동아시아의 특정 개발도상국에 더 많은 혜택과 양보를 제공하고 있다면, 그것은 아마도 칭콴리가 말하는 중국 국가자본의 '포괄적 축적 논리' 때문일 것이다. 그러나 중국 국가자본의 이러한 독특한 행태를 일반화하기는 힘들다. 칭콴리는 이윤창출 그 이상의 것을 축적의 목적으로 하는 중국 국가자본의 행태는 지역적 역학관계와 권력관계의 맥락에 따라 달라질 수 있음을 인정한다. 따라서 그는 잠비아의 광물산업과는 달리 건설산업에서는 중국의 국가자본이 국가와 노동의 압력이 없는 상태에서 "10년 전 잠비아가 힘들게 벗어난 장기 부채를 영속화할 수 있는 위험한 세력"이 되었음을 보여준다(Lee, 2017: 55). 그는 잠비아에 대한 중국자본 투사의 두 가지 다른 결과에 대해 조심스럽게 접근하면서 실제로 중국이 개도국을 돕고 있는지 착취하고 있는지 측정하는 결정적인 지표가 될 수 있는 미래 중국 자본의 지배적인 행동유형에 대해서는 예측하지 않았다. 일대일로의 실제 효과는 아직 더 지켜봐야 하는 것이지만 일대일로가 보여주는 웅장한 포부는 아마도 중국이 내부적으로 제국주의적 조건이 성숙된 상태에서 보다 직접적인 제국주의로 나아가기 시작했다는 신호일 것이다.

중국에서의 제국주의적 조건의 성숙은 자본의 과잉축적에서 비롯되는데 이는 2007~2009년의 글로벌 금융위기를 통해 명확히 모습을 드러냈다. 1997~1998 동아시아 경제위기 이후 글로벌 금융위기 직전까지 중국 경제는 수출주도 산업화를 공격적으로 추진하고 이 산업에 수천만 명의 농민공을 공급함으로써 매년 10%씩 성장하며 동아시아의 경제 회복을 이끌었다. 여기에 동아시아 선진국 출신의 다국적 기업(TNC)들은 적극 참여하며 중국의 수출 드라이브에 핵심적인 역할을 해왔다. 중국의 부상은 서로 다른 지역의 신자유주의 엘리트 간의 어색하고 궁극적으로는 일시적인 동맹인 "글로벌 신자유주의"의 형성으로 이어졌다(Chang, 2022). 서구, 특히 미국의 포용적 신자유주의라는 정치적 수사와 중국의 높은 경제 성장에 대한 약속을 결합함으로써 신자유주의는 패권을 유지할 수 있었고 잉여 노동력을 쥐어짜는 공통의 목표를 공유하는 자본주의 세계체제의 엘리트들에게 봉사할 수 있었다(Chang, 2022). 2001년 중국의 WTO 가입으로 완성된 글로벌 신자유주의 동맹은 양쪽의 자본주의 엘리트들을 그들의 노동계급에 비해 더욱 부유하게 만들어주었다.

그러나 2007~2009년의 글로벌 금융위기는 이러한 체제에 종지부를 찍었다. 경제위기 이후 선진 자본주의 경제권의 경기부진으로 인해 동아시아의 많은 수출주도 경제들은 2009년까지 마이너스 또는 거의 제로에 가까운 성장률로 경기침체를 경험했다. 중국도 예외가 아니었다. GDP의 약 3분의 1을 차지했던 수출부문의 이윤이 급격하게 감소하며 수출산업을 중심으로 약 3천만 명의 일자리가 사라지는 상황에 직면한 중국의 수출은 2009년 마이너스 16%의 성장률을 기록하였다(Ming, 2009: 3). 베이징 당국은 2008년 4조 위안의 정부 지출과 9조 위안의 국유 은행 저금리 대출이 포함한 대규모 경기 부양책을 내놓았는데, 이 자금의 대부분은 건설산업과 시장에 투입되었고 이를 통해 창출된 단기적 일자리들이 수출산업의 일자리 손실을 보전할 수 있었다. 이러한 경기 부양책은 일단은 효과가 있었던 것으로 보이는데 중국경제가 서구의 선진경제와 비교할 때 훨씬 효과적으로 위기에서 벗어났기 때문이다. 2013

중국은 구매력 평가 기준으로 전세계 GDP의 15.37%를 생산함으로써 15.01%를 생산한 유럽연합을 추월했고 2017년에는 16.15%를 생산함으로써 15.98%를 생산한 미국을 추월했다.[4]

그러나 중국경제의 회복은 온전한 것이 아니었으며 중국 안팎의 과잉축적을 악화시키는 대가로 이루어졌다. 자본의 과잉축적은 산업 전반에 걸친 과잉생산으로 이어졌고 중국에서 산업생산이 더 이상 예전수준의 이윤을 창출하지 못하게 되면서 2010년대에 들어서는 소위 '뉴노멀(New Normal)' 시기에 진입하게 된다. 글로벌 경기침체와 수출감소 문제를 개선하기 위한 대규모 부양책의 도입 이후 드러난 과잉생산의 뚜렷한 징후들 때문에 중국의 과잉축적과 그로 인한 이윤율 하락은 더 이상 비밀이 아니다(Wang, 2014). 중국의 산출자본비율(output-capital ratio)은 경제위기와 함께 2008년부터 하락하기 시작했지만(Li, 2017: 398), 이러한 과잉생산은 경제위기 이후의 중국이 실행한 조치 때문에 새로 나타난 문제라기 보다는 1990년대 이후 초고속 경제성장 과정에서 자본이 과잉축적된 결과로 보아야 한다.

중국은 글로벌 신자유주의의 주축이 되면서 시장장악을 위한 무한경쟁 속에서 자본이 더 이상 수익성 있게 활용될 수 없을 때까지 생산능력을 경쟁적으로 축적하게 되는 경향, 즉 자본의 과잉축적의 세계적 주축으로 부상했다. 이러한 과잉축적은 시장외부의 조건에 의해 유발된 비정상적인 현상이 아니라 자본주의 생산양식의 내재적 경향으로, 자본주의화된 중국이 피할 수 없는 경향이며 역으로 중국의 자본주의화 심화의 반증이다. 자본주의적 생산에서는 사회적 필요를 위한 생산이 "자본가에 의한 노동력의 최대한의 착취"를 통한 자본의 확장이라는 당면과제에 종

---

[4] IMF World Economic Outlook database April 2024

속된다(Marx, 1990: 449). 이 역사적으로 특이한 형태의 종속은 사회적 필요를 넘어서는 생산, 즉 과잉생산을 자본주의 경제의 항상적인 특징으로 만들어 개별 자본에 대한 경쟁 압력을 증가시킨다. 이러한 압력하에서 축적의 지속은 "자본주의 생산의 사회적 형태에 내재된 모순을 중단시킬 수 있는 자본의 능력"에 달려 있다(Clarke, 1990: 459). 개별 자본은 사회적으로 필요한 소비의 양에 자신의 생산량을 조정함으로써 이를 극복하는 것이 아니라 경쟁에서 이길 수 있다는 전망 속에 새로운 생산 방식을 도입하고 노동강도를 높이고 노동일을 연장함으로써, 그래서 결국 점점 더 많은 상품을 시장에 내놓음으로써 모순을 극복하려고 한다(Clarke, 1994: 281). 신용의 확장(credit expansion)도 이러한 압력을 피해가는 주요한 방법이다. 개별 자본은 신용확장을 통해 생산수단과 기술을 혁신하고 새로운 욕구와 수요를 창출하며 당장의 경쟁압력을 우회하고 세계시장을 확대할 수 있다. 그러나 신용확장은 개별 자본이 경쟁압력의 희생양이 되는 것을 일시적으로 방지하고 자본주의 생산이 가진 모순이 즉각적으로 발현하는 것을 막지만 결국에는 전체적인 경쟁의 압력을 증가시켜 자본의 과잉축적을 악화시킬 뿐이다. 자본주의에 내재된 근본적인 모순은 더 파괴적인 위기로 드러날 수 밖에 없다.

중국은 두 차례의 경제위기들 사이(1998~2007년)에 높은 고정자본형성과 동아시아 선진경제들로부터의 외국인직접투자(FDI) 유입 증가를 바탕으로 수출중심, 투자주도의 성장을 추구하며 연평균 10% 이상의 성장률을 유지했다. 그럼에도 불구하고 1990년대 이후 자본 생산성 하락과 유휴 생산능력 증가로 인해 중국의 총요소생산성(TFP)은 정체되어왔다(Gaulard, 2015). 중국제조업의 잉여가치율도 2005년에 정점에 도달, 노동시간 연장이나 노동강도 증가를 통해 높은 착취도에 의존하던 중국의 축적체제는 2006년부터 소진 조짐을 보이기 시작했다(Pauls, 2022).

글로벌 위기로 중국의 수출이 둔화된 이후에 중국은 성장을 유지하기 위해 국내수요 증가에 매진했다. 중국의 내수는 주로 연해 지역을 중심으로 상승한 임금에 의해 부분적으로 유지되었지만, 더 중요하게는 기업, 지방 정부, 그리고 가계의 부채 증가, 즉 신용확장을 통해 유지되었다. 중국의 기업부채는 2000년대 중반부터 가파르게 상승하기 시작해서 비금융권 기업의 부채비율이 2006년 GDP의 103.6%에서 2022년 158.2%까지 상승했고, 동시에 가계부채와 정부부채도 각각 2006년 GDP의 10.8%와 25.7%에서 2022년 61.3%와 77.7%로 급격히 상승했다(Statista, 2023).

따라서 중국경기의 하향국면의 직접적인 원인은 미국발 경제위기로 보이지만, 이른바 뉴노멀은 1990년대 후반 아시아 경제위기 이후 중국이 주요하게 기여 해온 자본의 글로벌 과잉축적의 징후로 이해해야 한다. 실제로 중국의 수출산업은 과잉축적 문제를 해소하기 위한 방편으로 "공간적 조정(spatial fix)"을 도모하던 다른 동아시아 지역에서 과잉축적된 자본의 유력한 출구역할을 하고 있었다. 그러나 이들이 중국으로 이동한다고 해서 글로벌 과잉축적이 해소되는 것은 아니다. 이들이 한때 만끽한 중국의 수출호황은 "글로벌 생산과 소비 사이의 증가하는 격차를 메우기 위해 과도하게 부채를 증가시켜 미래의 막대한 구매력을 동원할 수 있는 미국의 임기응변적 능력"에 의해 유지되었기 때문에 이미 심각하게 진행되어온 글로벌 과잉축적을 일시적으로 볼 수 없게 가려주는 연막이었다(Hung, 2008: 152). 만일 미국을 비롯한 선진 자본주의 경제가 부채에 의존해 소비하지 않았다면 중국의 수출산업은 침체국면을 더 일찍 경험했을 것이다.

중국이 글로벌 과잉축적의 주축이 되었다는 것은 중국이 전지구적 제국주의 착취체제의 일부가 되었다는 것을 의미한다. 자본축적을 위한 국가의 전폭적인 지원, 대기업(민간 또는 국유)으로의 부의 집중, 박탈당한 노동자계급, 해외 유출을 필요로 하는 대량의 자본 과잉축적 등 중국 내부에서 제국주의의 조건은 이제 성숙단계로 접어들었다. 아리기(Arrighi, 2007) 등의 기대와 달리 신자유주의적 부상을 경험하는 동안 중국 자본주의는 다른 선진 자본주의에서 나타났던 제국주의적 조건의 성숙 과정을 반복했다. 중국은 이미 1990년대 말부터 과잉축적된 자본의 수익성 있는 해외 출구를 심각하게 탐색하기 시작했는데(Harvey, 2017: 5), 중국이 점점 제국주의 열강의 야심을 드러내기 시작한 것도 이때 부터다. 1999년 중국공산당이 대외진출정책(going-out policy)을 공표하고 난 뒤 중국은 주변 아시아 국가들과 무역, 투자, 원조 협정을 체결하면서 공격적인 직접투자를 추구, 해외투자 유치국을 넘어 주요 해외투자국 반열에 올랐고 2014년에는 순자본 수출국으로 탈바꿈한다. 2022년 기준 중국의 국외 해외직접투자액은 총 1,470억 달러에 달해 중국은 미국, 일본에 이어 세계 3위의 직접투자국이 되었다(UNNCTAD, 2023: 49).

중국의 대외진출 전략은 중국자본의 세계적 확장뿐 아니라 자본주의 세계체제의 거버넌스에 대한 도전을 수반했는데, 기존 서구중심의 국제금융 및 원조 규범에 대한 도전, 미국 주도에 대항하는 브릭스(BRICS) 주도, 그리고 남중국해에서의 군사적 확장 등이 그것이다. 이러한 중국의 정책은 미국의 아시아 태평양 패권에 대한 위협으로 받아들여졌고 오바마 행정부는 2010년대 초 미국의 아시아로의 회귀 정책(Pivot to Asia)을 발표하며 맞섰다. 이에 대한 중국의 대응 중 가장 야심적인 것은 만성적 과잉축적 문제를 해결하기 위한 "다각적인 공간적 조정"으로서 2013년 일대일로의 출범일 것이다(Carmony, Taylor and Zajontz, 2022: 59). 중국 정부는 중국에서 유라시아대륙을 가로지르는 6개의 경제회랑에서 항만, 발전소, 석유와 가스라인, 도로, 철도, 교량, 그리고 전산망 등의 건설을 해외직접투자와 아시아 인프라 투자은행, 중국의 국유은행과 특별기금을 통한 대출 등을 통해 주도하고 있다. 이 사업의 이름을 건 각종 프로젝트에 투자된 금액은 2013년 이래 9,600억 달러를 넘어서며, 이 사업에 참여하는 국가들은 이제 150여 개국에 달해 거의 모든 개도국을 아우른다(Nedopil, 2023). 2017년 5월 베이징에서 열린 제1회 일대일로 국제협력 포럼 직후 2018년에 트럼프 행정부가 중국산 제품에 관세를 부과하면서 현재 진행 중인 미-중 무역전쟁이 시작된 것은 우연이 아니다. 이 무역전쟁은 글로벌 신자유주의 동맹의 종말을 가져오며 자본주의 세계체를 더 다극적이고 분쟁적인 상태로 전환시키고 있다.

6. 나오며

만일 중국의 향후발전이 이러한 과잉축적에 의해 조건지워진다면 중국의 개혁개방 초기에 다른 종류의 시장경제를 기대했던 아리기의 전망이나 중국의 팽창과정에서 다른 종류의 축적의 논리를 기대했던 칭콴리의 전망 모두 중국의 제국주의적 팽창에 가려질 것이다. 최근에 벌어지고 있는 중국의 권위주의화 심화과정과 홍콩의 범민주 세력에 대한 중국의 훈육과정, 그리고 동아시아의 권위주의적 정권에 대한 묻지마식 지원은 그런 우려를 더욱 강화시키고 있다. 그렇다면 서두에서 인용한 인류의 미래를 위한 중국의 긍정적인 역할에 대한 아리기의 발언보다는 중국이 다른 발전을 추구하지 않을 경우 인류의 미래에 대한 그의 경고가 더 적절하게 들린다.

> "…방향 전환이 실패한다면, 중국은 무너져가는 세계 지배력을 재건하려는 북반구의 시도를 촉진하거나, 슘페터의 말을 다시 한 번 빌리자면, 냉전적 세계질서의 청산을 동반했던 증가하는 폭력의 공포(또

는 영광) 속에서 온인류가 열병을 앓게끔 해줄 새로운 사회적, 정치적 혼란의 진원지가 될 듯하다"(Arrighi, 2007: 389).

여전히 개도국에 대한 중국의 투자와 원조는 서방 언론에서 과장하는 것 만큼 중요하지 않을 지 모른다. 그러나 그 중요성은 점점 커지고 있는 것이 분명하다. 중국은 많은 제국주의 열강이 우려하는 것만큼 제국주의적이지 않을지 모른다. 하지만 제국주의가 되어가고 있는 것은 맞다. 중국의 일대일로 사업은 중국의 자본주의가 안고 있는 만성적 과잉축적에 대한 공간적 조정으로, 중국의 제국주의적 전환의 상징이다. 이 공간적 조정이 중국에게 시간을 벌어주는 줄 수 있지만 과잉축적이 야기한 환경적, 경제적 문제는 해결되지 못한 채 많은 개도국들에게 부채나 노동착취, 수탈 등의 형태로 이전될 뿐이다(Carmony, Taylor and Zajontz, 2022: 59). 동시에 이는 다른 제국주의적 열강과 갈등을 야기한다. 신흥 중국이 다른 제국주의 열강과 갈등을 일으킨다고 해서 바로 세계의 종말이 야기되는 것은 아니다. 하지만 종말에 가까워질 것은 분명하다. 중국의 변화를 안팎에서 촉구하는 것을 중국의 신식민지적 행태에 대한 충분한 증거가 수집될 때까지 미룬다면 너무 늦을 수 있다. 이 장의 분석이 보여주는 것은 신식민지적 행태가 중국의 팽창에서 드러나는 지배적, 혹은 부수적인 행태이건 관계없이, 중국은 또 하나의 제국주의를 향해 가고 있으며 동아시아의 평화와 인간다운 미래를 위한 노력에 또 다른 도전이 되고 있다는 것이다.

참고문헌

Andreas, J. 2008. 'Changing Colours in China.' *New Left Review* 54: 123-142.

Arrighi, G. 2007. *Adam Smith in Beijing, Lineages of the Twenty-First Century.* Verso

ASEAN. 2009. *ASEAN Statistical Year Book 2008*, Jakarta: ASEAN.

Bernstein, H. 2000. "Colonialism, capitalism, development." in Allen, T. and Thoman, A.(eds.) *Poverty and Development in the 21st Century.* Oxford University Press: 241-271.

Carmody, P., Taylor, I. and Zajontz, T. 2022. "China's spatial fix and 'debt diplomacy' in Africa: constraining belt or road to economic transformation?" *Canadian Journal of African Studies / Revue canadienne des études africaines* 56(1): 57-77.

Chang, D. 2022. "Asian Labour Movements in the Age of Decaying Neoliberalism." *Asian Labour Review.* https://labourreview.org/challenges-to-the-asian-labour-movements/

Cheng, J. Y. S. and Shi, H. 2009. "China's African Policy in the Post-Cold War Era." *Journal of Contemporary Asia* 39(1): 87-115.

Clarke, S. 1990. "The Marxist Theory of Overaccumulation and Crisis." *Science and Society* 54(4): 442-467.

Clarke, S. 1994. *Marx's Theory of Crisis.* Macmillan.

Frank, A. G. 1998, *ReORIENT: Global Economy in the Asian Age.* University of California Press.

Gaulard, M. 2015. "A Marxist Approach of the Middle-Income Trap in China." *World Review of Political Economy* 6(3): 298-319.

Harvey, D. 2017. *The Ways of the World.* Profile Books.

Hobson, J. A. 1902(1965). *Imperialism: A Study*, Ann Arbor: University of Michigan Press.

Hung, H.-f. 2008. "Rise of China and the global overaccumulation crisis." *Re-

view of International Political Economy 15(2): 149-179.

Hunt, E. K. 2011. *History of Economic Thought: A Critical Perspective*. 3rd edition. M.E. Sharpe.

Kang, S.-H. 2011. "Chinese property market and local finance." In Kang, D.-S. (ed.) *Challenges and Development of China's Financial System: Policy Implication on the Korean Economy*, Seoul: KDI.

Landesa 2010. *Findings from 17-Province China Survey*. available at http://www.landesa.org/wp-content/uploads/Research-Report-2010-Findings-from-17-Province-Survey-of-Rural-Land-Rights-in-China.pdf

Lee, C. K. 2017. *The Spectre of Global China Politics, Labor, and Foreign Investment in Africa*. The University of Chicago Press.

Lenin, V. I. 1917. *Imperialism, the Highest Stage of Capitalism*. available at https://www.marxists.org/archive/lenin/works/1916/imp-hsc/imperialism.pdf

Li, M. 2017. "Profit, Accumulation, and Crisis: Long-Term Movement of the Profit Rate in China, Japan, and the United States." *The Chinese Economy* 50(6): 381-404.

Luxemburg, R. 1913(2003). *The Accumulation of Capital*. London: Reoutledge.

Marx, K. 1990. *The Capital Vol*. 1. Penguin.

Memiş, Emel. 2009. The Potential for Cooperative Regional Industrial Development Strategies in Asia and the Implications of Emerging China and India. *UNDP Policy Paper*, UNDP Regional Center Colombo.

Ming, Z. 2009. "The Impact of the Global Crisis on China and its Reactions." https://www.realinstitutoelcano.org/en/analyses/the-impact-of-the-global-crisis-on-china-and-its-reaction-ari/;

National Bureau of Statistics of China(NBSC). *China Statistical Year Book*. each year.

National Bureau of Statistics of China(NBSC). 2020. "2019 年我国农民工调查监测

报告." http://www.stats.gov.cn/tjsj/zxfb/202004/t20200430_1742724.html.

Naughton, B. 2007. *The Chinese Economy: Transition and Growth*. London: MIT Press.

Nedopil, C. 2023. "China Belt and Road Initiative(BRI) Investment Report 2022." Green Finance & Development Center, FISF Fudan University, https://greenfdc.org/wp-content/uploads/2023/02/Nedopil-2023_China-Belt-and-Road-Initiative-BRI-Investment-Report-2022.pdf

Pauls, R. 2022. "Capitalist Accumulation, Contradictions and Crisis in China, 1995-2015." *Journal of Contemporary Asia* 52(2): 267-295.

Pringle, T. 2015. "Labour as an Agent of Change: The Case of China." In Pradella, L. and Marois, T.(eds.) *Polarising Development: Alternative to Neoliberalism and the Crisis*. Pluto Press: 192-202.

Qian, X. and Hui, Z. 2004. The Construction Sector in the People's Republic of China: Policy Analysis on sectoral development and employment challenges. *ILO Socio-economic technical paper* 15, available at http://www.ilo.org/wcmsp5/groups/public/@ed_emp/@emp_policy/@invest/documents/generi cdocument/wcms_asist_8120.pdf, accessed 6 Mat 2010.

Sautman, B. and Yan, H. 2007. "Friends and Interests: China's Distinctive Links with Africa." *African Studies Review* 50(3): 75-114.

Stastista 2023. "Credit to the non-financial sector as percentage of the GDP in China from 2006 to 2022, by debtor." https://www.statista.com/statistics/1412834/china-total-debt-of-non%25E2%2580%2591financial-sector-to-gdp-ratio-by-debtor/

UNCTAD 2023. *Handbook of Statistics* 2023. https://unctad.org/system/files/official-document/tdstat48_en.pdf

Wang, Y. 2014. "China's Economic Challenges: Grappling With a 'New Normal'." *Global Asia* 9(4): 12-17.

Wu, F. 2009. "Land Development, Inequality and Urban Villages in China." *International Journal of Urban and Regional Research* 33(4): 885-889.

Xu, J., Yeh, A. and Wu, F. 2009. "Land Commodification: New Land Development and Politics in China since the late 1990s." *International Journal of Urban and Regional Research* 33(4): 890-913.

Zhao, Y. and Webster, C. 2011. "Land Dispossession and Enrichment in China's Suburban Villages." *Urban Studies* 48(3): 529-551.

Zhu, Z. 2009. "China's Economic Aid to CLMV and Its Economic Cooperation with Them." in Kagami, M.(ed.) "A China-Japan Comparison of Economic Relationship with the Mekong River Basin Countries." *BRC Research Report* 1, Bangkok: Bangkok Research Centre, IDE-JETRO.

제2부
마르크스주의의 혁신의 이론적 자원들

····

제3장

마르크스의 가치형식 분석과 그 비판적 방법론: 네 가지 서술단계에 대한 문헌적 검토를 중심으로[1]

한상원(충북대학교 철학과 부교수)

1. 들어가며

1867년 9월 발간된 『자본론(Das Kapital)』 초판의 서문에서 마르크스는 다음과 같이 쓴다. "경제적 형식의 분석에서는 현미경도 화학적 시약도 도움이 되지 않는다. 추상력이 이 둘을 대체해야 한다. 그러나 부르주아 사회에서 노동생산물의 상품형식 또는 상품의 가치형식(Wertform)[2]은 경

---

[1] 이 장은 한상원(2019)을 수정·보완한 것이다.
[2] Form의 번역어로는 '형태', '형식' 모두 가능하다. 반면 마르크스와 관련해서 한국에서는 Wertform을 보통 '가치형태'로 번역하는데, 필자는 이 경우에는 '가치형식'으로 해야 한다고 생각한다. 마르크스에게서 Form이 어떤 특정한 실체적 내용의 외관상의 표현이나 구체적인 형상이라는 의미를 가질 때도 있지만, Wertform의 경우

제적 세포 형식(Zellenform)이다."(MEGA II.5: 12) 마르크스는 자본주의를 그 "경제적 형식"에 따라 분석해야 한다고 말하고, 여기에는 어떠한 자연과학적, 경험과학적 연구방법도 도움이 되지 않는다고 말한다. 이 "추상력"을 사용하여 경제의 "세포 형식"인 상품의 가치형식을 분석하는 서술 과정은 마르크스의 정치경제학 비판 기획에서 매우 독보적인 위치를 차지한다. 그렇다면 우리는 그 의미와 의도에 대해 질문하지 않을 수 없다.

예컨대 단순히 자본주의를 비판하기 위해서는 그것이 낳은 끔찍한 참상을 현상적 수준에서(다시 말해, '현미경'과 '화학적 시약'의 차원에서) 고발하고, 그 현실을 예리한 시선으로 기술하면 족하지 않았을까? 어째서 마르크스는 경제적 형식과 그 법칙을 "추상력"을 동원해 분석하겠다고 공언하는 것일까? 이 장은 마르크스가 수행한 가치형식 서술을 차례로 고찰하면서, 이로부터 그가 발전시킨 비판의 고유한 방법론적 특징들을 드러내는 것을 목적으로 한다.

가치형식론은 상품 가치에 대한 '형식적' 분석—이를 '형식주의'와 혼동해선 안 된다—이라는 특수성을 갖는다. 상품의 가치는 그것이 다른 상품과의 관계 속에서 표현됨으로써 비로소 형성된다. 따라서 한 상품이 갖는 가치의 '내용'은 그것이 다른 상품과 맺는 관계라는 '형식'과 분리되지 않는다. 가치 '형식'에 대한 분석은 이러한 이유로 가치 그 자체의 '내용'에 대한 고찰의 전제가 된다. 마르크스는 이러한 가치형식론을 통해

에는 하나의 상품이 다른 상품과 맺는 가치의 등가성이 '='라는 수식어로 구체적으로 표현되는 '형식'이 쟁점으로 제기된다. 즉 Wertform에 대한 분석에서 마르크스가 보여주는 것은 상품 혹은 상품 가치의 '구체적 형태'가 아니라, 하나의 상품이 다른 상품과 맺고 있는 '대상적, 사회적 형식'에 대한 분석이다. 따라서 필자는 Wertform을 '가치형식'으로 일관되게 번역하며, 그러나 Form은 맥락에 따라 '형태', '형식' 등으로 번역하고자 한다.

화폐의 발생(Genesis)과정을 추적하겠다고 말한다. 즉 우리에게 그 자체로 주어진 것으로 보이는 화폐가 실은 특정한 사회적 관계의 산물이라는 사실을, 그것의 발생과정에 대한 형식적 분석을 통해 밝혀내겠다는 것이다. 이를 통해 화폐가 특정한 생산양식을 넘어 초역사적으로 존재하는 사물이라는 가상을 분쇄하려는 것이 그의 의도였다.

마르크스의 가치형식 분석은 『자본론』 1장 3절의 '가치형식'이라는 짧은 분량 속에서 하나의 완결된 형태로 우리에게 제시되어 있다. 그러나 이 가치형식론은 실은 하나의 완결된 서술이 아니며, 1859년부터 시작해 최소 네 개의 각기 다른 가치형식 서술이 존재할 뿐 아니라, 이들 각각은 서로 다른 강조점을 내세우거나 심지어 서로 내용이 충돌하기까지 한다.

1859년 출간된 『정치경제학 비판을 위하여』에서 처음 서술된 가치형식론은 『자본론』의 초판에서 보다 정교한 형태로 서술된다. 『자본론』 초판의 서문에서 마르크스는 이렇게 쓴다. "가치실체와 가치크기의 분석에 관해 더 자세히 말하자면 나는 그것을 가능한 대중화하였다. 가치형식은 사정이 다르다. 그것은 어렵게 이해될 것이다. 왜냐하면 최초의 서술에서보다 변증법이 훨씬 예리해졌기 때문이다."(MEGA II.5: 11f.) 그의 전작 『정치경제학 비판을 위하여』의 상품형식 분석이 너무나 난해했기 때문에 많은 독자들이 불만을 제기했고, 그가 『자본론』에서는 서술을 최대한 쉽게 대중화했다는 것은 납득이 간다. 그러나 그는 곧이어 가치형식만큼은 훨씬 어렵게 서술되었다고 고백한다. 어째서일까? 그리고 그것은 어떠한 방식으로 "더욱 예리해진 변증법"의 방법을 나타내는가? 곧이어 마르크스는 독자에게 이렇게까지 조언한다. "변증법적 사유가 익숙하지 않은 독자"는 이 부분을 건너 뛰고 책의 맨 마지막에 있는 '부록'을 참조하라는 것이다. "거기서는 학문적 파악이 허용하는 한도 내에서 사태를 단순하게 학교 교과서처럼 서술"해놓았기 때문이다(MEGA II.5: 12). 마지막으로 1872년 『자본론』 2판의 출간에 맞춰 그는 초판 가치형식 분석의 난해한 표현들을 대거 삭제하고, '부록'에 실린 가치형식론을 바탕으로 상품장 전체를 새로 서술한다.

따라서 우리는 마르크스의 가치형식론이 하나의 통일된, 완결된 생각의 서술이라는 관념이 그릇된 것임을 알 수 있다. 이를 검토하기 위해 이 장은 먼저 마르크스가 수행한 각각의 서로 다른 가치형식 분석들을 엄밀하게 추적해보기로 한다.[3] 그런 뒤에 그가 가치형식 분석이라는 난해하고 고도로 추상적인 분석 속에서 탄생시킨 새로운 비판의 방법과 이를 통해 도출되는 이론적 귀결들로 접근하는 것이 비로소 가능해질 수 있을 것이다.

---

[3] 이를 위해 아직 국내에 번역되지 않은 1867년의 『자본론』 초판과 초판의 부록에 서술된 가치형식 분석을 소개하는 것 역시 이 장의 과제라 할 수 있다. 우리가 알고 있는 『자본론』 1권의 내용은 대개 『자본론』 4판을 토대로 하고 있는데, 4판은 실제로는 1872년 출간된 『자본론』 2판과 내용이 크게 다르지 않다. 그러나 『자본론』 1판과 2판 사이에는 앞부분 상품장 서술에서 커다란 차이를 보인다. 이 차이가 구체적으로 의미하는 바가 무엇이며, 마르크스의 사유는 어떠한 방향으로 전개되었는가를 추적하는 논의들은 독일어권을 중심으로 마르크스 엥겔스 전집인 MEGA(Marx-Engels-Gesamtausgabe)의 발간과 더불어 1970년대 이래 "새로운 마르크스 독해(Neue Marx-Lektüre)"라는 이름으로 전개되었다. 필자는 이러한 논의가 국내에 소개되어야 한다고 보며, 이 장을 통해 그러한 마르크스 해석과 관련된 논의들을 확산하는데 기여하고자 한다.

2. 네 개의 가치형식 분석

1) 『정치경제학 비판을 위하여』(1859)

1857년에 서술된 마르크스의 『정치경제학 비판 요강』(일명 '그룬트리쎄')은 화폐를 논의 시작으로 전제한다. 물론 마르크스는 교환가치를 화폐 분석의 출발로 삼지만, 상품으로부터 화폐의 이행 자체를 서술하지는 않는다. 가치형식이 처음 등장한 것은 그로부터 2년 뒤 출간된 『정치경제학 비판을 위하여』에서였다. 여기서 최초로 시도되는 가치형식 분석은 우선 다른 모든 상품과 교환되는 일반적 등가물로 아마포를 설정한 뒤, 그것이 다른 상품들과 교환되는 비율을 제시한다. 이러한 분석은 "오로지 한 상품이 다른 모든 상품과 교환가능하게 되는 동일성의 총합 혹은 다양한 비율들의 전체 속에서만 상품은 일반적 등가물로서 온전히 표현된다"(MEGA II.2: 117)는 전제에 따른 것이다. 먼저 등식으로 나타낸 상품들의 교환비율은 다음과 같다.

1 엘레 아마포 = 1/2 파운드 차
1 엘레 아마포 = 2 파운드 커피
1 엘레 아마포 = 8 파운드 빵
1 엘레 아마포 = 6 엘레 면직물

이 관계는 다음과 같은 방식으로 변형할 수도 있다.

1 엘레 아마포 = 1/8 파운드 차 + 1/2 파운드 커피 + 2 파운드 빵 = 1 1/2 엘레 면직물

『자본론』에서와 마찬가지로『위하여』에서도 아마포는 다른 상품 교환가치의 공통의 척도로 기능하는 일반적 등가물, 즉 각기 다른 상품들이 대표하는 각각의 노동시간들에 통일적 질서를 부여하는 '대상화된 일반적 노동시간'을 표현한다.

이렇게 각기 다른 개인들이 수행하는 상이한 종류와 형태의 노동들이 대상화되고 일반화되어 그 노동의 생산물들이 서로 일정한 비율로 교환될 수 있는 것은 어떠한 근거에서인가? 마르크스는 훗날 "추상적 인간 노동", 즉 추상노동이라는 개념을 통해 이러한 물음에 답한다.『위하여』에서도 마르크스는 "추상적 일반 노동"이라는 유사한 개념을 사용한다. 마르크스는 이를 통해 개별 생산자의 구체적 노동이 가진 질적 특수성을 추상한 형태의 노동을 전제해야만 상품이 서로 교환되는 근거를 찾을 수 있다고 말한다. 그런데『위하여』에는 이 '추상노동' 외에도 '단순노동'이라는 범주가 등장한다. 여기서 단순노동이란 자본주의의 발전 과정에서 고도의 기능적 분업으로 인해 동일한 방식으로 단순해진 형태의 노동을 말한다. 마르크스는 여기서 이러한 단순노동의 범주를 추상노동과 동일시한다.[4]

---

[4] 이러한 견해(또는 혼란)는 헤겔의 영향으로 보인다.『법철학』§198에서 헤겔은 노동에 내재한 보편성은 노동 분업의 발전이 야기한 그것의 추상(Abstraktion)이라는 속성에서 기인한다고 말한다(Hegel, 1986: 352). 노동의 분업은 개별자의 노동을 더 단순하게 만들며 이는 그의 추상노동 속에서 기계적인 방식으로 고립된 노동활동의 숙련성을 증대시킨다. 이렇게 헤겔은 근대적 노동분업과 노동의 단순화를 추상노동이라는 범주로 통합했으며, 이는 마르크스가『정치경제학 비판을 위하여』와『자본론』 초판에서 단순노동을 추상노동과 동일시하는 데 영향을 미친 것으로 보인다. 이를 근거로 우리는 마르크스가 헤겔의 변증법적 방법론을 정치경제학을 비판하기 위한 결정적 준거점으로 끌어들임에도 불구하고, 마르크스 이론의 발전과정은 동시에 헤겔

우리는 뒤에 마르크스가 단순노동과 추상노동이라는 규정을 분리한다는 사실을 살펴볼 것이다.[5] 그러나 이미 『위하여』에서도 마르크스는 노동이라는 범주가 갖는 일반적 규정과 특수한 사회적 규정 사이의 개념 구분을 시도하고 있다. "노동은 인간 존재의 자연조건이며, 모든 사회적 형태로부터 독립적인 인간과 자연 사이의 신진대사의 조건이다. 이에 반해 교환가치를 정립하는 노동은 노동의 특수한 사회적 형식이다."(MEGA II.2: 115)

이러한 맥락에서 마르크스는 상품의 가치를 형성하는 사회적 노동시간은 '그 자체로' 존재하는 것이 아니라 "오직 잠재적으로만 상품 속에 존재하며 상품의 교환과정 속에서 비로소 계시된다"고 서술한다. 다시 말해 사적 개인들의 특수한 노동은 노동생산물의 교환과정에서 그 본래적 성격이 추상됨으로써만 비로소 "일반적 사회적 노동"으로 드러난다. 이런 이유로 "일반적 사회적 노동은 완성된 전제가 아니라 생성되는 과정"이라고 마르크스는 말한다(MEGA II.2: 123).

이러한 마르크스의 가정대로라면, 상품들은 한편으로 "대상화된 일반적 노동시간"으로, 즉 추상노동에 의해 형성된 교환가치로서 교환과정에 진입한다. 그러나 다른 한편 개인들 각각의 구체적 노동시간을 일반

적 '노동' 개념으로부터 멀어지는 과정이기도 하다는 점을 지적할 수 있을 것이다.

5 노동의 구체적 수행방식이 단순해짐을 의미하는 단순노동이라는 범주는 구체적인 노동활동에 관련된 분류인 반면, 추상노동은 노동의 이러한 구체적, 소재적 맥락과 무관하게 순수한 사회적 추상과정에 따라 드러나는 사회적 형식이다. 따라서 추상노동과 단순노동을 동일시하는 것은 이러한 노동의 이중화와 두 가지 서로 다른 노동 개념의 차이를 무시하는, 마르크스 자신의 이론적 근거와 모순을 빚는 관점이다. 따라서 이 관점은 이후의 가치형식 서술 과정에서 변화를 겪는다.

적 노동시간으로 대상화하는 것은 교환과정의 결과라고 마르크스는 방금 말하지 않았던가? 다시 말해 "일반적 노동시간"은 가치의 척도로 존재하지만, 동시에 교환과정이 수행되기 전에는 그 자체로는(말하자면, '즉자적으로는') 존재하지 않으며 교환과정에서 비로소 '생성'된다. 따라서 그것은 상품 교환의 전제이면서 동시에 결과다. 상품, 그리고 상품을 생산하는 노동은 이러한 방식으로 이중화되어 있다. "상품은 따라서 교환과정에서 자신의 존재를 이중화해야 한다."(MEGA II.2: 123)

이제 마르크스는 앞서 제시된 가치형식의 다음 단계를 서술한다. 최초의 가치형식의 좌우항을 전도시킴으로써 이제는 일반적 등가물인 아마포가 우항에, 나머지 상품들이 좌항에 자리잡게 된다.

2 파운드 커피 = 1 엘레 아마포
1/2 파운드 차 = 1 엘레 아마포
8 파운드 빵 = 1 엘레 아마포
6 엘레 면직물 = 1 엘레 아마포

여기서 일반적 등가물인 아마포는 전제가 아니라 귀결로 나타난다. 즉 아마포의 일반적 등가물이라는 속성은 그 자체로 전제된 것이 아니라 다른 상품의 공통의 행위의 결과로 발생한 것이다. "여기서 아마포는 그것에 대한 모든 다른 상품의 전면적 행위를 통해 일반적 등가물이 된다."(MEGA II.2: 124) 거꾸로 각 상품들은 아마포라는 준거점을 토대로 교환가치로서 서로 관계맺는다.

이 둘째 가치형식에서 드러나는 사실은 일반적 등가물(아마포) 역시 자신의 사용가치를 이중화하고 있다는 점이다. 한 편으로 일반적 등가물 역시 하나의 노동생산물로서 특수한 상품 특성(아마포의 고유한 질)을 가지고 있으며, 다른 한 편 일반적 등가물은 일종의 "일반적 사용가치"를 갖는다. 다시 말해 다른 상품들의 교환가치를 규정해주는 자신의 특수한 기능을 자신의 사용가치로 갖는다. 일반적 등가물의 이 특수한 기능은 마찬가지로 그것이 '그 자체로' 내포하고 있는 성질이 아니라 다른 사물들의 전면적 행위의 결과로 발생하는 것이다. 그것은 다른 상품들의 사용가치의 차이와 욕구의 차이를 통일해주는 기능을 한다. 이제 모든 상품이 욕구하는 것은 다른 상품의 사용가치가 아니라 그것과 교환되는 일반적 등가물 자체다. 따라서 일반적 등가물은 교환가치의 담지자, 일반적 교환수단이라는 사용가치를 갖는다.

각 상품이 교환가치로서 맺는 상호관계는 한 특수한 상품(아마포)에 대한 그들의 전면적 관계로 대체된다. 이는 이 특수한 상품이 다른 모든 상품과 맺는 관계와 동일한 것이다. 이렇게 모든 상품의 교환가치들 사이의 관계를 표현해주는 특수한 상품, 모든 상품에 대한 교환가치라는 특수한 사용가치를 갖는 상품은 곧 화폐를 의미한다. 이렇게 화폐는 대상화된 일반적 노동이 물질화되어 구체적인 교환관계의 수행을 가능케 해주는 수단으로 규정된다.

2) 『자본론』 1판(1867)

『위하여』에서 간략하게 제시된 가치형식분석을 『자본론』은 훨씬 더 구체적이고 상세하게 전개한다. 『자본론』의 상품분석은 다음과 같은 면에서 『위하여』에서의 서술과 구분된다.

먼저 『위하여』에서는 사용가치와 교환가치의 연결과정이 강조된 바 있다. 즉 사용가치는 교환가치의 물질적 담지자("소재적 토대")로, 추상적인 교환가치를 담아내는 구체적인 물질적 형태로 묘사되었다. 반면 『자본론』 초판은 교환가치의 실체를 상품의 물리적인, 손에 잡히는 존재 또는 그 현존인 사용가치와 완전히 구분한다. 그리하여 상품의 교환관계는 "사용가치의 추상"(MEGA II.5: 19)이라는 특징을 갖는 것으로 규정된다.

교환관계가 사용가치의 추상이라는 사실은 무엇을 의미하는가? 마르크스의 상품분석에서 중요한 점은 상품소유자의 실제 의도가 무엇인가, 그가 교환과정에서 무엇에 관심을 갖는가 하는 것이 아니다. 한 상품의 생산자가 다른 상품과 자신의 상품을 교환하는 것은 그가 다른 상품의 사용가치를 갖고자 의도해서이지만, 상품들이 교환되는 관계와 비율은 이러한 각각의 상품들이 가진 질적 특수성과 무관한 것이다. 정치경제학 비판의 서술과정에서 마르크스가 분석대상으로 삼는 것은 우리가 일상적으로 목도하는 수많은 개별 상품들이 아니다. 마르크스의 분석 대상은 노동생산물의 사회적 형식으로서 상품과 그것의 가치이며, 상품의 가치형식 분석 역시 이러한 '사회적 형식'에 대한 이론을 의미한다(Heinrich, 2006: 201).

『위하여』와 구분되는 『자본론』 상품분석의 둘째 특징은 '교환가치'에 앞서 '가치' 그 자체를 고찰한다는 점이다. 『위하여』에서는 교환가치와 구분되는 '가치' 그 자체에 대해서는 논의되지 않는다. 이 때문에 상품은 그 자체로 사용가치와 교환가치를 가지고 있는 실체로 묘사된다. 그런데 교환가치란 상품이 교환되는 비율을 의미하므로 실은 상품은 그 자체로는 아무런 교환가치도 가지고 있지 않은 것이나 다름없다. 우선적으로는 상품의 가치가 다뤄져야 하고, 그 가치가 어떻게 교환관계에서 표현되는가를 분석함으로써 교환가치에 대한 논의로 이어져야 한다. 따라서 『자본론』은 가치형식 분석에 앞서 가치실체와 가치크기 분석을 수행한다.

마르크스는 상품들의 교환을 가능케 하는 가치의 내용을 노동으로 규정하면서, 이 가치척도로서의 노동을 각 개별생산자의 구체적 노동과 구분하여 "단순 평균노동"(MEGA II.5: 20)이라고 부른다. 여기서 우리는 마르크스가 『위하여』에 이어서 단순노동의 범주를 추상노동과 등치시키고 있음을 알게 된다. 아직까지 마르크스는 노동의 구체적 형태의 차이가 아니라 노동의 사회적 형식규정이 중요하다는 사실. 그리고 여기서 리카도의 노동가치론과 마르크스 자신의 노동가치론이 결정적으로 구분된다는 사실을 명확하게 표현해내지 못하고 있다. 그리하여 『자본론』 초판은 '사회적 평균 노동' 개념을 '단순노동'과 등치시키며 "단순 노동력의 지출"을 구체적 유용노동 범주와 대립하는 것으로 규정한다.

그러나 사실 상품과 상품을 생산하는 노동의 '사회적 형식' 분석에서는 노동의 구체적 형태가 '단순'한지 '복잡'한지는 중요하지 않다. 교환을 가능케하는 일반화된 인간 노동이 갖는 추상성은 노동분업의 직접적 결과가 아니라 상품 교환관계라는 특수한 사회적 관계의 산물이다. 따라서 단순노동을 추상노동과 동일한 지위에서 이해하는 것은 논리적 맹점을 낳는다.

한편, 『자본론』 초판의 서문에서 마르크스가 『위하여』의 가치형식론에 비해 『자본론』의 가치형식론에서 변증법이 훨씬 예리해졌다고 섰을 때, 이것은 무엇을 의미하는 것일까? 우리는 이를 가치형식의 서술방식과 관계지어 생각해볼 수 있다. 즉 『자본론』에서 가치형식 분석의 변증법적 서술과정이 갖는 특징은 첫째로 각각의 형식이 더 고차적 단계로 발전해나갈 때, 이전 단계의 형식이 지닌 결함의 비판이 이러한 발전과 이행의 전제가 된다는 사실이다. 즉 I형식에서 IV형식으로 나아가는 가치형식들의 순서는 단순한 나열이 아니라, 이전 단계의 결함을 극복하며 다음 단계로 진행되는 각 단계들의 변증법적 이행과정이다(Iber, 2005: 57). 둘째로 그러나 이러한 이행이 이전 단계의 논리적 한계가 극복된다는 사실을 의미하지는 않는다. 각 단계들이 갖는 모순은 심화, 축적된다. 우리는 이를 최종적인 IV단계에서 확인할 것이다.

- I형식은 "상대적 가치의 단순형식"으로, 이것은 다음과 같은 등식으로 표현된다.

20 엘레 아마포 = 1개의 치마
(x량의 상품 A = y량의 상품 B)

이 가장 단순한 가치형식은 이미 화폐관계로의 이행을 예고하고 있다. "그것은 말하자면 세포형식이며, 헤겔 식으로 말하자면 화폐의 즉자(An sich)다."(MEGA II.5: 28) 그러나 화폐로 이행하기 위해서 이 단순형식은 다른 단계들을 거쳐야 한다. 이러한 발전과 이행을 설명하기 위해 우선 이 가장 단순한 가치형식에 대한 논리적 분석이 수행될 필요가 있다.

여기서 눈에 띄는 것은 다음과 같은 마르크스의 서술이다. "아마포가 다른 상품을 가치로서 자신과 동일시함으로써 아마포는 가치로서 자기 자신과 관계맺는다. 가치로서 자기 자신과 관계맺음으로써 그것은 동시에 사용가치로서 자기 자신과 구별된다."(MEGA II.5: 29)

이러한 서술의 논리적 구조를 재정식화해보면, **타자와의 동일시**(다른 상품과의 등가관계)가 **자기동일성**(가치로서 자신과 관계)으로 이어지며, 이는 동시에 **자기분열**(사용가치로서 자신과 구별, 타자화)과 **이중화**(상품의 가치/사용가치)로 귀결된다고 말할 수 있다. 교환관계 속에서 상품은 자신의 자연적 소재와 구별되는 또 하나의 존재(사회적 형식)로 분열한다. 상품은 이런 의미에서 사용가치라는 고유한 특징과 가치라는 사회적 특징을 동시에 자기 내 포함하고 있는 존재, 즉 "자기 내 차이를 지닌 존재(ein in sich selbst Differenziertes)"다(MEGA II.5: 30). 마르크스는 이러한 '타자와의 관계=자기관계=자기분열'이라는 논리를 (매우 헤겔적인 방식으로) 상품 교환관계 분석에 도입한다. 『위하여』에 전개된 상품의 이중화에 대한 분석에

이어서, 이러한 논의는 상품형식이 필연적으로 갖게 되는 내적 모순을 암시한다.

사용가치로서 아마포는 자립적 산물이다. 다시 말해 아마포는 그 자체로 아마포라는 고유한 특성을 가지고 있다. 반면 아마포의 가치는 아마포가 홀로, 그 자체로 가지고 있는 내재적 속성이 아니다. 아마포의 가치는 그것이 다른 상품과 맺는 관계 속에서 출현한다. 마르크스가 가치를 "대상성(Gegenständlichkeit)"이라고 부르는 이유는 여기에 있다. "다른 질과 내용 없이 그 자체로 추상적인 인간 노동의 대상성은 필연적으로 추상적인 대상성, 하나의 사유물(Gedankending)이다."(MEGA II.5: 30) 가치는 그 자체로 개별적 실체를 갖는 사물이 아니라 노동생산물들 사이의 특수한 상호관계 속에서, 다른 상품과의 반성관계 속에서 상품에 귀속되는 특수한 사회적 형식이다.

따라서 가치는 오로지 관념상으로만 존재한다. 그러나 이 때 관념이란 관념론에서 말하는 자립적인 관념이 아니라, 특수한 사회적 관계에서 형성된, 물질적 관계 속에서 형성된 관념이다. 가치가 "사유물"이라는 것은 이런 의미를 갖는다. 그것은 눈에 보이지 않는, 그러나 존재하고 있는 어떤 것이다. 따라서 아마포의 가치는 아마포의 "환영"이다. 그것은 아마포와 다른 상품 사이의 상호관계, 대상적 반영 속에서만 그 존재를 부여받는다. 그러나 다시 한 번, 가치는 사물이 아니며 따라서 가치가 존재하는 장소는 아마포의 소재적 몸체 내부가 아니다. "아마포의 가치는 지출된 노동의 단순히 대상적인 반영(der bloß gegenständliche Reflex)이다. 그러나 그것은 아마포의 몸체 내에서 반성되는 것은 아니다."(MEGA II.5: 30)

아마포를 생산하는 구체적 유용노동(합목적적 생산적 활동), 예컨대 재단노동, 방직노동 등은 아마포의 유용성, 사용가치, 그 소재적 특수성을 생산하지만, 이 노동이 하나의 "인간 노동 일반의 실현형식, 대상화 방식"으로 간주되어 "추상적 인간 노동의 직접적 실현형식"(MEGA II.5: 31)이 될 때, 즉 개별적 구체 노동으로부터 추상화된 노동의 '형식'으로 환원될 때 이러한 아마포의 '환영'으로서, '사유물'로서 가치가 발생한다. 바로 이러한 '구체노동의 추상노동으로의 환원'은 '사용가치의 추상', 그리고 아마포라는 구체적 상품이 다른 상품과 '질적으로 동일시'되는 가치관계로 편입되는 것과 동일한 과정이다.

가치가 바로 이렇게 상품과 상품의 상호관계에서만 존재할 수 있다는 그 고유한 특징에 의해 필연적으로 '가치'는 다른 상품과의 대상적 반영관계 속에서 '표현'되어야 하며, 따라서 '가치'는 곧 '가치형식'이라는 현상으로 나타날 수밖에 없는 것이다. 오직 타자를 위한 사용가치, 타자와의 교환을 위한 사용가치가 가치형식이다. 따라서 상품의 가치가 가치형식이라는 방식으로 형성되자마자 이제 상품 그 자체의 유용성은 중요시되지 않는다. 사용가치는 오로지 교환가치의 담지자로서만 의미를 갖는다.

이처럼 I형식에서 상대적 가치형식(아마포)과 등가형식(치마)은 "반성규정" 속에 서 있다. 다시 말해 이 두 상품은 서로의 존재가 자신을 규정하는 반성적 관계를 맺고 있다. 그런데 이러한 I형식은 한 눈에도 알 수 있듯, 아마포와 치마 사이의 1대1관계로서 그 제한적, 일면적 특수성이라는 한계를 갖고 있다. 이제 이 등가관계를 확장함으로써 더 폭넓은 관계로 이행할 필요가 있다.

• II형식은 "상대적 가치의 두 번째 또는 확장된 형식"으로 그 내용은 다음과 같다.

20 엘레 아마포 = 1개의 치마 또는

= u량의 커피 또는

= v량의 차 또는

= x량의 철 또는

= y량의 밀 또는

= 등등.

z량의 상품 A = u량의 상품 B 또는

= y량의 상품 C 또는

= w량의 상품 D 또는

= x량의 상품 E 또는

= y량의 상품 F 또는

= 등등

이제 상대적 가치형식(아마포)은 그대로지만 등가형식은 다양한 상품들 전체로 확장된다. 여기서는 일면적, 제한적이었던 단순가치형식(20 엘레 아마포=1개의 치마)의 우연성이 극복되어, 이 단순가치형식을 가능케 해주는 더 일반화된 관계망이 표현된다. 그런데 단순가치형식이 1대1관계라는 제한적 범위의 문제를 지니고 있었다면, 이 확장된 가치형식은 거꾸로 무한한 상품들의 나열로 귀결되므로 종결되지 않는다는 결함을 가지고 있다. 종결되지 않는다면 교환관계 전체가 하나의 체계를 이룰 수 없다. 이를 해결할 수 있는 방법은 좌항과 우항을 전치시키는 것이다. 이를 통해 II형식은 III형식으로 이행한다.

- III형식은 "상대적 가치의 전도된 또는 II의 역관계적 형식"이다.

1개의 치마 = 20 엘레 아마포
u량의 커피 = 20 엘레 아마포
v량의 차 = 20 엘레 아마포
x량의 철 = 20 엘레 아마포
y량의 밀 = 20 엘레 아마포
등등 = 20 엘레 아마포

이 관계에서 모든 상품은 아마포라는 공통의 척도를 토대로 전면적 교환관계를 형성한다. 그것은 II형식과 달리 체계성을 이루지 못한 무한 연쇄가 아니라 하나의 통일적 척도와 체계를 갖는다. 가치형식의 본래적 성격은 여기서 드러난다. 좌항(상대적 가치형식)의 자리에서 우항(등가형식)으로 자리를 옮긴 아마포를 척도로 이제 모든 상품은 자신의 사용가치로부터 구별되고 동시에 가치의 크기로서 자기 자신과 관계하며, 질적으로 자신을 동일시하고 양적으로 자신을 비교한다. 다시 말해 아마포는 다른 모든 상품을 교환가치로 만들어주는, 전면적인 교환체계를 이루어주는 하나의 특수한 상품이다. 이러한 의미에서 아마포는 단순한 등가형식이 아니라 일반적 등가형식, 나아가 일반적 등가물로 불릴 수 있다.

아마포는 이제 그 자체의 사용가치라는 소재적 특성 외에 다른 모든 상품을 하나의 동일성으로 환원해주는 기능을 담당하는 보편적 존재자라 할 수 있다. 즉 상품세계에는 치마, 커피, 차, 철, 밀 등 수없이 많은 다양한 개별 상품들 외에, 이 모든 상품들에 하나의 통일적인 체계를 부여하는 보편적 존재자가 실재한다. 아마포라는 상품의 구체적 소재적 특수성은 이러한 보편적 존재자의 기능을 맡을 수 없다. 아마포는 아마포이며 그 자체로 하나의 특수한 노동생산물일 뿐이다. 그러나 일반적 등가물로서의 아마포는 다른 모든 상품을 등가관계로 확립해주는 상품, 즉

이 일련의 상품 목록에서 배제되지만, 이를 통해 전체 상품세계의 통일성을 보장해주는 특수한 상품이다.

이렇게 일반적 등가물의 존재는 다양한 구체적 개별 상품들의 총합과 구분되는 의미에서, 이 모든 상품들을 하나의 통일성으로 묶어주는 유(類)개념이 실재한다는 사실을 의미한다. 이를 마르크스는 이를 다음과 같이 표현한다. "이는 마치 사자, 호랑이, 토끼 그리고 무리를 지어 동물의 왕국의 다양한 성, 종, 하위종, 가족 등을 이루는 다른 모든 현실적 동물들과 나란히 동물 그 자체 역시 존재하는 것과 같다."(MEGA II.5: 37) 우리는 치마, 커피, 차, 철, 밀을 보거나 만질 수 있듯이 사자, 호랑이, 토끼 역시 보거나 만질 수 있다. 그러나 '동물'이라는 개념을 보거나 만질 수는 없다. '동물'이라는 유개념은 사자, 호랑이, 토끼의 구체성을 하나의 동일성으로 추상한 결과 얻어진 논리적 산물이다.

일반적 등가물 역시 이와 마찬가지다. 치마, 커피, 차 등의 구체적 노동생산물로부터 분리된, 그러나 이 모든 개별 상품들을 하나의 동일성으로 환원하여 교환가능하게 해주는, 오로지 특수한 사회적 관계 내에서의 관념으로만 존재하는 보편자가 바로 일반적 등가물이다. 일반적 등가물의 등장 이후 비로소 "상품은 가치로서 동일한 통일성, 즉 추상적 인간노동의 표현"(MEGA II.5: 38)이 된다.

그렇다면 III형식의 결함은 무엇일까? 누군가 일반적 등가물이 왜 반드시 아마포여야 하느냐고 묻는다면, 사실 아무도 제대로 된 대답을 낼 수가 없다. 아마포는 하나의 예시였을 뿐이며, 이론적으로는 모든 상품이 일반적 등가물의 자리를 차지할 수 있다고 가정해볼 수 있다. 일반적 등가물이 확정된 III형식에 앞선 II형식에서는 아마포는 아직 일반적 등가형식(우항)이 아니라 상대적 가치형식(좌항)에 위치하고 있다. 이제 만약 이 아마포의 자리를 다른 상품이 대체한다면 그 상품은 아마포를 대체해 일반적 등가물이 될 가능성을 잠재하고 있는 셈이 된다. 이렇게 어느 상품이나 일반적 등가물이 될 수 있다는 가능성은 상품세계 내에서 일종의 교란과 혼란이 발생하는 근거가 된다. 따라서 IV형식은 상품세계가 빠지는 이 혼란의 표현이다.

• IV형식은 II형식을 전면화한 것으로 이해할 수 있다. 그것은 다음과 같이 표현된다.

20 엘레 아마포 = 1개의 치마 또는
= u량의 커피 또는
= v량의 차 또는
= x량의 철 또는
= y량의 밀 또는
= 등등.

1개의 치마 = 20 엘레 아마포 또는
= u량의 커피 또는
= v량의 차 또는
= x량의 철 또는
= y량의 밀 또는
= 등등.

u 량의 커피 = 20 엘레 아마포 또는
= 1개의 치마
= v량의 차 또는
= x량의 철 또는

= y량의 밀 또는

= 등등.

v 량의 차 = 등등.

이 IV형식을 뒤집으면 치마 커피 차 모두 일반적 등가물이 되는 혼란이 나타난다. 아마포, 치마, 커피, 차 등 각종 상품들이 서로 일반적 등가물로서의 자기주장을 내세우는 것이다. 그러나 모든 상품이 서로에 대해 일반적 등가물이 될 수 있는가?

아마포의 사례에서 확인했듯이, 일반적 등가물이 된다는 것은 자신을 다른 모든 상품들로부터 배제하는 것을 의미한다. 그런데 모든 상품이 서로를 동시에 배제하는 것은 불가능하다. 따라서 모든 상품이 일반적 등가물이 될 수는 없다. 이는 마치 사자, 호랑이, 토끼가 존재하지 않고 '동물'이라는 유개념만 존재한다는 것이 불가능한 것과 마찬가지다. 따라서 IV형식은 실제로는 성립될 수 없는 가치형식이며 "결코 종결되지 않는 난순한 상대적 가치표현들의 연속"(MEGA II.5: 43)에 불과하다.

이렇듯 『자본론』 초판의 가치형식 분석은 몇 년 뒤 발간될 2판과 달리 '화폐형식'으로 곧장 귀결되지 않는다. 그 최종 형식은 상품세계 전체의 혼란과 교란으로 귀결되며, 화폐는 실제적 교환과정에서 이러한 교란을 막기 위해 도입되는 것으로 규정된다. 따라서 초판은 상품에 내재한 이중화의 논리와 상품의 자기모순이 상품이라는 범주 내에서는 극복될 수 없다는 사실, 화폐로의 범주이행이 전제되지 않으면 이 모순은 혼란과 교란에 봉착한다는 사실을 명시적으로 드러낸다. 이를 통해 마르크스는 상품이라는 가장 추상적인 규정에서조차도 스스로 지양되지 않는 그 논리적인 내적 모순이 축적되고 있음을 우리에게 보여준다.

『자본론』 초판의 상품장은 다음과 같은 말로 마무리된다.

"상품은 사용가치와 교환가치의 직접적인 통일, 즉 두 대립물의 통일이다. 그러나 그것은 따라서 직접적인 모순이다. 상품이 지금까지처럼 분석적으로 부분적으로는 사용가치의 관점에서, 부분적으로는 교환가치의 관점에서 고찰되는 게 아니라 하나의 완전체로서 현실적으로 다른 상품과 관계맺자마자 이 모순은 발전한다. 상품 상호간의 현실적 관계는 상품의 교환과정이다."(MEGA II.5: 51)

이처럼 마르크스는 상품의 수준에서 밝혀진 내적 모순을 근거로, 이어지는 서술(교환과정)에서 현실적 관계를 다루면서 모순의 발전과 심화를 드러내겠다고 예고함으로써 상품장의 분석을 종료한다.

3) 『자본론』 1판의 부록(Anhang)

마르크스가 『자본론』의 초판의 인쇄를 넘긴 뒤 나온 인쇄판본을 검토하던 엥겔스와 쿠겔만은 마르크스에게 이 난해하고 사변적인 가치형식 분석을 새로 작성하는 것이 어떤가 하고 권유한다. 이 권유로 1판의 발행 직전 마르크스는 책의 말미에 새로 "가치형식"이라는 제목을 단 부록을 추가한다. 여기서 마르크스는 본문 1장의 가치형식이 담아내고 있는 헤겔적이고 사변적인 표현들을 삭제하는 대신, 본문보다 훨씬 쉽고 간결한 언어로 가치형식 부분을 재서술한다.

그런데 나아가 초판 본문과 부록의 가치형식 분석 사이에는 결정적인 차이가 존재한다. 우선 초판 본문의 상품 분석이 한 상품의 내적 모순을 규명한다면, 부록에서는 교환되는 상품들의 관계가 이루는 '양극성', 즉 상품들 사이의 객관적 모순의 심화가 주요 분석대상이 된다. 더욱 결정적으로, 1판 본문에서 (I형식 → IV형식) 가치형식의 전개과정이 상품의 내적 모순의 심화와 일치한다면, 즉 IV형식에서 상품세계 전체의 혼란으로 귀결된다면, 부록의 가치형식 분석은 이 IV형식을 삭제하고 III형식에서 곧바로 화폐형식으로 이행한다.

부록의 가치형식 분석은 다음과 같이 전개된다.

- I. 단순형식
20 엘레 아마포 = 1개의 치마 또는
20 엘레 아마포는 1개의 치마와 같다.

이러한 가치표현은 상대적 가치형식과 등가형식이라는 두 극으로 표현된다. 동일한 상품이 동일한 가치표현 속에서 동시에 등장하는 것은 불가능하다. '아마포 = 아마포' 또는 '치마 = 치마'는 가치형식이 될 수 없다. 가치형식은 두 극 사이의 관계의 표현이다.

서술의 단순화를 위해 마르크스는 아마포 생산자 A와 치마 생산자 B의 물물교환 협상을 가정한다. 여기서 A에게 가치형식은 '20 엘레 아마포 = 1개의 치마', B에게는 '1개의 치마 = 20엘레 아마포'로 인식될 것이다. 따라서 아마포와 치마 모두 상대적 가치형식이면서 등가형식이다. 이러한 양극성은 가치형식 전개의 전제가 된다.

초판 본문의 상품분석에서 단순노동의 범주가 한 편에서는 복잡노동, 다른 한 편에서는 추상노동과 동일한 의미로 사용되어 구체적 유용노동과 대립했다면, 부록에서는 단순노동/복잡노동이라는 개념쌍이 폐기되고, 구체노동/추상노동의 대립관계가 분명히 드러난다. "구체노동은 그 대립물인 추상적 인간 노동의 현상형태가 된다."(MEGA II.5: 633) 이러한 변화는 『자본론』 2판으로 이어지면서, 추상노동에 대한 마르크스의 서술에 남아 있던 혼란(단순노동=추상노동)이 사라지게 된다. 이제 분명히 드러나는 것은 추상노동이 구체적 노동형태들로부터 추상된, 사회적으로 일반화되어 질적 동일성으로 환원되는 인간 노동을 의미한다는 사실, 따라서 이러한 구체적 노동의 추상화는 구체적인 관계들이 자립화된, 추상적 관계로 전도되었음을 의미한다는 사실이다.

> "가치관계와 그 안에 포함된 가치의 표현 내에서 추상적 일반성(das abstrakt Allgemeine)은 구체적인 것, 감각적-현실적인 것의 속성으로 간주되지 않는다. 오히려 거꾸로 감각적-구체적인 것이 추상적-일반적인 것의 단순한 현상형태 또는 특정한 실현형태로 간주된다."(MEGA II.5: 634)

이것은 전도의 논리를 드러낸다. 다시 말해, 아마포를 만들기 위한 어느 재단사의 노동은 아마포와 다른 상품의 교환관계에서는 이 교환을 성립가능하게 만드는 추상적 일반노동이라는 본질의 현상형태로 간주된다. 실제로는 구체적인 것의 이전에 존재하지 않으며, 오로지 특수한 사회적 관계에만 존재하는 일반성이 '본질'이 되고, 감각적-구체적인 것이 그 일반성의 '현상형태'가 되는 전도가 발생하는 것이다.

형이상학자들이나 신학자들이 주장했던 것, 즉 일반적인 본질과 실체가 존재하며 구체적인 것은 그것의 현상에 불과하다는 식의 단언을 근대의 유물론자들과 계몽주의자들은 부정해왔다. 그런데 자본주의적 상품관계는 이러한 형이상학적, 신학적 궤변이 그 실재성을 갖는 체제, 그런 의미에서 전도된 체제다. "이러한 전도가 [⋯] 가치의 표현을 특징짓는다."(MEGA II.5: 634) 이러한 전도는 자본주의 사회에서 사회적 관계가 신비화되는 근거를 형성한다. 이처럼 『자본론』 초판 본문이나 2판에서와 달리 초판 부록에서는 상품의 물신주의에 대한 서술은 가치형식 분석과 구조상으로 분리되지 않는다. 이러한 구조는 독자로 하여금 가치형식의 전개와 상품의 물신적 성격 사이에 뗄 수 없는 관계가 있음을 한 눈에 알 수 있게 해준다.

I형식은 아마포가 관계하는 상품의 수를 무한히 증식함으로써 II형식으로 이행한다.

- II. 총체적 또는 전개된 가치형식

20 엘레 아마포 = 1개의 치마 또는

= 10 파운드 차 또는

= 40 파운드 커피 또는

= 1쿼터의 밀 또는

= 2온스 금 또는

= 1/2톤의 철 또는

= 등등

II 형식은 본문 가치형식 분석에서와 마찬가지로 무한히 전개되며 종결되지 않는다는 결함을 갖는다.

- III. 일반적 등가형식

1개의 치마 = 20 엘레 아마포

10 파운드 차

40 파운드 커피

1쿼터의 밀

2온스 금

1/2톤의 철

등등

일반적 등가형식에 이르러 가치관계는(상대적 가치형식과 등가형식 사이의) "양극적 대립"(MEGA II.5: 645)의 발전과정이라는 사실이 분명히 드러난다. 상대적 가치형식과 등가형식은 불가피하게 서로 결합되어 있으면서 동시에 서로를 배제한다. 한 상품은 다른 상품이 대립적 형식으로 존재하지 않는 한 하나의 형식 속에 존재할 수 없다. 즉 상품은 상대적 가치형식이든 등가형식이든, 하나의 형식이기 위해서는 타자를 필요로 하며 홀로 존재하는 것은 불가능하다. 반면 한 상품이 하나의 형식을 취하면 그것은 동시에 다른 형식의 동일한 가치표현 속에 존재할 수 없다. 즉 상품은 상대적 가치형식과 등가형식 중 양자택일을 해야만 한다. 이처럼 한 편으로는 서로를 대립항으로서 필요로 하면서도 다른 한 편으로는 서로를 배제하는 양극관계는 모순적 규정들이 통일된 상태를 말한다.

그렇다면 IV형식으로의 이행은 어떻게 설명되는가? 초판 본문의 가치형식에서 IV형식이 상품세계의 혼란과 교란으로 귀결되며, 이것이 상품의 내재적 모순이 극대화된 결과였다면, 초판 부록에서의 IV형식은 III형식으로부터의 이행이 아니다. 변증법적 이행과정은 III형식에서 이미 일반적 등가물의 등장으로 종결되었다. 남은 것은 이 일반적 등가물의 자리를 구체적 사물인 아마포가 아니라 화폐가 차지하는 것이다. 따라서 III형식과 IV형식 사이에는 논리적, 형식적 이행이 아니라 소재적인 자리바꿈만이 발생한 것이다. 이것이 초판 본문의 가치형식 분석과 초판 부록의 가치형식 분석 사이의 결정적 단절지점이다.

- IV. 화폐형식
1개의 치마 = 2온스 금

10 파운드 차

40 파운드 커피

1쿼터의 밀

1/2톤의 철

등등

그리하여 부록의 가치형식 분석은 상품에서 화폐로의 평화로운 이행과정으로 마무리된다. 즉 부록에서는 IV형식에 화폐형식을 도입함으로써, 상품에서 화폐로의 이행, 그리고 화폐의 소재적 척도인 금의 도입이 논리적으로 필연적이라는 인상을 준다.[6]

4) 『자본론』 2판(1872)

1872년 『자본론』의 개정판을 내면서 마르크스는 책의 말미에 후기를 달

---

[6] 『자본론』 초판의 가치형식 분석에서 초판 부록과 2판 가치형식 분석으로의 이행과정이 서술의 대중화를 목적으로 IV형식에서 화폐형식을 도입한 것은 일부 논자들에 의해 비판의 대상이 된다. 특히 미하엘 하인리히는 상품을 통한 사회적 형식분석이라는 가치형식론의 본 취지에 비추어볼 때 금을 화폐의 소재로 가치형식에 도입한 것은 옳지 않으며, 이는 마르크스가 '화폐=금'으로 생각되던 금본위제 시절에 살았기 때문에 발생한 혼동이라고 지적한다(Heinrich, 2006: 229-231). 만일 마르크스의 '화폐=금'이라는 정식이 그의 가치형식론의 유일한 귀결이라면, 금본위제가 폐지된 오늘날의 관점에서 그의 가치형식론은 그 정당성 근거를 상실한 것이나 마찬가지다. 그러나 『자본론』 초판에서 마르크스는 가치형식의 논리적 귀결이 반드시 금이라는 소재적 화폐형식으로 귀결되는 것이 아니라는 점을 보여준다. 마르크스를 이렇게 이해하면 금을 화폐로 도입한 것은 실제 교환행위 과정에서의 필요와 역사적 관습이라는 우연의 산물일 수 있다는 해석이 가능하다.

왔다. 마르크스는 여기서 1판과 2판의 내용 중 어떤 것이 달라졌는지를 설명하는데, 그중 1장 상품의 3절 '가치형식'은 완전히 재서술되었다고 밝히고 있다(MEGA II.6: 700). 그러나 실제로는 2판 가치형식 분석은 완전히 새로 작성된 것은 아니며, 각각의 가치형식의 내용들은 초판 부록과 동일하다. 또 2판의 1장 '상품' 전체는 내용을 체계적으로 전달하기 위해 초판에는 없었던 절 구분(1절 '가치의 두 요소: 사용가치와 가치(가치실체, 가치 크기)', 2절 '상품에 표현된 노동의 두 요소', 3절 '가치형식' 그리고 4절 '상품의 물신적 성격과 그 비밀')을 도입한다.

그런데 이러한 마르크스 사유의 발전과정은 일직선로를 향해 진행된 것은 아니다. 마르크스 엥겔스 전집(*MEGA*)의 편집진은 2판의 상품장을 재서술하기 위해 마르크스가 1871년 12월부터 1872년 1월까지 작성한 원수고를 "보충과 수정(Ergänzungen und Veränderungen)"이라는 제목으로 『자본론』 2판 본문 앞에 추가해놓았다. 마르크스의 원수고를 살펴보면 가치형식의 전개과정을 I형식에서 III형식까지 전개한 뒤 IV형식을 생략한 것을 볼 수 있다. 마르크스의 서술은 바로 이어서 4절인 상품 물신주의 분석으로 넘어간다. 여기서 마르크스가 고의로 IV형식을 뺀 것인지, 아니면 단순한 실수인지를 알 수 있는 방법은 없다. 다만 우리는 마르크스가 『자본론』 2판을 출간하기 직전까지도, 초판 '본문'의 IV형식과 초판 '부록'의 IV형식 사이에 어떤 것을 선택할지 망설이면서 깊은 고민에 빠졌을 것이라고 추측해볼 수 있을 것이다. 결론적으로는 마르크스는 초판 부록과 동일한 가치형식을 서술한다.

따라서 반복을 피하기 위해 각각의 가치형식들을 여기서 다시 소개할 필요는 없을 것이다. 다만 가장 늦게 서술되었으며 따라서 가장 완성도가 높은 『자본론』 2판의 상품분석과 가치형식론이 갖는 특징들을 정리해 보기로 한다.

2판에서 교환가치에 대한 서술에서는 다음과 같은 점이 눈에 띈다. 교환가치는 사용가치들 사이에 교환되는 비율이며 양적 관계다. 그것은 시간, 장소에 따라 변하기 때문에 우연한 것, 상대적인 것, 상품에 내재한 교환가치로 보인다. 이것은 "형용모순(contradictio in adjecto)"이다(MEGA II.6: 71). 여기서 마르크스가 교환가치를 정의하자마자 그것을 "형용모순"으로 규정했다는 사실은 이후 계속해서 서술대상인 상품형식에 내재한 모순을 드러내는 방식으로 서술이 전개될 것이라는 점을 암시한다. 이러한 모순 규정은 상품, 화폐, 자본의 범주로 이어지는 과정에서 '해소'되거나 '지양'되지 않고 축적될 뿐이다. 교환가치가 갖는 형용모순은 그것이 자신의 본래규정과 달리 상품에 내재해있다는 가상을 일으킨다는 것이며, 그 귀결은 물신주의다. 상품의 물신주의는 화폐물신, 자본물신으로 이어지며, 그러한 '자립화된 가상'으로서 모순의 규정들은 『자본론』 3권에서는 이자낳는 자본 등 가공자본에 이르러 훨씬 커다란 규모로 되풀이된다.

우선 우리는 상품분석으로 되돌아오도록 하자. 2판의 상품분석은 앞선 분석들에 비해 가치대상성에 대해 보다 분명하고 발전된 관점을 제시한다. 구체적 사용대상인 아마포도, 치마도 상품으로서 가치를 갖기 위해서는 인간 노동 일반의 대상화로 환원될 필요가 있다. 상품은 가치대상성으로 존재한다는 1판의 규정은 2판에서 더욱 정교해진다. 우선 2판 원수고는 상품의 일반적 대상화와 환원이 의미하는 사실은 아마포도 치마도 스스로는 가치대상성이 아니며, 오로지 "그들에게 공통적인 가치대상성"인 한에서만 가치대상성으로 존재한다는 것이라고 지적한다. 그들이 동일시되는 이 상호 관계의 외부에서는 치마도 아마포도 대상성을 갖지 않는다(MEGA II.6: 30).

상품은 교환관계를 벗어나서는 그 자체로 가치를 갖는 것도 아니며,

교환 상대의 가치를 표현해주는 대상성이라는 속성도 갖지 않는다. 아마포는 그 자체로는 가치도, 가치대상성도 갖지 않는다. 오로지 다른 상품과의 관계에서만 자신의 가치와 가치대상성 모두를 갖게 된다. 가치, 가치대상성 모두 상품 그 자체의 속성이 아닌 사회적으로 부여된 속성이며 따라서 상품의 물질적, 소재적 특성과 구분되는 순수 사회적 특성으로서 비가시적인 성질의 것이다. 이를 표현하기 위해 마르크스는 "유령적 대상성"(MEGA II.6: 72)이라는 표현을 사용한다. 2판 원수고에서는 "하나의 순수 환상적인 대상성"(MEGA II.6: 32)이라는 표현도 등장한다.

가치대상성에 대한 이러한 보다 분명한 서술에 상응하여, 『자본론』 1판과 달리 2판에서 마르크스는 더 이상 단순노동과 추상노동을 등치시키지 않는다. 이제 단순노동은 오로지 '논의의 단순화'를 위해 전제될 뿐이다. 이제 마르크스는 가치실체를 형성하는 추상노동이 노동생산물의 소재적 성격을 생산하는 구체적 형태의 노동과 완전히 구분되는 것이라는 사실을 보다 명확히 드러낸다. 바로 이러한 이론적 토대 위에서 마르크스는 가치와 가치대상성을 사용가치의 자연소재성과 근본적으로 구분함으로써 독자의 혼동을 피하게 해주는 다음과 같은 구절을 서술한다.

"상품 몸체의 감각적으로 조야한 대상성과 정반대로, 상품의 가치대상성에는 자연소재가 원자 하나만큼도 포함되어 있지 않다. 따라서 사람들은 자신이 원하는 대로 개별 상품을 돌려보고 방향을 바꿔볼 수도 있겠으나, 가치물로서 상품은 붙잡을 수 없다. 그러나 우리가 상품이 인간 노동의 동일한 사회적 통일성의 표현인 한에서 오로지 가치대상성만을 갖는다는 사실, 상품의 가치대상성은 따라서 순수 사회적이라는 사실을 기억한다면, 가치대상성은 오로지 상품과 상품 사이의 사회적 관계 속에서 나타난다는 사실은 자명하게 이해

된다."(MEGA II.6: 80)

상품의 가치대상성에는 자연소재가 원자 하나만큼도 들어있지 않으며, 그것은 순수 사회적이고 비가시적이라는 이 선언은 마르크스의 가치와 가치대상성 개념을 이해하는 데 결정적인 실마리를 제공한다. 그것은 여전히 마르크스의 상품이 그 자체로 가치를 가지며, 그것은 '투하노동시간'에 따라 측정할 수 있다고 보는 정설 마르크스주의의 독해와 정면으로 대립한다. 상품의 가치는 가치대상성으로 존재하며 그것은 직접적으로 감각적으로 지각되지 않는다. 그것은 오로지 상품들 사이의 교환관계 속에서만 양적 관계로 표현된다. 따라서 가치를 형성하는 것은 투하된 노동량(개별 생산자의 직접적 노동시간)이 아니라, 노동의 구체적 형태로부터 추상된, 대상화된 노동시간, 곧 추상화를 통해 사회적 평균으로 간주되는 관념적 형태의 척도로서 노동시간인 것이다. 이러한 인식은 가치가 하나의 '사유물'이며 오로지 '반성적 관계' 속에서만 존재할 수 있다는 1판의 서술과 연속성을 가지면서도, 이러한 사변적인 표현들을 더욱 구체적으로 정교화한 것이다.

이제 2판의 가치형식에 대한 논의로 옮아가보자. 2판 원수고에서 드러나듯, 가치형식의 전개를 어떤 최종형식으로 마무리할까 고민하던 마르크스는 결국 1판 부록의 IV형식을 차용하기로 결정한다. 2판 역시 1판 부록과 마찬가지로 화폐형식을 최종형식으로 수용하면서, 더욱 분명한 어조로 화폐형식의 도출이라는 결론을 강조한다. 마르크스는 여기서 가치형식의 관건은 "화폐형식의 발생을 증명하는 것"이며, 가치형식의 분석을 통해 "화폐 수수께끼"가 소멸할 것이라고 서술한다(MEGA II.6: 81).

IV형식을 화폐형식으로 설정했을 때의 이론적 논쟁지점은 앞서 소개되었으므로, 우리는 2판의 가치형식 분석이 갖는 진일보한 측면에 집중해보자.『자본론』1판에서부터 가치형식의 전개가 각각의 단계들이 갖는 내적 한계들로 인한 논리적 이행이며, 이런 의미에서 그것이 서술의 변증법적 전개과정이라는 사실은 분명히 드러났다. 하지만 마르크스는 2판에서는 이러한 이행과정이 모순의 해소가 아니라 축적과정이라는 사실을 분명히 드러내기 위해, 각각의 단계들이 갖는 한계들을 더 엄밀한 표현들로 정식화한다. 다시 말해 등가형식의 발전과 이행과정에 따라 각각의 형식들이 지닌 발전의 내적 한계규정의 계기들 역시 발전한다. I형식은 "불충분(das Unzulängliches)"(MEGA II.6: 93)으로 정의되며, II형식은 "결함(Mängel)"(MEGA II.6: 95)으로, III형식은 양극 사이의 "대립(Gegensatz)" (MEGA II.6: 99)으로 파악되는 것에서 이것이 확인된다. 가치형식 서술의 변증법적 특징은 여기서 분명히 드러난다.

    그런데 이러한 변증법적 서술은 III형식에서 IV형식으로 넘어갈 때 중단된다. 일반적 등가형식에서 화폐형식으로의 이행은 그에 수반하는 내적 한계규정의 발전을 야기하지 않는다. 왜냐하면 일반적 등가형식과 화폐형식은 소재적으로만 구분될 뿐(아마포 → 금) 실제로는 동일한 논리적 형식이기 때문이다.

3. 가치형식 분석과 새로운 비판적 방법론

지금까지의 논의 속에서 분명히 알 수 있는 사실은 마르크스가 가치형식의 서술에 커다란 이론적 중요성을 부여했다는 사실이다. 그는 수차례 서술을 수정하고 자신의 관점을 정정하면서, 또 어떤 선택지를 향해갈지 망설이면서 자신의 생각들을 발전시켜나갔다. 이를 통해 마르크스는 고전 정치경제학의 방법론과 구분되는 자본주의 비판의 새로운 전망을 도출하고자 했다. 이제 우리에게 남은 물음은 마르크스의 가치형식론이 어떠한 새로운 비판적 방법론을 탄생시켰는가 하는 것이다. 우리는 이를 네 가지로 나누어 답변해볼 수 있을 것이다.

1) 인식비판을 통한 사회비판

상품의 가치형식의 전개과정에서 드러나는 귀결은 상품의 가치가 형성되는 사회적 관계를 일상의식 속에서 필연적으로 사라지게 만든다는 데 있다. 즉 자본주의 사회의 구성원 개인은 상품이 그 자체로 가치를 갖는다는 가상에 빠진다. 우리에게 상품은 그렇게 현상한다. 그러나 그것의 가치는 그것의 형식에 대한 분석, 즉 '추상력'을 사용한 분석 속에서 규정될 수 있다.

『자본론』을 비롯한 마르크스의 정치경제학 비판 저술들에는 "첫 눈에는 ~로 보인다", "~로 현상한다"는 표현들이 자주 등장한다. 이러한 표현들 속에는 자본주의의 경제적 범주가 '어떻게 현상하는가'에 대한 마르크스의 이론적 관심이 반영되어 있다. 상품형식의 분석에서도 마찬가지다. 여기서 마르크스는 상품이 그 자체로 가치를 갖는다는 가상을 비판하기 위해 '대상성', '반성규정', '형식내용' 등(헤겔 논리학에서 차용한) 개념들을 사용한다. 마르크스는 본질과 현상을 구분하며, 나아가 '어째서 특수한 본질이 그 자신을 은폐하는 방식으로 현상하는가'에 관심을 갖는다.

주지하다시피, 마르크스는 중기 저작들(특히 「포이어바흐에 관한 테제」와 『독일 이데올로기』)에서 그가 한때 자신의 청년헤겔학파 일원 시절을 청산하면서, 헤겔을 비롯한 독일철학의 문제틀을 거부하겠다고 선언한 바 있다. 그런데 『자본론』에서의 이러한 문제의식은 어째서 성숙기의 마르크스가 다시금 헤겔 논리학을 차용하는가에 관한 배경을 시사해준다. 마르크스의 정치경제학 비판 서술과정에서 헤겔의 수용은 그가 청년기에 (물론 포이어바흐라는 굴절을 거쳐) 관심을 가졌던 헤겔철학의 역사적 목적론이나 소외론 등 주체, 관념, 의식 중심적 패러다임과는 무관하다. 오히려 마르크스에게 중요한 것은 본질과 현상의 관계에 대한 헤겔의 고유한 관점을 수용함으로써 자본주의적 경제 운동에 대한 경험주의적(더 나아가 실증주의적) 관점을 극복하는 것이었다.

이를 통해 마르크스는 자립화된 사회적 관계망의 비가시적 지배를 비판하고자 했으며, 이에 선행하는 것은 자본주의 사회가 개별자들에게 인식되는 방식에 대한 비판이었다. 이는 물신주의 메커니즘에 대한 분석과 비판이 정치경제학 비판의 서술에서 핵심적 지위를 차지함을 의미한다. 『자본론』에서 물신주의는 '실물경제의 부수효과'와 같은 지위를 갖는 것이 결코 아니다. 『자본론』은 본질적으로 물신주의적 인식에 관한 저작이며, 상품의 규정이 화폐, 자본으로 점차 발전할수록 그에 수반하는 물신주의의 구조와 효과들 역시 발전한다. 일상적 경험의식은 이러한 자립화된 관계들의 지배를 자연적인 것으로 받아들인다.

물신주의는 하나의 경제적 범주가 자신의 효력을 얻음과 동시에 그 효력의 기원과 발생을 소멸시킨다는 의미에서 지배양식으로서 기능한다. 그것은 주체가 자신의 행위의 기원을 '알지 못한 채' 행위하게 만드는 원인이 되며, 사회적 관계를 비가시적으로 만듦으로써 현존하는 지배관계가 관철될 수 있도록 한다. 그러나 이 지배양식은 자본가의 고안에 의해 창조된 기만이 아니며 이미 상품의 교환에 내재한 상품 사회의 특징이다. 또한 이 물신적 지배양식은 지배계급의 물리적 강제력에 의존하는 폭력적 지배와 구분되는, 인식론적 강제로서 추상에 의한 지배, (필연적) 가상에 의한 지배다.

이러한 근거에서, 마르크스가 상품의 "유령적(geistig) 대상성"과 "환등상적(phantasmagorisch) 형식"(MEGA II.6: 103), 화폐의 "주술적(okkult) 성질"(MEGA II.6: 172) 등의 표현들을 사용하는 것을 단순한 문학적 비유로 여기는 것은 옳지 않다. 그것은 상품의 가치와 화폐가 근본적으로 갖는 비가시성을 지적하기 위한 표현들이다. 『자본론』 2판 원수고에서 이러한 생각은 명시적으로 다음과 같이 표현되었다. "상품은 교환가치 또는 상품체의 형태로 세상에 태어난다. 그것은 상품의 자연형식이다. 이에 반해 상품의 유령적 대상성은 지각될 수 없다."(MEGA II.6: 7) 지각될 수 없는, 보이지 않는 관계들이 개인을 지배한다. 개별자들은 "그들 두뇌의 무의식적, 본능적 작동"(MEGA II.5: 46)을 인식하지 못한다. 그들은 알지 못하지만, 그저 행할 뿐이다.

따라서 사회적 관계들은 단지 보이지 않기만 하는 것이 아니다. 그것은 개별자들의 일상적 경험을 근거짓는 토대가 된다. 이를 표현하기 위해 마르크스는 『요강』에서 "화폐의 초월론적 권력"(MEGA II.1.1: 81)이라는 표현을 사용한다. "인격적인 관계와 대립하는 이러한 사물적 예속 관계는 또한 […] 개인들이 이제 추상에 의해 지배된다는 것을 나타낸다."(MEGA II.1.1: 96) 개인들은 보이지 않는 관계들의 지배, 추상의 지배 속에 살아간다. 이렇게 자립화된 교환가치로서 화폐의 유령적 지배, 사회적 관계들의 비가시성의 지배는 자본주의에 고유한 지배의 특징이다.

이런 의미에서 우리는 나아가 다음과 같이 말할 수 있다. 『자본론』에서 마르크스의 핵심적 주장은 '노동자들이 자본가에게 착취당한다'는 것만이 아니다. 마르크스가 말하려는 또 다른 핵심은 '어떻게 이 착취가 보이지 않게 되는가'를 증명하는 것이었다. 바로 이러한 이유에서 마르크스에겐 별도의 '이데올로기 비판'을 기획할 필요가 없었다고 말할 수 있다. 마르크스에게 경제적 범주들에 대한 서술은 동시에 이미 그 '이데올로기적 효과'에 대한 비판을 함축하고 있다.

이처럼 마르크스의 『자본론』과 정치경제학 비판 저술들은 자본주의적 구조에 대한 비판을 그것이 현상하는 방식, 개별자들에게 인식되는 방식을 비판함으로써 수행한다. 여기서 인식비판과 사회비판은 분리되지 않는다. 아도르노의 다음과 같은 명제가 마르크스에게 적용될 수 있는 것이다. "사회비판은 곧 인식비판이며 그 역도 마찬가지다."(Adorno, 1997: 748)

2) 사회적 형식: 교환, 동일성 그리고 총체성

가치형식에 사용된 등가기호(=)는 단지 형식적 분석을 위해 사용된 수학기호 이상의 의미를 갖는다. 가치형식 분석은 가치들의 대상적 관계가 이루는 사회적 통일성을 서술하며, 이는 나아가 자본주의의 동일성과 총체성 메커니즘을 이론화하기 위한 전제가 된다.

먼저 우리는 마르크스가 가치형식 분석을 통해 사회적 형식의 실재성을 이론적으로 고찰했다는 사실에 주목할 필요가 있다. 상품형식, 가치형식, 나아가 자본주의의 고유한 사회적 형식에 대한 분석은 단지 형식주의적 분석이 아니다. 그것은 사회적 '형식'이 곧 그것의 '내용'을 담지한다는 변증법적 관점을 담고 있으며 따라서 "변증법적 형식분석"(Arndt, 1985: 187)이다. 가치의 실체와 내용은 그 개념상 그것의 사회적 형식이 없이는 표현되지 않을 뿐 아니라 존재 자체가 불가능하다. 이런 의미에서 사회적 형식은 동시에 특정한 사회적 관계 내에서 내용적 규정성을 갖는다.

교환가치가 자립화된 총체성을 이룬다는 서술은 『요강』에서 명확한 형태로 제시된다. 가치형식 분석은 이러한 자립화의 논리적 근거를 제공한다. 교환관계 속에서 상품이 질적으로 동일시되고 양적 관계로 환원됨으로써, 그리고 일반적 등가물에 의해 다른 모든 상품이 통일적 체계 속에 편입됨으로써 하나의 자립화된 총체성의 논리적 구조가 형성된다.[7] 따라서 사회적 형식의 분석은 그 총체적 성격을 이해하기 위한 분석방식이다.

그런데 동시에 마르크스는 이러한 총체성의 구조가 견고하며 완결된 형태를 가지고 있다고 생각하지 않는다. 가장 단순한 상품의 규정에서부터 이미 이 총체성의 균열이 표현된다. 상품의 존재의 이중화(『위하여』)의 논리는 상품의 자기 내 모순(『자본론』1판)과 양극적 모순(1판 부록)의 발전으로 진행되며, 교환가치는 그 최초의 규정에서부터 형용모순으로 제시된다(2판). 따라서 자본주의의 사회적 총체성은 모순적인, 분열된 총체성이다. 상품의 자기동일성은 그 자체로 비동일성을 내포한 모순이며, 화폐는 상품 생산 사회의 모순적으로 구조화된 통일성을 표현한다. 이후 마르크스가 증명하고자 하는 것은 이러한 상품의 내재적 적대가 궁극적으로는 사회적 적대의 표현이라는 점이다.

또한 교환가치가 추상노동에 의해 상품의 가치관계를 표현하듯이, 자본주의 사회가 이루는 총체성은 자립화된 관계들로 구성된 '추상적 총체성'이나(헤겔은 '추상적 총체성'과 '구체적 총체성'을 구분한 바 있다). 그것은 구체적 관계들의 구조화된 총체성이 아니라, 자립적 형태로서 구체적 관계들 전체를 지배하는 총체성이다. 그리고 자본주의가 자립화된 총체성을 이루고 있다는 것은 가치형식과 물신주의 분석으로부터 도출되는 현실적 귀결이다.

---

7 포스톤에 따르면 마르크스의 총체성 개념은 사르트르가 주장하는 존재론적 가정으로서의 총체성과 구분되며, 존재론적으로 총체성을 부정하는 알튀세르의 논의와도 부합하지 않는다. 마르크스에게 총체성은 "역사적으로 구성된" 총체성이며, 이는 자립화된 사회적 형식의 특수한 성질을 의미한다(Postone, 1993: 152).

나아가 자본주의 사회의 총체성은 개별자의 구체적 유용노동을 사회적 공통성으로 환원하며, 그러한 과정에서 그 질적 특수성을 추상하고 이를 양적 관계로 환원하는 강압적 과정이다. 가치의 추상화 과정이 갖는 강제적 성격은 여러 차례 마르크스에 의해 언급되었으나, 대부분의 마르크스주의자들에 의해 제대로 이론화되지 않았다. 마르크스가 『위하여』에 쓰고 있듯이, 가치를 산출하는 사회적 관계는 "사회적 과정이 동일하지 않은 노동들 사이에서 폭력적으로 수행하는 객관적 동일시"(MEGA II.2: 136-137)를 수반한다. 이와 같은 맥락에서 마르크스는 『자본론』 1판에서 이렇게 서술한다. "그들의 노동생산물을 상품으로서 서로 관련맺기 위해 인간들은 그들의 다양한 노동을 추상적 인간 노동에 동일시하도록 강요받는다."(MEGA II.5: 46) 가치법칙은 결코 중립적인, 자연적인 관계를 의미하지 않는다. 그것은 구체노동을 추상노동으로, 상품의 소재적 특수성을 질적 동일성으로 환원시키는 사회적인 강제적 관계를 의미한다. 상품이라는 가장 기초적인 범주에서부터 자본주의적 사회관계의 관철방식은 강제적, 폭력적이다. 그러나 우리가 상품과 화폐를 특수한 자본주의적 산물로 이해하지 못하는 한, 다시 말해 상품의 이중화 과정과 화폐의 발생을 이해하지 못하는 한, 우리는 이를 인식하지 못한다.

3) 경험주의를 넘어서

마르크스가 가치형식 분석을 통해 고찰하는 상품에서 화폐로의 범주 이행은 상품의 이중화와 (사용가치/가치로의) 분열에 의한 운동으로서 변증법적, 논리적 이행이다. 마르크스는 상품으로부터 화폐의 이행과 화폐의 발생과정을 추적함에 따라서 고전 정치경제학이 가정하는 중립적이고 자연적인 화폐에 대한 관념을 분쇄한다. 정치경제학은 이미 구성된 경제적 대상의 수준에서 논의 출발한다. 즉 특정한 범주들은 이미 그 자체로 주어진 것으로 자연화되며, 그것의 발생과 기원을 묻지 않는다. 반면 마르크스는 가치형식의 존재와 화폐의 발생을 야기하는 사회적 조건들에 주목하며, 그것의 역사적 특수성을 밝혀낸다(Backhaus, 1997: 51).

반면 상품의 단계에서 화폐의 발생과정을 논의하지 않으면 화폐의 사회적 기원과 근거를 인식할 수 없게 되고 화폐를 그 자체로 자연화할 위험에 빠진다. 실제로 리카도는 가치크기를 정의하면서 서로 다른 사용가치들 사이의 질적 통일성을 이미 완성된 사태로 가정한다. 질적 동일성을 자연적 속성으로 전제해버림으로써 그는 화폐와 교환가치의 특수한 사회적 전제, 그리고 그 역사적 특수성을 발견하지 못한다(Arndt, 1985: 181).

이러한 문제는 정치경제학이 발딛고 있는 경험주의로 인해 발생한다. 경험주의는 이론적 고찰 대상을 경험적 현상에 국한시킴으로써 현상을 현상하게 하는 본질, 구조, 법칙에 대한 통찰을 경시한다. 마찬가지로 경험주의적 이론 지반 위에 서 있는 현대 실증주의 사회과학 역시 직접적으로 주어진 부분적 현상을 넘어선 객관적 사태 전체에 대한 인식을 거부한다. 그러나 우리에게 주어진 경험적 현상이 그 자체로 존재하는 것이 아니라 역사적이고 사회적 맥락에 의해 매개되고 구성된 것이며, 따라서 개별적인 현상은 그 자체로 고찰될 것이 아니라 그것을 가능케 만드는 조건과 맥락, 사회적 전체 구조의 본질에 대한 통찰 속에서 파악되어야 한다.

가치형식에 대한 마르크스의 서술은 단지 하나의 이론적 서술일 뿐만 아니라, 그러한 서술을 논의에서 배제해버린 고전 정치경제학에 대한 비판이기도 하다. 즉 그것은 서술이면서 동시에 비판이다. 가치형식에 대한 서술은 그 자체로, 고전경제학이 어째서 가치의 형식에 대한 물음을 제기하지 못하였는가 하는 비판적 질문을 내포한다. "정치경제학은 불완전하나마 가치와 가치크기를 분석하였고 이러한 형식에 숨어 있는 내용을 발견하였다. 그러나 정치경제학은 왜 이 내용이 저 형식을 취하는가 하는 물음을 제기하지 않았다."(MEGA II.6: 110) 이에 대해 마르크스는 직접적인 답변을 하지 않으나, 그의 가치형식 분석은 동시에 이러한 질문에 대한 답변이기도 하다. 다시 말해, 가치형식 분석의 귀결로 등장하는 상품의 물신주의에 대한 설명은 동시에 어째서 고전 정치경제학이 물신주의에 빠졌는지에 대한 해명을 제시한다. 그들은 "사회적으로 타당한 객관적 사유형식"(MEGA II.6: 106)의 전제에서 출발한다. 즉 그들은 상품소유주의 일상의식에서 출발할 뿐, 그들의 배후에 일어나는 과정을 추적하지 않는다. 그들은 주어진 관계들을 그 자체로 받아들일 뿐, 그것을 개념적으로 재구성하려 시도하지 않는다. 정치경제학에는 마르크스가 강조했던 "추상력"이 결여되어 있었다. 그들은 그러한 "경험의 지평을 구성하는 범주들의 수준"(Reichelt, 2006: 157)에 도달하지 못하였다. 이는 그들이 발딛고 있는 이론적 토대인 경험주의의 근본적 한계 때문이었다.

정치경제학은 단지 가치형식에 대한 '답변'을 제시하지 않은 것이 아니라, 근본적으로 그 '물음' 자체를 제기하지 않았다. 이 새로운 물음을 제기한 것이 바로 마르크스의 공로였다.『자본론』초판이 발표된 이듬해인 1868년 7월 11일 쿠겔만에게 보낸 편지에서 마르크스는 가치 개념을 경험적, 실증적으로 증명해야 한다는 요구에 대해, "가치 개념을 증명해야 할 필요성에 대한 잡담은 문제시되는 사태 자체에 대한, 뿐만 아니라 학문의 방법에 대한 완전한 무지에서 비롯한 것"(MEW 32: 552)이라고 밝힌다. 마르크스는 가치형식 서술을 통해 단지 부르주아 사회의 한 측면, 정치경제학 비판이 보지 못한 하나의 사태만을 기술하려 했던 것이 아니다. 그는 "문제시되는 사태 자체"를 인식할 수 있는 "학문의 방법" 전체의 변화가 필요하다고 보았으며, 정치경제학 비판의 서술과정 전체는 그러한 새로운 방법의 시험장이었다.

4) 내재적 비판

고전 정치경제학에 대한 마르크스의 비판이 갖는 고유성은 비판의 척도가 갖는 성격에서도 드러난다. 마르크스는 분명 정치경제학이 딛고 있는 이론적 지반으로부터 벗어난다. 정치경제학은 (개별 상품소유자의 관점에서 출발한다는 점에서)개인주의, (화폐를 비롯한 경험적으로 주어진 경제적 범주를 그 자체로 타당한 것으로 간주한다는 점에서)경험주의, (이 범주들이 특수한 역사적 과정의 산물이라는 점을 망각한다는 점에서) 초역사주의를 전제로 한다. 반면 우리는 가치형식 분석에서 마르크스가 이러한 정치경제학의 이론적 지반을 넘어서고 있다는 것을 확인했다.

문제는 그러한 지반의 변경 또는 초월은 어떠한 과정을 통해, 어떠한 비판의 척도를 가지고 제기되는가 하는 점이다. 우리가 마르크스의 서술방식에서 확인할 수 있는 것은, 정치경제학을 비판하기 위해서는 정치경제학 자신의 범주들(사용가치/교환가치 개념쌍, 노동가치 등)을 추적하며 이 범주들의 관계들을 서술해야 한다는 점, 그런 과정 속에서 이 범주들을 다루는 고전 정치경제학이 가진 이론적 지반이 갖는 한계들을 드러내야 한다는 점이다. 다시 말해, 마르크스의 정치경제학 비판 서술에서 새로운 범주들은 오로지 주어진 범주들에 대한 '비판' 과정에서 서술될 수 있다. 이러한 의미에서 마르크스는 서술과 비판의 통일을 주장한다.

이것이 의미하는 바는 비판의 척도는 비판되는 하나의 이론적 체계(고전 정치경제학)의 외부가 아니라 그 내부에 존재한다는 사실이다. 마르크스는 정치경제학자들이 사용하지 않는 개념을 외부에서 도입하거나 새로 발명해내지 않는다. 기존의 범주들이 갖는 한계는 그 범주들에 대한 서술과정 속에서 드러난다. 이러한 의미에서 마르크스는 내재적 비판이라는 방법에 충실했다. 그가 벤자민 프랭클린을 비판하는 다음 구절을 살펴보자.

"프랭클린은 그가 모든 사물들의 가치를 '노동 속에서' 평가하는 한, 그가 교환된 노동의 다양성을 추상한다는 것, 그리고 그것은 동일한 인간 노동으로 환원한다는 것을 알지 못하였다. 그러나 그가 알지 못하는 것을 그는 말하였다. 그는 '하나의 노동' 그리고 '다른 노동'에 대해 말하면서 결국은 부지불식간에 모든 사물의 가치의 실체로서 '노동'에 대해 말하고 있는 것이다."(MEGA II.6: 83-84)

프랭클린은 분명 고전 부르주아 이론가들의 문제틀 또는 이론적 지반 위에서 사유하고 있다. 이 때문에 그는 추상노동, 즉 다양한 개별 노동의 동일한 인간 노동으로의 환원과정을 알지 못한다. 그러나 그가 알지 못하는 것을 그는 이미 말하고 있다. 그가 말함으로써 말하지 않은 것, 그가 말하지 않음으로써 말하고 있는 것을 드러내는 것이 바로 마르크스가 취하는 내재적 비판의 방법이다. 그러나 이러한 비판을 통해 마르크스는 결국 고전 부르주아 이론가들의 문제틀을 초월한다. 다시 말해 마르크스는 고전 부르주아 이론가들을 내재적으로 비판함으로써 그들의 문제틀에 내재적으로 갇히는 것이 아니라 거꾸로 이 문제틀로부터 초월한다. 이러한 '내재적 초월'의 비판적 방법은 마르크스의 비판이 어째서 변증법적 서술인지를 분명히 보여준다. 그리고 이러한 맥락에서 마르크스의 가치형식 분석은 그 자체로 하나의 새로운 비판적 학문의 탄생이다.

4. 나가며

마르크스가 남긴 가치형식 분석은 분명 하나의 수수께끼와 같은 서술이다. 이 수수께끼들은 오랜 기간 대부분의 마르크스주의자들에게 아무런 영향을 주지 못했다. 대부분의 마르크스 독자들은 이 짧고 난해한 수수께끼를 건너뛰어 버리거나, 그것을 화폐를 이론화하기 위한 전단계 정도로 축소해서 이해했다. 그러다가 엄밀한 『자본론』 독해를 추구하던 몇몇 학자들이 가치형식에 주목한 이래로, 이 수수께끼를 해결하기 위해 지난 수십 년 동안 마르크스 해석가들은 치열한 논쟁을 거듭해왔다.

그런데 이러한 노력들로 우리는 이제 마르크스를 완전히 이해했다고 말할 수 있을까? 수수께끼같던 텍스트들의 의미들이 드러나는 순간, 우리는 마르크스의 사유를 이해하는 것이 훨씬 더 어려워졌음을 인식하게 된다. 우리가 확인했듯이, 가치형식이라는 작은 분량의 텍스트를 서술하는 데서조차 마르크스는 수차례 자신의 서술을 수정하고, 자신의 생각을 정정하며, 서술방향을 두고 망설임을 거듭한다.

이러한 사실들은 '하나의 통일된 마르크스의 사유체계'를 가정하고 그것을 실천으로 옮기는 것이 곧 마르크스주의라고 생각하는 사람들에게는 분명 당혹스런 일일 것이다. 그들에게는 마르크스 자신의 이론이 하나의 일직선상의 발전과정을 거쳐 통일적인 '정치경제학'의 체계를 수립했으며, 여기서 마르크스는 잉여가치의 착취를 산술적으로 증명하고, 자본주의의 붕괴를 필연적인 것으로 입증했다. 중세의 신학적 세계관이 '태양이 아니라 지구가 회전한다'라는 새로운 발견에 의해 붕괴했듯이, 이렇게 '통일된 마르크스의 사유체계'를 가정하는 사람들의 가정 역시 마르크스의 이론적 발견들이 자신들이 믿고 있던 마르크스의 형상과 다를 경우 급속하게 붕괴할 수밖에 없을지도 모른다.

이 장에서 살펴본 마르크스의 가치형식 분석은 분명 그런 붕괴를 예고하는 하나의 장소를 제공한다. 상품이 그 자체로 이미 가치를 '포함'하고 있으며, 이 가치는 투하된 노동시간에 의해 결정된다고 믿는 정설 마르크스주의자들과는 달리, 가치형식 분석에 대한 엄밀한 독해 속에서 우리는 마르크스가 가치법칙에 대한 이러한 이해를 오히려 물신주의적 의식으로 고찰했음을 알게 된다.『자본론』의 서술구조가 역사의 진행과정에 상응하며, 따라서 상품장이 화폐 도입 이전의 전자본주의 시대에 대한 서술이라는 논리–역사학파의 전통적 해석과 달리, 마르크스는 분명 상품을 자본주의 사회의 복잡한 전체 구조의 기초적 형태를 담고 있는 '세포 형식'으로 규정했으며, 상품의 가치와 교환가치를 그것의 추상화된 시공간에서의 논리적, 형식적 분석 속에서, 즉 가치형식의 전개과정이라는 변증법적 서술과정 속에서 고찰했다.

    이러한 설명은 이미 정설 마르크스주의적 가정들과 충돌하며, 그들이 가지고 있는 통일적 마르크스의 체계라는 전제를 붕괴시킨다. 그러나 하나의 통일된 마르크스의 사유체계가 존재하지 않는다는 것은 슬퍼할 일이 아니다. 어쩌면 하나의 마르크스가 존재하지 않는다는 바로 그 이유에서, 오늘날 마르크스의 이론을 더 넓은 맥락에서 재해석하고, 그것의 현재성을 밝혀낼 수 있는 가능성들이 남아있는 것인지도 모른다. 우리는 그러한 가능성을 발견하기 위해 여전히 마르크스를 읽어야 한다.

참고문헌

한상원. 2019. "맑스의 가치형식 분석과 그 비판적 방법론 - 네 가지 서술단계에 대한 문헌적 검토를 중심으로 -."『시대와 철학』30(4): 7-53.

Adorno, Theodor W. 1997. *Zu Subjekt und Objekt*. Gesammelte Schriften 10.2. Frankfurt/M.

Arndt, Andreas. 1985. *Karl Marx. Versuch über den Zusammenhang seiner Theorie*. Bochum.

Backhaus, Hans-Georg. 1997. *Dialektik der Wertform. Untersuchungen zur Marxschen Ökonomiekritik*. Freiburg.

Hegel, G. W. F. 1986. *Grundlinien der Philosophie des Rechts*. Werke in 20 Bänden Bd. 7, Frankfurt/M.

Heinrich, Michael. 2006. *Wissenschaft vom Wert. Die Marxsche Kritik der politischen Ökonomie zwischen wissenschaftlicher Revolution und klassischer Tradition*. Münster.

Iber, Chris. 2005. *Grundzüge der Marx'schen Kapitalismustheorie*. Berlin.

Postone, Moishe. 1993. *Time, labor and social domination. A Reinterpretation of Marx's critical theory*. Cambridge University Press.

Reichelt, Helmut. 2006. *Zur logischen Struktur des Kapitalbegriffs bei Karl Marx*. Freiburg.

Marx, Karl. 1976; 1981. *Grundrisse der Kritik der politischen Ökonomie*. Marx-Engels-Gesamtausgabe(MEGA) II.1.1, 1.2. Berlin.

Marx, Karl. *Zur Kritik der politischen Ökonomie*. MEGA II.2.

Marx, Karl. *Das Kapital. Kritik der politischen Ökonomie. Erster Band(Erste Auflage)*. MEGA II.5.

Marx, Karl. *Das Kapital. Kritik der politischen Ökonomie. Erster Band(Zweite Auflage)*. MEGA II.6.

Marx, Karl. Marx-Engels-Werke(MEW) Bd. 32, Berlin.

제4장

지젝의 자본주의 비판과 포스트자본주의관

김현강(뒤셀도르프대학교 디자인철학 및 미학 교수)

1. 들어가는 말

슬라보예 지젝(Slavoj Žižek)은 슬로베니아의 철학자로 우리 시대의 가장 중요하고 생산적인 철학자 중 한 명이다. 그는 독일 관념론 철학을 칼 마르크스 철학과 자크 라캉의 정신분석학과 연결한다. 이 장은 지젝의 자본주의 비판과 포스트자본주의관을 고찰해 보고자 한다. 지젝은 다수의 저서에서 자본주의를 근본적으로 비판한다. 그리고 또한 그는 우리 시대가 유토피아가 없는 시대, 유토피아의 종말 이후의 실용주의적 행정의 시대로 간주된다는 점을 비판한다. 그에 따르면 유토피아는 존재하지 않는 이상 사회에 대한 관념이 아니라 기존 사회에서는 불가능한 것처럼 보이는 유토피아적 공간을 실제로 건설하는데 있다. 그리고 이러한 유토피아의 모범적 실례는 레닌주의의 유토피아이다. 이러한 논의를 통해 지젝은 자본주의 비판을 새로운 유토피아의 건설 또는 포스트자본주의적 사회의 건설을 위한 비전과 연관시킨다. 지젝이 글로벌 자본주의의 대안으로서 내세우는 것은 자유민주주의도 사회주의도 아닌, 마르크스주의적 공산주의 사회이다. 그는 마르크스처럼 포스트자본주의 사회로의 전환 과정에서 프롤레타리아트의 독재를 거치는 것이 필수적이라고 본다. 포스트자본주의 사회로의 전환과정에서 결정적인 역할을 하는 것은 주체이다. 지젝 철학의 가장 큰 공헌 중의 하나는 포스트구조주의에서 소멸된 주체 개념을 다시 복권시킨 것이라고 할 수 있다. 실재 개념에 기반한 그의 변증법적 유물론에 따르면 주체 없이 객관적인 현실은 존재하지 않는다. 주체는 현실의 부분으로서 구성적인 성격을 띤다. 객관적인 현실 대신 주체의 보충을 통해서만 고유한 동일성에 이르는, 자기 자신으로부터 소외된 현실이 있을 뿐이다. 그러므로 이 장에서는 지젝의 포스트자본주의관을 그의 주체 개념 및 실재 개념과 연관시켜 고찰하고자 한다.

2. 유토피아 개념

지젝은 『윤리적인 것의 정치적 중지』에서 최근 잊혀진 개념인 유토피아 개념을 다룬다. 1990년은 통상 공산주의가 붕괴한 해일 뿐만 아니라 정치적 유토피아가 붕괴한 해로 간주되며, 따라서 그 이후의 시기는 "유토피아 이후 실용주의적 행정의 시대"(Žižek, 2005: 198)로 간주된다. 지젝에 의하면 "이른바 유토피아의 붕괴 이후 10년 동안 마지막 위대한 유토피아, 즉 '역사의 종말'로서의 글로벌 자본주의 자유민주주의의 유토피아가 통치했고, 2001년 9월 11일은 이 유토피아의 종말이자 베를린 장벽 붕괴 이후 새로운 갈등의 장벽이라는 실제 역사로 돌아간 날"이다(Žižek, 2005: 198).

지젝의 관점에서 볼 때, 유토피아에 대한 지배적인 견해는 유토피아의 진정한 핵심을 놓치고 있다. 따라서 그는 다른 개념의 유토피아를 주장하고자 한다. 지젝은 이렇게 말한다.

> 유토피아의 핵심은 불가능한 이상 사회라는 개념과는 아무런 관련이 없다. 유토피아의 특징은 오히려 기존의 매개변수, 즉 기존 사회에서 '가능한' 것으로 보이는 매개변수를 벗어난 사회적 공간인 유토피아 공간을(말 그대로) 건설하는 것이다. '유토피아'는 가능한 것의 좌표를 바꾸는 제스처이다 (Žižek, 2005: 198-199).

지젝에게 레닌주의 유토피아는 이러한 유토피아의 탁월한 예이다. 레닌에게 1917년 10월 혁명은 먼 미래에 대한 이론적 청사진이 아니라 "가장 시급한 문제"(Žižek, 2005: 199)였다. 따라서 레닌주의 유토피아는 합리적 계획과 건설과는 무관한 "광기"를 상징하는 반면, 스탈린주의는 "현실적인 '상식'으로의 회귀"를 의미한다(Žižek, 2005: 199). "순간의 중동"(Žižek, 2005: 199)을 특징으로 하는 진정한 유토피아는 결과적으로 미래에 대한 투기적 설계와는 다르다. 지젝에게 유토피아는 결코 현실과 반대되는 이상 사회의 꿈이 아니라, "'가능한 것'의 한계 내에서 더 이상 지속할 수 없을 때, 생존을 위해 우리가 추진하는 가장 긴급한 문제"(Žižek, 2005: 199)이다. 따라서 플라톤의 『국가』부터 토마스 모어의 『유토피아』에 이르기까지 유토피아 문학에서 제시된 유토피아적 이념은 그러한 유토피아의 실현이 의도된 것이 아니라 단순한 투사에 머물러 있기 때문에 진정한 유토피아와 엄격히 구별되어야 한다. 나아가 지젝의 유토피아는 유토피아적 쾌락을 불러일으키는 새로운 유토피아적 재화를 끊임없이 생산하는 "자본주의의 유토피아적 실천"과도 구별된다(Žižek,

2005: 200).

지젝은 탈유토피아적 사회에서 새로운 유토피아를 구현하는 데 관심을 기울인다. 그의 유토피아는 계획할 수 있고 상상할 수 있는 것 너머에 있지만, 결코 불가능한 것은 아니다. 그것은 오히려 이성이 불가능으로만 보는 바로 그 지점에서 가능한 것을 발견하거나 창조할 수 있다. 지젝이 이성을 넘어선 유토피아가 통제되지 않는 충동 또는 광기와 연결되어 있음을 인식한 레닌으로 돌아가고자 하는 이유가 바로 여기에 있다. 따라서 지젝에게 실재의 차원은 레닌주의 유토피아에서 분명하게 나타난다. 그러나 이성의 경계를 넘어서는 유토피아의 위치와 정치적 행동의 우연성에 대한 지젝의 가정은 모든 합리적 논증을 넘어 비합리적이 될 위험 등 심각한 문제를 내포하고 있다(O'Connor, 2004: 51). 그러나 지젝 자신은 자신의 이론에 내포된 이러한 위험을 유토피아의 가능성에 대해 지불해야 할 대가로 받아들인다. 그에 따르면, 모든 존재론은 불완전하기 때문에 유토피아적 미래의 구체적인 모습을 아는 것은 애초부터 불가능하다. 『관문에서의 혁명』에서 지젝은 다음과 같이 말한다.

> 진정한 혁명적 돌파구에서 유토피아적 미래는 단순히 완전히 실현되어 존재하는 것도 아니고, 현재의 폭력을 정당화하는 먼 약속을 단지 환기시키는 것도 아니다. 오히려 그것은 시간성의 독특한 정지, 즉 현재와 미래 사이의 단락에서 마치 은혜에 의해 유토피아적 미래가(아직 완전히 여기에 있지는 않지만) 이미 가까이에 있는 것처럼, 포착할 수 있는 것처럼 우리가 잠시 행동하도록 허용되는 것과 같다. 혁명은 미래 세대의 행복과 자유를 위해 우리가 감내해야 하는 현재의 고난이 아니라, 미래의 행복과 자유가 이미 그림자를 드리우고 있는 현재의 고난으로 경험되며, 그 안에서 우리는 자유를 위해 투쟁하며 이미 자

유롭고, 아무리 어려운 상황에서도 행복을 위해 투쟁하며 이미 행복하다. 혁명은 현재 행위의 장기적 결과에 의해 정당화되거나 정당화되지 않기 위해 미래완료에서 정지된 행위인 메를로-퐁티적 내기가 아니라, 그 자체 자신의 존재론적 증거이며 그 자체의 진리에 대한 즉각적인 지표이다(Žižek, 2004: 259-260).

물론 유토피아적 미래는 혁명적 혁신의 순간에도 완전히 실현될 수는 없다. 그럼에도 불구하고 그것은 "먼 약속"도 아니고 먼 미래에나 가능할 영원한 도래 과정의 행위도 아니다. 그것은 오히려 "현재와 미래 사이의 단락"에서 가시화될 수 있다. 미래는 우리가 예측할 수도, 초래할 수도 없는 심연이다. 그럼에도 불구하고 지젝에 따르면 우리는 자유와 행복을 위해 싸운다면 유토피아적 미래의 일부가 될 수 있다. 지젝에게 행복을 위한 투쟁은 이미 행복의 일부, 즉 유토피아적 미래의 일부이다.

3. 자본주의 비판

지젝은 다수의 저서에서 자본주의를 근본적으로 비판한다. 2008년 글로벌 금융 위기 이후 자본주의에 대한 비판은 이론뿐만 아니라 정치적 실천까지 아우르는 지젝의 작업에서 필수적인 부분이 되었다. 『먼저 비극으로, 그 다음에는 희극으로』에서 지젝은 글로벌 자본주의의 유토피아가 두 번, 즉 처음에는 비극으로, 두 번째는 희극으로 죽었다고 지적한다(Žižek, 2009b). 지젝에 따르면 자본주의의 첫 번째(비극적) 죽음은 9/11 테러에서, 두 번째(희극적) 죽음은 2008년 금융 위기에서 일어났으며, 이로써 현대 자본주의의 이념인 자유민주주의의 환상은 죽었다는 것이다.

자유 민주주의를 대체할 수 있는 것은 그럼 무엇일까? 지젝의 대답은 좌파 사회주의도 우파 포퓰리즘도 아닌 공산주의라는 것이다.

지젝에 따르면 오늘날 글로벌 자본주의에는 생태적 파국의 위험, 지적 재산에 대한 사유재산 개념의 부적절성, 새로운 기술 과학 발전, 새로운 형태의 아파르트헤이트와 슬럼이라는 네 가지 중심 적대관계가 있다(Žižek, 2015: 83). 지젝에게 있어 배제된 자와 포함된 자를 구분하는 격차와 우리 사회의 공통된 실체를 나타내는 다른 세 가지 적대성 사이에는 질적인 차이가 있다(Žižek, 2015: 83). 마이클 하트와 안토니오 네그리는 이 세 가지 적대성을 "공유지(commons)"라고 부른다(Hardt/Negri, 2010). 그들이 언급하지 않은 것은 지젝에게 근본적인 네 번째 적대 관계, 즉 새로운 형태의 아파르트헤이트와 슬럼이다. 두 저자에 따르면 우선 언어, 커뮤니케이션, 교육 미디어, 대중교통, 전기, 우편 등의 공통 인프라를 포함하는 문화 공유지가 있다. 그리고 오염과 착취로 위협받는 외부 자연의 공유지와 새로운 유전공학의 결과로 인간 본성의 변화로 이어질 큰 위험에 처한 내부 자연의 공유지가 있다. 이러한 공유지를 보호해야 한다는 주장은 글로벌 자본주의가 제한 없이 계속 발전할 경우 인류 전체를 파괴할 수 있는 파괴적 잠재력을 가정하는 데 기초하고 있다. 지젝에게 있어 공유지에 대한 주장은 공산주의 사상의 부활을 정당화한다. 왜냐하면 그것은 공유지의 점진적인 봉쇄와 사유화가 자신의 실체로부터 제거되는 사람들의 프롤레타리아화 과정으로 드러나기 때문이다(Žižek, 2015: 84).

세 가지 적대가 "인류의 생존"에 관한 것이라면, 네 번째 적대는 "정의의 문제"를 제기한다(Žižek, 2015: 85). 지젝에게 있어 포함되는 자와 배제되는 자 사이의 네 번째 적대는 다른 적대의 기준점이 되기 때문에 가장 결정적인 적대이다. "그것이 없다면 생태학은 '지속 가능한 발전의 문제', 지적 재산은 '복잡한 법적 도전', 생물 유전학은 '윤리적 문제'가 되는 등 전복적인 날카로움을 잃게 되기"(Žižek, 2015: 84) 때문이다. 물론 환경에 대한 계급투쟁을 전제하지 않고도 지적 재산권과 유전자에 대한 저작권에 대해 열린 태도를 취하는 것은 가능하다. 그러나 지젝의 관점에서 볼 때 이런 방식으로는 진정한 보편성에 도달할 수 없다.

지젝에게 보편성을 달성하는 유일한 방법은 실체에서 주체로 전환하는 것이다. 고전적 마르크스주의는 "역사는 우리 편"이고 "우리를 위해 작동한다"고 믿었고, 따라서 프롤레타리아트는 보편적 해방이라는 미리 정해진 임무를 완수할 뿐이라고 믿었다. 그러나 오늘날 우리는 더 이상 역사의 예정된 발전을 믿을 수 없다. 우리의 역사 발전은 오히려 재앙으로 이어지는 것처럼 보인다. 지젝에 따르면, 혁명의 과제는 더 이상 "역사의 경향성이나 필연성을 현실로 가져오는 것이 아니라 인류 역사의 파국적 과정을 막는 것"(Žižek, 2009a: 319)이다. 지젝은 "순수한 자발성", 즉 "역사적 필연성에 맞서 행동하는 우리의 자유로운 결정"만이 이 파국을 막을 수 있다고 확신한다(Žižek, 2015: 86). 그래서 그는 계급투쟁을 다시 의제로 삼아야 한다고 주장한다.

그렇다면 어떤 주체가 문제인가? 또는 지젝은 주체를 어떻게 이해하는가?

4. 주체 개념

지젝은 『까다로운 주체(The ticklish subject)』에서 데카르트의 철학, 독일 관념론과 라캉의 정신분석학을 근거로 자신의 주체 개념을 발전시킨다. 그러나 그의 주체 개념은 계몽주의의 주체와는 아무 관련이 없다. 그의 관심사는 합리적인 주체의 복권이 아니라 현대적 주체와 포스트모던적 주체를 동시에 지양하는 것이다. 이를 위해 그는 독일 관념론의 주체 개념을 라캉의 정신분석학 개념과 연결시킨다. 그의 목표는 라캉을 통해 독일의 관념론을 현재화하는 것이다. 지젝은 "내 모든 작업의 핵심은 라캉을 독일 관념론에 반응하는 특권적 지적 도구로 사용하려는 노력"이라고 말한 바 있다(Wright, 1999: ix). 궁극적으로 지젝은 부정성에서 주체의 전복적 핵심을 찾고자 한다.

    지젝의 초기 철학에서 주체는 존재론적 틈으로 나타난다. 초기 지젝은 주체를 기표의 주체로 파악한다. 이것은 끝없는 기호의 고리가 작동하는 중심점이지만 자체는 항상 비어 있다. 지젝은 이후 주체에 새로운 차원을 추가한다. 주체는 이제 더 이상 존재의 질서에 새겨진 공허함을 의미하는 것이 아니라 "실재 보편적인 존재의 순서를 구성하는 우연적이고 과도한 제스처"를 의미한다(Žižek, 2001a: 219). 즉, 주체는 "존재론적 존재의 순서를 정확하게 유지하는 행위의 우연"이다(Žižek, 2001a: 219). 지젝의 후기 철학에서 주체는 행위와 직접적으로 관련된다. 지젝 또한 포스트구조주의처럼 주체를 타자에 의해 관통되는 탈중심화된 것으로 파악한다. 그러나 그에게 탈중심화된 주체는 동시에 행위의 심급이 될 수 있다. 그럼으로써 지젝은 현대적인 주체 개념으로 회귀하지 않고 포스트모더니즘의 철학을 넘어설 수 있는 행위의 주체에 대한 이론을 구성한다.

    지젝은 하이데거의 존재론, 프랑스의 포스트구조주의와 영미권의 문화 연구가 어떻게 주관성을 위기로 내몰았는지, 그리고 이와는 반대로 주관성 자체가 전복적인 핵심을 포함하고 있음을 보여준다. 그에 따르면 지배적인 철학적 담론에는 프로이트적 충동에 해당하는 차원이 빠져 있다. 지젝의 관심사는 이 충동의 차원을 주관성의 가장 중요한 핵심으로 삼는 것이다. 그러므로 현대 주관성의 위기에 대한 지젝의 답은 잃어버린 상징적 질서와 가부장적 권위를 회복시키는 데 있지 않다. 반대로, 그는 "상상을 흔드는 불가능의 차원을 다시 도입"하는 실재에 초점을 맞춘다(Žižek, 2001a: 522). 즉 "환상을('횡단하고') 방해하는 진정한 행위로 실재를 소개하는 것"이다(Žižek, 2001a: 522). 행위(act)는 그 상관성이 "분할된 주체"인 객체의 영역에 해당한다(Žižek, 2001a: 523). 그럼에도 불구하고 이 주체는 행위에 앞서 행위와 독립적으로 존재하는 행위의 주체로 이해해선 안된다. 이와 달리 주체는 행위가 일어나는 매체이다.

지젝은 데카르트의 주체(cogito)와 라캉의 주체 사이의 구조적 유사성을 강조한다. 이 둘은 자신의 동일성에서 물러섬으로써 비로소 나타나는 공허함의 구조적 기능을 구현한다. 그러므로 진정한 주체는 실재와의 외상적 만남을 통해서만 발생한다. 이데올로기적 주관화로 구성된 자기(self)와는 달리, 주체는 이데올로기에 대한 해방적 잠재력을 가지고 있다. 그러므로 지젝은 우리의 가장 내밀한 개인적인 경험이 해방적 잠재력을 포함한다고 주장한다. 근대의 주체는 통일된 자기 정체성에 기초하고 의식과 행농의 중심적 심급으로 기능하지만, 지젝의 주체는 포스트모더니즘의 주체처럼 실체가 결여되어 있다. 그러나 포스트모더니즘의 주체가 복수로 나타나는 것과는 대조적으로 지젝의 주체는 단수로 나타난다. 지젝의 주된 관심사는 주체를 단일 보편성(singular universality)과 자유 행위를 위한 심급으로 재건하는 것이다. 그럼에도 불구하고 주체는 자신의 행위의 주인이 아니라 정치적 행위가 이루어질 수 있는 매개체로 이해된다. 지젝은 다음과 같이 말한다. "행위에 상응하는 것은 분할된 주체이지만, 이 분할로 인해 행위가 항상 실패하고 변화된다는 의미는 아니다. 반대로, 행위를 결코 주관화할 수 없고 그것을 자신의 '고유한' 행위로 받아들 수 없으며 또한 스스로를 행위의 대리인-저자로 지칭할 수도 없는 그런 주체를 우연적-외상적으로 분할시키는 것이 행위이다"(Žižek, 2001a: 523).

지젝에 의하면 주체는 행위에 선행된 근거가 아니라 행위를 통해 추후에 자신을 구성한다. "행위에서 **주체는 자신의 고유한 근거로 스스로를 설정한다**"(Žižek, 2001a: 523). 그러므로 행위에는 주체의 의도로 행할 수 있는 것이 없다. 따라서 지젝은 셸링처럼 행위는 "근본적으로 우연적"(Žižek, 1996: 90)이라고 본다. 행위는 갑작스럽게 발생하고 행위자를 놀라게 하는 무엇이다. 역설적으로 행위에서 극도의 자유는 극도의 수동성과 결합한다. 행위자는 자신의 의식적 의지에 따라 이루어지지 않았거나 자신의 뜻을 넘어서는 것에 대해 전적으로 책임을 져야 한다. 지젝의 주체는 자유 선택과 강제 선택 사이에서 동요한다. 보다 자세히 말하자면, 주체의 자유는 역설적이게도 자유로운 선택을 인식하는데 있다기보다 주체가 하도록 강요된 것 안에 있다.

행위 개념에서 결정적인 것은 그것은 행동(activity)과는 관련이 없다는 것이다. 행위와 의지 사이에는 극복할 수 없는 격차가 있다. 행위는 의도적인 행동이 아니라 행위의 사건을 위한 주체의 자기 해체이다. 행위의 주체는 자기 자신으로부터 분리된 주체이다. 지젝은 이 분리된 주체의 탈중심적, 비의도적 특성을 강조하기 위해 그것을 "머리 없는"(Žižek, 2001a: 523) 주체라고 부른다.

> 이 행위는 행위의 담지자(행위자)를 근본적으로 변화시킨다는 점에서 적극적인 개입(행동)과 다르다. 행위는 단순히 내가 "성취"한 것이 아니다. 행위 후에는 문자 그대로 나는 "전과 같지 않다". 이런 의미에서, 우리는 주체가 "완수"했다기보다는 그 행위를 "수행"("통과")한다고 말할 수 있다. 여기서 그 주체는 소멸되고 연이어 다시 태어나거

나(또는 그렇지 않다), 즉 행위는 주체의 일시적 일식, 사라짐(aphanisis)
이다(Žižek, 2000: 44).

행위의 주체는 역설적이게도 주체의 완전한 부재와 일치한다. 행위의 주체는 의식적으로 행동하는 주체가 아니라 행위 자체이기 때문이다. 지젝은 "진정한 행위는 '행위의 정점'에 있는 어떤 … 대리인을 요구하지 않는다."고 말한다(Žižek, 2001a: 525). 주체는 행위의 장소일 뿐이다. 즉, 주체는 행위가 일어나는 곳이다.

행위의 주체는 따라서 행위의 산물이다. 그러나 구성된 주체는 동시에 단순히 구성된 것의 차원을 넘어서는 선험적 활동이다. 행위의 주체는 구성된 객관성일 뿐 아니라 또한 스스로를 구성하는 생산적 주관성이기도 하다. 그러므로 그것은 구성된 세계로 내던져진 동시에 구성되어질 세계를 구성하기도 한다. "주체의 내던져짐은 정확히 그의 자율성의 조건이다"(Žižek, 2016: 104). 주체의 자율성이라는 가능성의 조건은 현실 자체의 존재론적 상태에 있다. 즉, 존재의 순서가 불완전하기 때문에 새로운 생산을 작동시키는 수체를 필요로 한다. 그러므로 불완전한 존재의 질서가 새로운 사회 질서를 구성하는 새로운 주체를 영구히 생성시키는 것이다.

행위 개념과 관련하여 지젝의 견해는 칸트의 견해에 대립된다. 실재 개념에 대한 칸트의 위대한 업적에도 불구하고, 지젝은 행위에 관한 칸트의 철학의 문제점을 지적한다. 지젝에 따르면 칸트는 행위를 "주체화된" 것으로, 즉 의지에 의해 야기된 것으로 이해한다(Žižek, 2001a: 534). 그러므로 칸트는 진정한 행위에서 "극단적 자유"가 항상 "극단적 수동성"과 일치한다는 것을 인식하지 못했다. 반면, 라캉은 행위자가 자신의 행위를 완전히 이해할 수는 없다고 말한다. 라캉에 따르면 행위는 주체의 의식적 의지에 의존하지 않는다. 이와는 반대로, 행위는 "우리의 삶을 뒤흔드는 신비한 사건으로, 완전히 예측할 수 없는 우연으로" 일어난다 (Žižek, 2001a: 526).

지젝에 따르면 행위는 상징적 현실의 불일치에서 비롯된다. 그러므로 행위는 상징계가 아니라 단지 그것 자체에 기반한다. 행위는 실재에 참여한다. 실재의 부정성에 머무름으로써, 주체는 자신의 실체를 잃고 상징적 질서를 지지하는 환상을 가로지른다. 지젝의 경우, 이 행위는 "상징적인 자살"을 의미하거나 상징적 현실에서 탈퇴하는 것을 의미한다. 그것은 궁극적으로 우리에게 절대 자유의 영점에서 새로 시작할 수 있는 기회를 제공한다(Žižek, 1991: 43). 지젝은 하이데거주의자로서 철학계에 들어섰지만 자유의 새로운 공식으로서 진정한 행위의 개념을 도입함으로써 하이데거적 현상학에서 완전히 벗어난다. 토마스 브로클맨(Thomas R. Brockelman)은 이러한 맥락에서 다음과 같이 말한다. "어떤 의미에서 지젝의 입장은 그러한 수동적이고 실질적인(하이데거적) 자유 이념에 대한 비판을 나타낸다. 그는 자유의 문제를 모험 또는 개방성의 문제로 재정의한다"(Brockelman, 2004: 161).

지젝에게 행위 개념은 우리 시대의 가장 시급한 주제이다. 지젝에게 행위는 우리의 현실과 불가분의 관계가 있으며, 처음부터 불확실성, 결핍 또는 격차를 포함하며 현실 자체의 존재론적 불완전성에 기반한다(Žižek, 2001b: 174). 지젝은 행위를 "무에서의 개입(intervention ex nihilo)"(Žižek, 2001b: 178)으로 본다. 행위를 무에서 창조한 창조적이고 혁명적인 것으로 파악하기 때문이다. "진정한 행위는 주어진 틀 내에서 작동할뿐만 아니라 좌표를 방해하여 틀을 가시화하는 개입이다"(Žižek, 2009a: 214). 행위는 현실에서 결함을 가시화하고 하고 현실 자체의 개입으로서 기능한다.

주체에 대한 지젝의 철학적 관심은 그의 정치적 관심과 불가분의 관계에 있다. 지젝 철학의 중심 문제는 해방적 정치의 가능성이다. 따라서 지젝은 주체의 격차를 진정한 행위의 가능성과 연관시킨다. 지젝에게 진정한 행위의 목표는 실패이며, 이는 다시금 진정한 자유로 인식될 수 있다. 자유는 "다름 아닌 현상적 현실 내부의 균열"이며, "현상적 현실 내부에서 나타나는 다른 차원의 예감"이다(Žižek, 2001a: 119). 궁극적으로, 자유로운 행위는 "자신 내부에서 스스로를 근거짓고 이전의 인과율 네트워크의 영향으로 설명될 수 없는" 행동이다(Žižek, 2016: 38). 지젝의 철학에서 자유가 뜻하는 것은 "자연적 인과성이 존재하는 모든 것을 다루지 않고 현상적 현실만을 다루며, 자유의 대리자인 선험적 주체가 현상적 실재(entity)로 제한될 수 없다는 사실이다. 그러므로 현상적 현실은 불완전하며 전체가 아니다"(Žižek, 2016: 38). 지젝에게 존재 내지 상징적 질서는 긍정적인 존재론적 질서를 의미하는 것이 아니라 내재된 불일치와 불완전성으로 인해 항상 외부로 열려 있는 부정성을 의미한다. 그러므로 존재 질서는 공허 또는 미래의 변화를 위해 항상 열려 있는 개방된 장소이나. 존재는 사선을 위한 상소인 것이다.

5. 프롤레타리아트 독재

지젝은 글로벌 위기에 직면한 자본주의의 종말을 예언한 후 다음과 같은 질문을 던진다. 지금 필요한 것은 무엇인가? 우리는 무엇을 해야 할까? 진정한 해방은 진리가 '살아 있을 때' 비로소 가능하다. 그러나 지젝이 말하는 진리란 객관적인 진리가 아니라 개인의 주관적 상태에 대한 반성적 진리를 의미한다. 따라서 진리는 객관적인 확실성이 아니라 "참여적 진리"이다(Žižek, 2010: xiii). 지식과 달리 진리는 진리를 위한 투쟁에 참여한 사람만이 인식할 수 있다. 그것은 믿는 자의 시선을 통해서만 인식될 수 있다. 이런 점에서 진리는 사랑과 유사하다. 우리가 적극적으로 참여하지 않는다면 "상황에 대한 단순한 설명은 모든 정확성을 가지고 해방의 효과를 만들어내는 데에 실패한다"(Žižek, 2010: xiv). "모든 '객관적' 사회적 사실은 이미 투쟁하는 주체에 의해 '매개'되어 있다"(Žižek, 2010: 182). 따라서 진리는 오직 진리를 위한 투쟁을 통해서만 발생한다. 그러므로 "혁명을 가능하게 하기 위해 '성숙한' 객관적 조건을 기다릴 필요는 없다. 그 조건은 정치적 투쟁 자체를 통해 '성숙'하게 된다"(Žižek, 2010: 182).

자본주의는 일반적으로 자유민주주의 정치와 연결되어 있기 때문에 지젝의 자본주의 비판에는 민주주의에 대한 비판도 포함되어 있다. 그는 이렇게 말한다. "민주주의에서 정치적 분쟁은 결코 근본적인 적대의 단계에 이르지 않으며, 모든 적대는 민주주의 형식에 의해 규제될 수 있는 고뇌로 전환된다. 급진적 정치의 문제는 근본적인 적대를 … 민주주의 영역에 어떻게 다시 도입할 것인가 하는 것이다. 그 답은 '프롤레타리아트의 독재'를 통해서이다"(Žižek, 2012: 127). 지젝에게 민주주의의 대안은 프롤레타리아트 독재이다. 그에게 프롤레타리아트는 전체성에서 배제된 예외를 의미하며, 그 자체 보편성을 구현한다. 그것은 "몫 없는 자들의 몫"(Rancière, 2002: 29)이다. 그것은 전체성의 실재를 나타내기 때문에 그것과의 동일시를 통해서만 진리에 도달할 수 있다. 지젝에 따르면, 이처럼 사회의 일부를 전체와 동일시하는 것은 정치화의 기본 제스처이다.

그러나 '독재'라는 용어는 여기에서 민주주의의 반대 개념이 아니라 민주주의의 기본 운영 방식 그 자체라고 이해되어야 한다(Žižek, 2009a: 240). 마르크스주의 이론에 따르면 국가 권력의 전 영역이 독재이기 때문에 프롤레타리아트 독재는 처음부터 다른 형태의 독재의 반대이다. 여기서 지젝은 민주주의도 독재의 한 형태로 이해한다. 민주주의는 구성적 폭력을 제거할 수 있지만, 그럼에도 그것은 구성적 폭력에 영구적으로 의존하고 있기 때문이다(Žižek, 2009a: 241). 지젝은 이렇게 말한다. "'독재'라는 용어는 정치적 공간에서의 헤게모니적 역할을, '프롤레타리아트'라는 용어는 사회적 공간에 속하지 않는 사람들, 즉 '몫 없는 자들의 몫'을 가리킨다"(Žižek, 2009a: 243). 그럼에도 불구하고 프롤레타리아트는 단순히 사회의 일반적 이익을 직접적으로 대변한다는 의미에서 "보편적 계급"으로 이해될 수는 없다. 오히려 프롤레타리아는 그 부정적인 특성, 즉 더 이상의 지배 계급으로 조직될 수 없는 "구조적 무능"을 통해 구체적인 보편성을 구현한다. 그것은 그것의 반대편을 폐지함으로써 스스로를 폐지하는 유일한 계급이다(Žižek, 2009a: 243).

지젝에 따르면, 진정한 해방 정치는 "이성의 공적 사용"이라는 보편성과 "몫 없는 자들의 몫"이라는 보편성 사이의 단락에서 발생한다(Žižek, 2009a: 272). 이것은 "철학의 보편성과 프롤레타리아트의 보편성의 결합"이라는 공산주의의 꿈에 해당한다(Žižek, 2009a: 272). 지젝에 따르면 '몫 없는 자들의 몫'과 동일시하는 데 있어서의 과제는 "이 인물 속에서 우리를 인식하는 것, 우리 모두는 말하자면 우리의 상징적 실체뿐만 아니라 자연으로부터도 배제된 존재라는 것을 인식하는 것"(Žižek, 2009a: 273)이다. 이것은 프롤레타리아트와의 동일시 제스처이다. 따라서 "우리는 민중이다"라고 말하는 대신 "우리는 배제된 자들이다"라고 말해야 한다.

여기서 지젝에게 결정적인 것은 프롤레타리아트와 민중 사이의 대립이다. 이 대립은 '참' 보편성과 '거짓' 보편성 사이의 대립에 해당한다. 지젝은 "민중은 포용적이고 프롤레타리아트는 배타적이며, 민중은 침략자, 기생충 및 완전한 자기 주장을 방해하는 모든 것에 맞서 싸우고, 프롤레타리아트는 내면에서 민중을 분열시키는 투쟁을 주도한다"(Žižek, 2009a: 244)고 말한다. "민중은 스스로를 주장하기를 원하고 프롤레타리아트는 스스로를 폐지하기를 원한다"(Žižek, 2009a: 244). 지젝에 따르면 "민주주의에서 주권 권력의 궁극적 원천인 '민중' 자체는 실체적 단위로 존재하지 않는다"(Žižek, 2009a: 248). 민주주의의 민중 개념은 경계를 표시하는 기능만 하는 부정적인 개념이며, 오히려 어떤 행위자가 완전한 주권을 가지고 통치하는 것을 금지한다. 민중이 존재한다는 단순한 주장은 전체주의의 기본 공리이며, 전체주의는 마치 민중과 그들의 진정한 의지를 직접 구현하는 것처럼 행동한다(Žižek, 2009a: 248).

지젝에게 프롤레타리아는 사회 내의 한 계급을 의미하는 것이 아니라 글로벌 자본주의에서 배제된 사람들을 의미한다. 그에게 모든 해방 투쟁은 하나의 동일한 보편적 투쟁에 속한다. 모든 해방 투쟁은 "착취당하고 억압받는 자들의 전 지구적 연대"(Žižek, 2015: 89)에 기초하여 주도되어야 한다. 지젝은 "어쩌면 그러한 글로벌 연대는 유토피아인지도 모른다. 그러나 우리가 아무것도 하지 않는다면 우리는 정말 길을 잃은 것이며, 길을 잃을 만하다"(Žižek, 2015: 89)고 말한다.

6. 실재 개념

지젝의 사상에서 프롤레타리아의 독재를 정당화하는 것은 그의 실재 개념이다. 지젝은 상징적 현실의 빈틈인 실재에 주목하고 그것을 주체의 자유 가능성과 새로운 질서의 입안에 대한 조건으로 해석한다. 지젝에 따르면 상징적 질서는 실재의 근원적 억압을 통해 구성된다. 그러나 억압된 현실은 사라지지 않고 적대의 형태로 회귀한다. 실재는 상징적 질서의 구성을 위해 필수적이지만, 다른 한편 일관된 전체를 형성하는 것을 저지한다. 지젝의 보편성은 특정 형태나 특정 내용이 아니라 상징적 질서를 불완전하고 일관성이 없게 만드는 실재의 부정성이다. 그러므로 지젝에게 보편성은 개념이 아니라 개념에 대한 투쟁과 관련이 있다. 또한 보편성은 상징계가 아니라 실재계에 속한다. 역설적이게도 그것은 특이성과 연결된다. 지젝에 따르면 보편성은 항상 특이하고 구체적이다. 지젝의 철학에서 이러한 구체적 보편성의 개념은 프롤레타리아가 배제된 것을 구현하기 때문에 프롤레타리아의 독재를 궁극적으로 정당화한다. 그러므로 지젝에게 프롤레타리아와의 동일시는 진리와의 동일시이다. 지젝은 포스트구조주의자들과는 달리 진리 개념을 주장한다. 지젝에게 진리의 장소는 이론이 아니라 실천에 있다. 지젝은 진리가 바깥에 놓여 있다고 강조한다. "진리는 다른 어딘가에 있는 것이 아니라 실천 자체에 있다"(Žižek, 2015: 16).

지젝은 라캉의 실재 개념을 자신의 주요 개념으로 삼기 때문에 "실재의 철학자"로 불린다. 그는 상상계, 상징계, 실재계로 구성된 라캉의 삼원론 중 실재계의 중요성을 강조한다. 지젝에 따르면, 실재(the real)는 언어적이고 상징적으로 구축된 현실(reality)과 반대된다. 실재는 현실의 상징적 구성에서 제외된 잉여이다. 그럼에도 실재는 현실 너머에 있지 않고, 그 안에 있다. 그리고 현실의 배제를 통한 포용이라는 역설적인 구조를 갖는다. 그것은 현상을 넘어선 존재와는 아무 상관이 없으며, 단지 현상과 존재를 구별하는 장소를 뜻한다. 그것은 현상과 존재, 존재와 무 사이에 놓여 있으며, 현상의 내부에서만 나타난다. 그것은 현상이 자기 자신으로부터 분리되는 장소, 즉 현상의 자기배가이다.

라캉의 정신분석학은 상상계, 상징계, 실재계라는 삼원론에 기초한다. 이 모델은 인간 주체에 결정적인 영향을 미치는 세 가지 존재질서에 대해 설명한다. 상상에 관한 이론은 1936년 거울 단계에 대한 라캉의 연구에서 처음 나타난다. 50년대 초 이후 라캉의 정신분석학에서 중심적인 역할을 해왔던 상징 이론은 언어를 가장 중요한 대상으로 지정한다. 실재는 1953년에서야 등장한 라캉의 후기 사상이다. 이로써 이 세 가지 원칙이 라캉의 정신분석 발달 단계에 연대순으로 상응한다고 볼 수 있다.

초기 라캉은 하이데거 철학의 결정적인 영향 하에 이론을 발전시킨다. 그는 정신분석학을 해석학적 과학으로 파악해 외상성 증상을 의미 수준에서 가시화하는 것을 목표로 삼는다. 이에 따르면 정신분석학은 의미의 과학이다. 이 단계에서 라캉은 외상성 증상을 표현하거나 발화함으로써 주체가 치료될 수 있다고 가정한다. 이 단계에서 주체는 세계 내지 타자에 속한다. 왜냐하면 주체는 근원적이지도 실질적이지도 않지만 타자와의 동일화를 통해 비로소 추후에 구성되기 때문이다.

중기 라캉은 상징적 구조가 중심이 되는 구조주의자이다. 그는 이제 의식적으로 자신의 이전 이론과 거리를 두고 상상을 대상으로 하는 상상의 과학으로서 현상학을 비난한다. 따라서 현상학은 현상적 의미 효과의 구조적 메커니즘을 밝히고 상징의 전체 차원을 설명할 수 없다. 이러한 이유로 라캉은 현상학에서 멀어지고 상징주의를 구조주의적으로 분석하는데 집중한다.

후기 라캉은 그의 이론 구조물에서 실재에 중심적 위상을 제공한다. 이제 상상은 더 이상 상징 체계를 상상적으로 채우는 것이 아니라 실재의 틈을 채우는 것을 뜻한다. 여기서 현상학은 실재가 상상적 구성을 통해 어떻게 상징적으로 표명되는지에 대한 방법을 기술하는 학문으로 새롭게 대두된다. 그러나 초기 라캉이 해석학적 현상학을 다루는 데 비해, 후기 라캉은 "급진적으로 비해석학적인 현상학"을 옹호한다(Žižek, 1998: 93).

알려져 있다시피 라캉은 거울 단계에 대한 연구를 바탕으로 상상 이론을 발전시켰으며, 그 발견은 초기 라캉의 주요 성과 중 하나로 간주된다. 거울 단계 이론의 출발점은 인간이 다른 포유류와 달리 생물학적으로 미숙한 상태에서 태어난다는 사실이다. 부모의 보살핌 없이는 인간 아기가 혼자 생존하는 것이 불가능하다. 육체적으로 불완전한 아기는 자기 몸의 주인으로 발전해야 한다. 이 일은 거울 단계의 발전 단계에서 발생하며, 생후 6개월부터 18개월의 기간이 이에 해당한다. 생의 초기 단계에서 유아는 거울 이미지 또는 외부의 다른 이미지로 자신을 식별하기 시작한다. 아직 자신의 몸을 전체로 파악하거나 완전히 제어할 수는 없지만 거울 이미지는 완벽한 전체로 나타난다. 유아는 이 완전한 이미지와 동일시함으로써 자신의 몸을 통제할 수 있다. 라캉은 이 식별이 이루어지는 영역을 상상계라고 부른다. 따라서 자아는 이상적인 이미지와의 동일화를 통해 상상 속에서 스스로를 구성한다.

1950년대 초부터 라캉은 상징의 중심 기능을 강조하기 시작한다. 그는 상징계라는 용어를 사용하여 출생부터 죽음에 이르도록 사람들을 규정하는 사회 언어적 구조를 설명한다. 초기 단계에서 라캉은 주체성을 형성하는데 이미지와의 상상적 동일시가 중심이 된다고 파악한다. 그러나 중기에 이르러 그는 상징으로 관심을 돌린다. 이제 그는 이전 단계의 이미지와의 동일시와는 다른 동일화가 일어난다는 점을 강조한다. 즉, 언어적 요소와의 상징적 동일화가 일어난다고 본 것이다. 아기는 아직 의미를 부여할 수 없는 단계이지만 부모의 발화된 말을 자기 지시적 발언으로 감지한다. 아기는 언어에 대한 이해가 부족하지만 이를 통해 정체성의 형성에 큰 영향을 미치는 과정에 진입하게 된다.

1953년부터 라캉은 상상계와 상징계에 실재계라는 3차 질서를 추가한다. 실재는 이제 상징화에서 벗어난 것, 즉 언어의 질서에서 제외되는 것을 뜻한다. 상상은 이미지의 영역으로 나타나고 상징은 의미의 질서와 관련이 있지만, 실재는 상징화의 좌초로 생겨난다. 실재는 상징적 질서 내에서 잉여로서 나타나기 때문이다. 상상과 상징 모두 의미 영역에 속한다. 양자 간의 차이는 상징은 언어적 상징을 통해 다양한 의미의 적용을 가능하게 하는 반면, 상상은 주체의 정체성 형성에 결정적인 역할을 하는 특정한 원초환상과 관련하여 제한된 의미의 적용만을 허용한다는 점에 있다. 주체는 자신의 고유한 욕구로 구성된 특정한 원초환상을 통해 자아 이미지를 구성하기 때문에, 상상 내부의 제한된 의미의 적용을 통해 자기정체성에 이른다. 실재는 이 두 가지 의미 질서, 즉 상상과 상징 모두에 대립한다. 그것은 상징화할 수 없는 부정성, 즉 상징화에서 제외된 잉여분이다.

이러한 라캉의 실재 개념에서 출발하며 지젝은 『시차(*Parallax*)』에서 실재를 시차 차이로 해석한다. 『시차』의 근거를 이루는 존재론적 견해는 현실이 불완전하다는 것이다. 순수한 동일성이 없기 때문에 현실은 변증법적이다. 반대로, 동일성은 항상 타자와 관련이 있다. 지젝에 따르면, 모든 동일성의 내부에 있는 타자가 객체 소문자 a이다. 이것은 그것 때문에 어떤 것도 자기 자신과 일치하지 않는 원인으로 작용한다. 시차 차이를 유발하는 것은 설명할 수 없는 X이다. 시차 격차를 유발하는 이 대상은 외부에 있지 않고 주체 자체에 있다. 서로 다른 물체들의 차이와 달리 시차는 순수한 차이이다. 시차는 "최소한의 차이"로 그 자체로 시각 또는 대상을 내부로부터 분리한다(Žižek, 2006: 22). 상징적 질서는 항상 주체의 개입을 알리는 사각 지대와 관련이 있다. 주체의 시선은 사각 지대의 형태로 항상 객체에 이미 새겨져 있다.

지젝에 따르면, 일관된 전체성 또는 완벽한 종합이 있다는 견해는 환상을 기반으로 한다. 모든 상징적 질서는 유한하고 불완전하며, 모든 것을 포괄하는 관점은 없다. 따라서 모든 것을 보고자 한다면 더 이상 아무것도 볼 수 없다. 상징적 질서의 이데올로기적 운영 방식은 현실의 불완전성을 은폐한다. 실재의 주체는 상징적 질서를 넘어서 이데올로기의 비판을 가능하게 한다. 시차에 대한 지젝의 관심은 주체가 자발적인 행동 가능성을 지니고 있기 때문에 이데올로기적으로 구성된 현실에 전적으로 영향을 받지는 않는다는 사실에 기인한다. 뇌 연구는 뇌의 구조가 조형성에 개방적이어서 형태변화에 유연하게 대처할 수 있다는 사실을 발견했다. 그러므로 우리의 정신은 단순히 세상을 반영할뿐만 아니라 변화시킨다고 볼 수 있다. 정신은 변형의 가능성과 새로운 입안 가능성을 통해 세계를 본다. 따라서 변형은 자체 변환이기도 하다. 존재론적 차이의 이유로서 시차적 틈은 상징적 현실의 경계이며, 동시에 새로운 현실의 입안 가능성이다.

시차란 관찰자가 자신의 위치를 움직일 때마다 물체의 위치도 따라서 변화하는 것을 뜻한다. 즉, 객체가 서로 다른 두 지점에서 관찰될 때 시차가 발생한다. 지젝에 따르면 이러한 물체의 변위는 주관적이 아니라 실재의 위상을 지니고 있다. 그러므로 시차는 "어떤 것을 자기 자신과 분리시키는 틈"이다(Žižek, 2006: 12). 그것은 "상위의 종합 내에서 변증법적으로 전달/지양될 수 없는 근본적인 이율배반"을 뜻한다(Žižek, 2006: 10). 그러나 지젝에 따르면, 시차적 틈의 개념은 변증법의 환원 불가능한 장애물이 아니라 변증법의 전복적 핵심에 대한 열쇠이다.

지젝에게 시차 차이의 올바른 이론적 이해는 변증법적 유물론의 복권을 향한 첫 단계이다(Žižek, 2006: 10). 지젝에 따르면 유물론은 "나 자신에 의해 구성된 이미지에 내가 포함된 성찰적 전환"에 기반하며, "내 이미지의 외부와 내부로 나 자신을 배가한다"(Žižek, 2006: 21). 그러므로 유물론은 "내가 보는 현실은 결코 '전체'가 아니라"는 것을 의미한다. 여기에는 내가 포함되는 것을 나타내는 사각 지대가 포함되어 있기 때문이다(Žižek, 2006: 21-22). 유물론은 "보편과 특수 사이의 차이를 특수화하는" 시도로 이해된다(Žižek, 2006: 11). 지젝에게 있어서 보편과 특수를 중재하는 유일한 방법은 둘 사이의 격차이다. 시차적 격차는 동일성을 내면에서부터 분해하는 실재이다. 그것은 서로 다른 전망 사이의 극복할 수 없는 대립을 체화한다. 그러므로 그것은 외부의 관점이 아니라 내부에서의 비판이 가능한 장소이며, 그 위치들 간의 순수한 구조적 차이이다.

지젝에 의하면 시차는 오늘날 양자 물리학, 신경 생물학, 정신분석학, 철학, 정치 등 수많은 이론 분야들에서 다양한 형태로 나타난다. 지젝은 시차적 격차가 철학, 자연과학 및 정치 담론을 내부로부터 어떻게 규정하는지를 보여준다. 시차적 격차로 인해 모든 개별 담론을 통합하는 일관된 존재론은 없다. 각 담화는 배제 및 포함이라는 내적 과정을 포함하며 과잉의 배제를 통해서만 구성된다. 따라서 각 시스템은 외부 요소에 의존한다. 지젝의 철학은 이 외부 요소, 즉 모든 전체성의 중심에 있는 부정성을 주제화하고 이를 죽음 본능과 연관시킨다.

시차는 "관찰자 위치의 변화를 통해 ... 객체의 명백한 변위"를 기술한다(Žižek, 2006: 21). 따라서 객체 자체의 존재론적 성향은 관점의 변화와 함께 변한다. "관점과 함께 변화하는 것은 바로 객체이다"(Farrán, 2009: 4). 실재는 서로 모순되는 상이한 두 가지 관점 사이의 시차로 나타난다. 서로 다른 두 관점 사이의 틈은 객체 자체의 실재이기 때문에 돌이킬 수 없다. 지젝에게 시차는 한편으로는 "결코 변증법적으로 더 높은 종합 내에서 '중재되거나' '폐기될' 수 없는 근본적 모순이다. 두 영역 사이에 공통된 언어, 공통된 토대가 부재하기 때문이다"(Žižek, 2006: 10). 하지만 다른 한편 시차는 단순히 "변증법에 대해 돌이킬 수 없는 장애물"을 나타내는 것이 아니라 오히려 "우리로 하여금 전복적 핵심을 인식하게 하는 … 열쇠"를 제공한다(Žižek, 2006: 10). 왜냐하면 그것은 우연적 수립의 결과로 나타나는 상징적 질서의 선험적 틀과 관련이 있기 때문이다. 렉스 버틀러(Rex Butler)에 의하면 "시차는 단순히 두 전망 사이를 이동하는 것이 아니라 무언가와 이 무언가를 상징적으로 등록되도록 하는 것 사이의 분리이다"(Butler, 2010: 11). 사회적 대립은 실재, 즉 상징적 질서의 선험적 틀로 기능하기 때문에 지젝의 시차 이론은 변증법적 유물론으로 이해될 수 있다.

지젝의 실재 개념은 두 가지 측면을 결합시킨다. 한편으로 지젝은 내부와 외부, 존재와 사건 사이의 구별을 옹호한다. 그에 따르면 사건은 존재 질서의 해방적 잠재력의 기초이다. 이 지점에서 지젝은 존재와 사건 사이에 극복할 수 없는 격차를 가정하는 바디우에 동의한다(Badiou, 2005). 그러나, 다른 한편으로 지젝은 다가오는 사건에 대한 절대적 수동성을 전제하는 바디우의 입장과 거리를 취한다. 이와 달리 지젝은 외부를 내부로 이동시킨다. 그에 따르면 실재의 예외적 사건의 장소는 상징적 질서 그 자체이다. 따라서 사회는 그 자체로 정치적 잠재력을 함축한다고 볼 수 있다.

지젝은 라캉에게서 실재에 대한 이중관점을 사물과 장막 또는 외부와 틈새라는 형태로 받아들이지만, 전자를 후자로 제한하거나 이 둘로부터 종합을 만들지는 않는다. 또한 라캉은 지젝에게 탈동일화의 계기로 주체를 이해하도록 이론적 토대를 제공한다. 라캉에 따르면 실재에 상응하는 것은 탈중심화된 주체이기 때문이다. 그럼에도 불구하고 지젝의 시차 개념은 라캉의 실재 개념과 차이를 보인다. 왜냐하면 라캉 자신은 모순적인 실재 개념을 메타적 차원에서 한편으로는 "사물"로, 다른 한편으로 "장애물"로 결합하려는 시도를 하지 않기 때문이다. 라캉의 실재 개념은 단지 환원할 수 없는 모순 자체의 구체화로 남는다. 반면에 지젝은 시차의 형태로서 환원할 수 없는 모순을 파악하려고 시도한다. 지젝은 시차의 개념을 사용하여 실재가 상징적 구성을 넘어 "실재적 구조"로 이해되는 것이 아니라 언제나 "왜상(anamorphosis)"[1]에 의해 왜곡된 것으로 파악된다는 것을 밝힌다. 왜냐하면 실재는 왜상을 통해서만 파악되기 때문이다. "실재적 구조에 대해 부족 구성원의 시각을 왜곡시키는 것은 사회적 대립의 외상적 핵심이다"(Žižek, 2006: 35). 지젝에 따르면 한 그룹의 관점과 다른 그룹의 관점을 분리하는 차이는 절대적이고 실재적이다. 그러므로 실재는 "사물"이면서 동시에 "장애물"(장막)이다. 그것은 단지 "첫번째 관점에서 두번째 관점으로의 관점 변화"일 뿐이다. 그러므로 실재의 지위는 "순전히 시차적"이고 "비-실질적"이다(Žižek, 2006: 36).

지젝은 실체적인 진리 개념에서 출발하지는 않지만, 여전히 진리의 개념에 기반하여 보편주의의 입장을 유지한다. 그는 "즉자"에서 "대자"로의 전환에서 진리를 찾는다. 즉, 진리는 즉자에서 대자로 관점의 변화가 일어났을 때 나타난다. 그것은 그 자체로 선험적인 것이 아니라, 시차적인 격차 그 자체이기 때문이다.

> 그것은 단순히 현상의 상호 작용이 아니라 실재이다. 그러나 실재는 접근할 수 없는 것이 아니라, 우리가 그것에 대한 접근을 거부하는 격차, 부분적 관점을 통해 인지된 대상에 대한 우리의 인식을 왜곡시키는 길항 작용의 "바위"이다. "진실"은 사물의 "실재" 상태, 즉 원근 왜곡이 없는 물체의 "직접적" 시각이 아니라, 원근 왜곡을 일으키는 길항 작용의 실재이다. 진리의 장소는 원근 왜곡을 넘어서 "사물이

---

[1] "왜상"은 라캉의 정신분석학에서 등장하는 개념으로 특정 관점에서 또는 특수한 거울을 통해서만 인식할 수 있는 이미지를 뜻한다.

어떻게 존재하는가"에 대한 방법이 아니라, 정확하게 차이, 한 관점을 다른 관점과 분리시키는 전환, 틈새(이 경우에는 사회적 적대), 두 가지 전망을 근본적으로 비교할 수 없는 관점이다. "불가능으로서의 실재"는 물체에 대한 "중립적" 비관점적 관점에 도달할 수 없는 원인이다. 진리는 있다. 모든 것이 상대적인 것은 아니다. 그러나 이 진리는 일방적인 관점에서의 부분적 견해에 의해 왜곡된 진실이 아니라 관점 왜곡 자체의 진리이다(Žižek, 2003: 78-79).

지젝에게는 객관적인 진리가 없다. 대신, "관점 왜곡 자체의 진리"가 있다. 그러므로 진리는 객관적이지 않고 재귀적이다. 절대적인 진리는 단지 "일방적인 관점에서의 부분적 견해"일 뿐이다. 다른 모든 관점을 포함하는 관점은 없다. 진리는 관점의 변화를 통해서만 보이기 때문에 관점 내부에서 나타나지 않는다. 요컨대 진리는 관점 내에서는 보이지 않으며 관점이 변경될 때만 나타난다. 그러나 진리는 단순히 다른 관점 간의 차이가 아니라 어떤 관점과 그것의 기반이 되는 틀 간의 최소 차이이다.

지젝이 실재를 진리의 장소로 설정하는 것은 지식과 진리 간의 라캉의 구분, 그리고 지식에는 존재질서의 불완전성 때문에 항상 빈틈이 있다는 사실에 기인한다. 라캉에게는 상징적인 질서에 '구멍'을 뚫어 지식의 한계를 나타내는 진리가 실재에 정주하기 때문이다. 그것은 이미 상징적인 질서에 현존하기 때문에 나타나는 것이 아니라 언어를 통해 표현되지 않는 어떤 것으로 제시된다. 그것은 지식에 대한 존재의 과도함이다. 그러나 그것은 말로 표현할 수 없거나 재현할 수 없는 신비한 것이 아니라 상징화를 피할 수 있는 범속한 실재이다. 진리의 근본적인 초과는 존재 질서의 불완전성에서 발견된다. 즉, 진리는 닫힌 전체로서 세계가 존재하지 않는 한 존재한다. 상징적 질서의 불완전성은 진리의 사건을 가능하게 하므로, 이것은 상징적 질서의 간극으로서 전체성의 불가능성과 연관된다. 존재와 사건, 상징과 실재는 이런 방식으로 밀접히 관련되어 있으며, 전자는 항상 후자의 조건이고 후자는 전자의 조건이다.

7. 나가는 말

지젝의 철학은 사회의 근본적인 변화를 가져오는 진정한 정치 행위의 가능성에 대한 구체적인 질문에서 출발한다. 따라서 그것은 물질적 기반의 근본적 변혁이라는 마르크스주의적 기획과 밀접하게 관련한다. 따라서 지젝의 작업에 대한 토니 마이어스의 다음과 같은 비판적 평가는 적절하다. "우리는 지젝의 작업 전체가 라캉 정신분석학, 헤겔 철학, 마르크스주의 정치경제학에 기반을 두고 있지만, 이 전체는 그 전체의 한 부분인 마르크스주의 정치경제학에서 의미의 지평(또는 봉합점)을 발견한다고 말할 수 있다. 다시 말해, 마르크스주의 정치경제학은(지젝의 저작에서) 전체의 다른 모든 요소를 넘쳐나거나 초과하는, 전체의 요소이다"(Myers, 2003: 82).

지젝 연구자들의 상당 부분은 초기의 지젝이 라클라우(Laclau)와 무페(Mouffe)의 급진적 민주주의 이론에 동조했기 때문에 포스트마르크스주의에 속하는 것으로 본다. 그러나 지젝은 포스트마르크스주의에는 하부 구조에 대한 강조가 빠져있기 때문에 그로부터 거리를 취한다. 따라서 지젝의 사상은 포스트마르크스주의보다 고전적 마르크스주의에 더 가깝다. 그는 정신분석학의 적절한 주체 모델로 마르크스주의를 보충하고 동시에 정신분석학을 사회 이론으로 확장시킨다. 그러므로 지젝에게서 마르크스주의와 정신분석학은 불가분의 관계에 있다. 지젝에 따르면, 마르크스주의와 정신분석학은 유물론적 세계를 변화시킨다는 공통된 목표를 가지고 있다. 양자 간의 차이점은 마르크스주의가 사회를 변화시키고자 하는 반면, 정신분석학은 주체를 변화시키고자 한다는 점에 있다.

지젝의 견해에 따르면 마르크스주의에는 개인에 대한 이론이 부족하고 정신분석학에는 사회 분석이 부족하다. 따라서 지젝은 마르크스주의를 정신분석학의 주체 모델로 보완하는 동시에 정신분석학을 사회 이론으로 확장한다. 그러므로 그의 철학은 사회에 대한 정신분석이자 동시에 혁명적 주체에 대한 이론이다. 한편으로 그는 정신분석학의 영향을 받아 실재와 주체 개념을 더욱 발전시킨다. 다른 한편으로 그는 마르크스주의를 참조한다. 지젝 철학의 이러한 특이한 조합은 마르크스주의자와 정신분석가 양쪽에서 심각한 비판을 받는다. 정신분석학자들이 정신분석학이 혁명 이론이라는 생각에 동의할 수 없는 것처럼, 마르크스주의자들은 주체가 부정적이라는 생각에 동의할 수 없다. 또한 그의 이론은 일관성이 부족하고 유토피아의 구체적인 형태에 대한 설명이 부족하다는 점 때문에 비판을 받기도 한다. 그래서 어떤 이들은 그의 이론이 사회적 처방으로 쓸모가 없다고 주장한다. 이러한 비판에는 일리가 있지만, 지젝의 관점에서 볼 때 유토피아적 미래에 대한 청사진을 그리는 것은 전혀 불가능하다. 그에게는 고전적 마르크스주의자들이 믿었던 것처럼 역사의 모든 것을 포괄하는 계획도, 예측 가능한 발전 단계도 존재하지 않기 때문이다. 그에 따르면 미래는 항상 부정적이고 상상할 수 없는 것으로 남아 있다. 그럼에도 불구하고 우리는 진리를 향한 투쟁을 통해 미래를 형성하는 데 참여할 수 있는 기회를 갖게 된다. 지젝의 목표는 투쟁하는 주체가 있는 한 진리는 실현될 수 있다는 것을 보여주는 것이다.

이상에서 살펴본 바와 같이 지젝은 자본주의 비판을 포스트자본주의적 사회의 건설을 위한 비전과 연관시킨다. 지젝이 글로벌 자본주의의 대안으로서 내세우는 것은 마르크스주의적 공산주의 사회이며, 또한 그는 마르크스처럼 포스트자본주의 사회로의 전환 과정에서 프롤레타리아트의 독재를 거치는 것이 필수적이라고 본다. 그리고 포스트자본주의 사회로의 전환과정에서 결정적인 역할을 하는 것은 주체이다. 지젝은 데카르트적 주체의 복권을 통해 탈중심화된 주체에 대한 포스트구조주의적 개념을 극복하려고 시도하지만, 근대적 주체 개념으로 되돌아가지는 않는다. 오히려 그의 목표는 코기토(cogito)의 "잊혀진 뒷면"을 밝히는 것이다(Žižek, 2001a: 8). 코기토의 잊혀진 뒷면은 광기, 무의식과 충동을 포함한다. 지젝에게 충동은 결코 동물적 본능이 아니라 생물학적, 경제적 이익 저편에 놓여있는 근본적인 부정성의 영역을 뜻한다. 지젝의 주체는 긍정적인 실체가 아니라 처음부터 분할되어 있고, 이데올로기적 주관화 과정과는 무관하다. 지젝이 주체의 부정성에 중점을 두는 까닭은 상징적 질서로 통합될 수 없는 해방의 잠재력이 그 안에 은닉되어 있다고 보기 때문이다. 궁극적으로 이러한 주체의 부정성은 배제된 자로서 구체적 보편성을 체화하는 프롤레타리아트로 나타난다.

참고문헌

Badiou, Alain. 2005. *Das Sein und das Ereignis*. Zürich: Diaphanes.

Brockelman, Thomas R. 2004. "Stolz und Phantasma: Heidegger gegen Žižek über Technik." in Vogt, Erik M. and Hugh Silverman (eds.). *Über Žižek. Perspektiven und Kritiken*. Wien: Turia + Kant.

Butler, Rex. 2010. "Thought is Grievance: on Žižek's Parallax." *International Journal of Žižek Studies* 4(1). http://Žižekstudies.org/index.php/ijzs/article/view/228/321.

Farrán, Roque. 2009. "The Concept of Political Subject. The Real, the Partial, the Non-All and Retroaction in Žižek, Laclau and Badiou." *International Journal of Žižek Studies* 3(3). http://Žižekstudies.org/index.php/ijzs/article/view/179/308.

Hardt, Michael and Antonio Negri. 2010. *Common Wealth. Das Ende des Eigentums*. Frankfurt a.M.: Campus.

Myers, Tony. 2003. *Slavoj Žižek*. London, New York: Routledge.

O'Connor, Tony. 2004. "Post-Politik: Kontingenz und Genealogie." in Vogt, Erik M. and Hugh Silverman(eds.). *Über Žižek. Perspektiven und Kritiken*. Wien: Turia + Kant.

Rancière, Jacques. 2002. *Das Unvernehmen. Politik und Philosophie*. Frankfurt a.M.: Suhrkamp.

Wright, Edmond and Elisabeth Wright(eds.). 1999. *The Žižek Reader*. Blackwell.

Žižek, Slavoj. 1991. *Looking Awry: An Introduction to Jacques Lacan through Popular Culture*. Cambridge, MA: MIT Press.

Žižek, Slavoj. 1996. *Die Metastasen des Genießens: sechs erotisch-politische Versuche*. Wien: Passagen.

Žižek, Slavoj. 1998. *Das Unbehagen im Subjekt*. Wien: Passagen.

Žižek, Slavoj. 2000. *Enjoy Your Symptom!: Jacques Lacan in Hollywood and*

Žižek, Slavoj. 2001a. *Die Tücke des Subjekts*. Frankfurt a.M.: Suhrkamp.

Žižek, Slavoj. 2001b. *Did Somebody Say Totalitarianism?: Four Interventions in the Misuse of a Notion*. London, New York: Verso.

Žižek, Slavoj. 2003. *Die Puppe und der Zwerg. Das Christentum zwischen Perversion und Subversion*. Frankfurt a.M.: Suhrkamp.

Žižek, Slavoj. 2004. *Revolution at the Gates. Zizek on Lenin, the 1917 Writings*. London, New York: Verso.

Žižek, Slavoj. 2005. *Die politische Suspension des Ethischen*. Frankfurt a.M.: Suhrkamp.

Žižek, Slavoj. 2006. *Parallaxe*. Frankfurt a.M.: Suhrkamp.

Žižek, Slavoj. 2009a. *Auf verlorenem Posten*. Berlin: Suhrkamp.

Žižek, Slavoj. 2009b. *First as Tragedy, Then as Farce*. London, New York: Verso.

Žižek, Slavoj. 2010. *Living in the End Times*. London, New York: Verso.

Žižek, Slavoj. 2015. *Der neue Klassenkampf. Die wahren Gründe für Flucht und Terror*. Berlin: Ullstein.

Žižek, Slavoj. 2016. *Absoluter Gegenstoß. Versuch einer Neubegründung des dialektischen Materialismus*. Frankfurt a.M.: Fischer.

제5장

사회적 재생산 여성주의의 비판적 재구성:
계급, 무급 돌봄·가사 노동에 대한 보상 및 기본소득을 중심으로[1]

권정임(경상국립대학교 SSK연구단 선임연구원)

1. 들어가며

이 장에서는 1980년대부터 마르크스주의 여성주의자들을 중심으로 형성되어, 오늘날 마르크스주의에 직접 연계하지 않는 사회주의 여성주의자들까지 포함하여 학계와 사회운동에 많은 영향을 행사하고 있는 "사회적 재생산 여성주의"(social reproduction feminism)(Ferguson·McNally, 2013: XXXVI)에 대한 비판적 연구를 수행한다.[2]

---

[1] 이 장은 2022년에 발간된 『마르크스주의 연구』 19(4)에 실린 논문 "사회적 재생산 여성주의의 비판적 재구성"의 수정보완본임을 밝혀둔다.

[2] 사회적 재생산 여성주의가 사회운동에 미친 영향은 Bhattacharya(2015: 13-15)를 참조하라.

사회적 재생산 여성주의의 이론적 기초는 마르크스의 이론, 특히 그의 정치경제학이다. 사회적 재생산 여성주의자들은 마르크스의 정치경제학을 비판적으로 연구한다. 그 결과 그 합리적 핵심을 수용하는 한편, 그 불충분성, 특히 젠더와 생태적 관점에서의 불충분성을 비판하여 보완한다. 이를 통해 자본주의 사회에 대한 마르크스의 연구는 젠더와 생태적 연구로까지 확장된다.

여성들이 처한 현실에 대한 연구 및 여성주의 이론의 발전과 관련하여 이러한 시도는 무엇보다 다음과 같은 의의를 갖는다.

첫째, 사회적 재생산 여성주의는 자본주의 사회에서의 여성 억압과 여성 해방의 가능성을 경제, 사회, 정치, 계급, 젠더, 인종, 생태 등 자본주의 사회의 다층적 차원과의 체계적인 연관 아래 통합적이면서도 비환원론적으로 연구할 수 있는 전망과 단서를 제공한다.

둘째, 사회적 재생산 여성주의는 마르크스의 자본주의 비판과 대안 모색의 근본성에 걸맞게 여성 해방의 전망 역시 근본적인 차원에서 모색한다.

사회적 재생산 여성주의의 이러한 의의에 연계하여, 이 장에서는 사회적 재생산 여성주의를 자본주의 사회에서의 여성 억압과 여성 해방의 가능성을 연구하는 보다 체계적인 프로그램으로 재구성한다.[3] 이러한 재구성은 두 가지 방식으로 진행된다. 첫째는 사회적 재생산 여성주의의 연구결과를 마르크스의 정치경제학에 기초하여 보다 근본적·체계적으로 재구성하는 것이다. 둘째는 사회적 재생산 여성주의의 내·외부에서

---

[3] '프로그램'이란 '연구 프로그램'(research program)의 약자로, 특정한 대상을 연구할 때 기초가 되는 '이론'이다. 이러한 고찰방식이 함축하는 방법론 또는 과학철학에 대해서는 권정임(2008)을 참조하라.

제기되는 이견이나 쟁점에 대한 연구를 수행하여, 사회적 재생산 여성주의의 주장들 일부를 비판적으로 재구성하는 것이다. 이 장에서 논의하는 쟁점은 계급 문제, 무급 돌봄·가사노동에 대한 적절한 보상 문제 및 사회적 재생산의 대안적 전망의 실현을 위한 정책으로서의 기본소득이다.

이러한 취지 아래 이 장은 다음과 같이 구성된다. 2절에서는 사회적 재생산 여성주의가 등장하게 되는 역사적·이론적 배경과 사회적 재생산 여성주의의 문제의식과 주장들이 논의된다. 3절에서는 사회적 재생산 여성주의의 기존 논의에 기초하여 사회적 재생산 프로그램을 창출한다. 이를 위해 한편에서는 마르크스의 정치경제학에 기초하여 사회적 재생산 여성주의를 재구성한다. 다른 한편에서는 위에서 제시한 세 쟁점을 중심으로 사회적 재생산 여성주의를 비판적으로 변형한다. 4절에서는 이 장의 전체 논의를 요약·정리한다.

2. 사회적 재생산 여성주의

1) 사회적 재생산 여성주의의 역사적·이론적 배경과 문제의식

사회적 재생산 여성주의는 자본주의 사회에서의 여성억압과 여성해방을 위한 전망을 노동력의 재생산을 중심으로 연구한다. 이때 노동력의 재생산은 마르크스가 분석한 자본주의 사회의 재생산에 연계·통합되어, 노동력이 재생산되는 '사회적' 형태와 방식 및 특성을 중심으로 연구된다. 이런 측면에서 사회적 재생산 여성주의에서 '노동력의 재생산'이란 엄밀하게 말해서 '노동력의 사회적 재생산'을 의미한다.[4] 사회적 재생산 여

---

4   래스릿·브렌너와 유사하게(Laslett·Brenner, 1989: 383), 이 장에서 인간과 그

성주의는 1980년대 이후 사회주의 여성주의, 특히 정치경제학을 비롯한 마르크스의 이론에 연계하는 마르크스주의 여성주의의[5] 주도적 사조가 된다(Vogel, 2017: xi, Bhattacharya, 2017: 4). 사회적 재생산 여성주의의 역사적·이론적 배경에 대한 간략한 고찰을 통해 이 사조의 문제의식을 살펴보자.

여성주의 이념은 18세기부터 세상의 이목을 끌었다. 울스턴크래프트(M. Wollstonecraft)를 비롯한 여성주의자들의 열망은 유토피아 사회주의, 마르크스주의 등이 제시하는 사회주의적 목표와 결합했다(홈스트롱, 2002: 14-18). 콜론타이(Kollontai)를 비롯한 몇몇의 예외도 있지만[6], 이후 마르크스주의를 비롯한 사회주의 진영에서 여성억압은 계급억압과 계급해방에 비해 대체로 부차적·종속적으로 간주되었다. 사유재산과 계급이 철폐되면 소위 "최초의 계급 억압", 곧 "남성에 의한 여성억압"(엥겔스, 2019: 111)도 해체된다는 것이다. 보다 구체적으로 말해서 생산수단의 공동소유에 기초하여 여성이 전담하던 가사와 돌봄·교육이 사회적 산업이나 공적 업무가 됨으로써, 여성들이 남성들과 대등한 노동자가 되어 여성해방이 달성된다는 것이다(같은 책: 125-127).

젠더 억압을 계급 억압으로 환원하는 이러한 편향은 20세기 중반까지 사회주의 진영을 주도하였다.[7] 사회주의 이론이 '계급'으로 환원되지

역량 또는 노동자와 노동력의 사회적 재생산은 '사회적 재생산'(social reproduction)으로, '사회의 재생산'은 '사회 재생산'(societal reproduction)으로 표현된다.

5 '마르크스주의 여성주의'에 대한 이러한 이해 및 다른 사회주의 여성주의와의 차별화는 퍼거슨과 맥널리를 따른 것이다(Ferguson·McNally, 2013: XIX).

6 콜론타이의 여성주의 및 그 의의에 대해서는 심광현(2013)을 참조하라.

7 보겔에 따르면 1970년대 동안 많은 좌파는 여성주의를 원래 부르주아적이자 계

않는 젠더 억압의 고유성을 이론화하는 수준으로 발전하지 못함에 따라, 자본주의 사회에서 관찰되는 여성억압들, 예를 들어 전통적 성별 역할분담의 존속, 직장여성의 이중부담 등은 사회주의를 표방했거나 표방하는 국가들에서도 재생산되었다(김경미, 2019: 171).

사회주의 여성주의 진영에서 계급문제로 환원되지 않는 젠더문제에 대한 본격적인 이론화는 20세기 후반의 두 이론적 시도에 의해 촉발된다.

첫 번째는 68운동을 배경으로 6, 70년대에 전개된 가사노동 논쟁이다. 이 논쟁은 자본주의 사회에서의 여성억압의 원인을 가정 내 무급가사노동으로 보면서, 이 노동의 특성을 마르크스의 정치경제학에 연계하여 해명함으로써 여성해방의 단서를 모색하고자 한다.[8] 이 논쟁은 무급가사노동이 자본주의 사회의 재생산에서 수행하는 역할에 대한 질문을 제기한다(Vogel, 2000: 198). 또한 이를 통해 사회적 재생산 여성주의의 발전을 위한 길을 연다(같은 글).

두 번째는 70년대 이후 전개된 급진 여성주의(radical feminism)의 영향 아래 선개된 이중체계론(dual-systems theory)이다. 급진 여성주의는 여성억압을 여성에 대한 남성의 지배시스템, 곧 '가부장제'의 결과로 파악한다. 또한 가부장제를 그 어떤 생산양식으로부터도 독립적인 사회의 근본적인 지배시스템으로 본다(Millet, 1971: 24, 38). 이때 가부장제의 물

급통일에 대한 위협으로 간주하였다. 8, 90년대 미국의 경우, 많은 마르크스주의 이론가들은 여성주의를 정체성 정치의 일종으로 좌파를 분열시킨다고 오해하였다(Vogel, 2000: 196).

8 가사노동논쟁에 대해서는 윤자영(2012: 187-189), 정성진(2013: 12-32)을 참조하라.

질적 기초는 인류의 재생산을 위한 여성의 노동으로 본다. 또한 이 재생산을 위한 사회조직을 전체 사회의 실질적인 토대로 제시한다(Firestone, 1979: 20-21).

하트만(Hartmann, 1979), 델피(Delphy, 1984), 월비(Walby, 1990) 등으로 대변되는 이중체계론은 마르크스주의적인 자본주의 분석과 급진 여성주의의 가부장제 이론을 결합함으로써, 기존 사회주의 이론의 계급환원주의적인 편향을 극복하고 사회주의 이론을 젠더적인 관점에서 발전시키고자 한다. 그러나 이러한 시도는 사실상 마르크스주의는 자본주의적 '생산'과 '계급' 연구에, 가부장제 이론은 인류의 '재생산' 연구에 적용되는 결과로 귀결된다. 결국 자본주의에서 '생산'과 '재생산'이 별개의 독립적인 체계, 곧 자본이 지배하는 체계와 남성이 지배하는 체계로 이분법적으로 분리되어 파악된다.[9] 이는 퍼거슨(Ferguson, 1996: 4), 아룻자(Arruzza, 2016: 10), 홈스트롬(홈스트롬, 2002: 21) 등이 시사하듯, 사실상 자본주의에 대한 기존의 마르크스적인 분석에 젠더문제를 설명하는 새로운 독립적인 체계를 병렬적으로 더한 것이라고 할 수 있다.[10]

사회적 재생산 여성주의는 계급문제로 환원되지 않는 젠더 문제의 고유성을 이러한 이분법이 아니라 자본주의에 대한 마르크스의 분석과 '통합적'(unitary)으로 해명하고자 한다.[11] 이런 측면에서 사회적 재생산

---

9 이중체계론에 대한 보다 상세한 비판을 위해서는 Ferguson(1999: 1-2), 권정임(2022: 36-41)을 참조하라.

10 퍼거슨, 아룻자, 홈스트롬 등은 인종문제를 비롯한 새로운 '억압'이 대두될 때마다 이중체계론을 넘어서 삼중, 사중의 체계론으로 확장해 갈 수는 없지 않느냐며 이러한 병렬적인 사고방식을 비판한다.

11 대부분의 사회적 재생산 여성주의자들은 경제 환원론에 반대한다. 이를 부각

여성주의는 마르크스의 정치경제학과 이론을 계급억압만이 아니라 여성억압까지 설명하는 '통합적 이론'으로 확장·발전시키고자 하는 기획이다. 이에 따를 때 '생산'과 '재생산'은 통합적으로 이해된다(Ferguson, 1999: 4; Luxton, 2006: 27; Vogel, 2017: x). '계급'과 '젠더' 또한 통합적으로 이해된다.

이러한 사회적 재생산 여성주의 기획의 단서는 70년대 초부터 시컴(W. Seccombe), 퀵(P. Quick), 기메니즈(M. Gimenez) 등이 제시한다(Ferguson·McNally, 2013: XXIV). 그러나 마르크스의 『자본』 I권에 연계하여 사회적 재생산 이론을 체계적으로 전개하기 시작한 사람은 보겔이다(L. Vogel)(같은 글). 이런 측면에서 보겔의 1983년 저서 『마르크스주의와 여성 억압. 통합이론을 향하여』(Marxism and the Oppression of Women. Toward a Unitary Theory)는 사회적 재생산 여성주의 기획의 "예비단계"(Ferguson·McNally, 2013: XXXIII), 또는 출발점으로 간주된다(Bhattacharya, 2015: 20 이하; 2017: 4; Arruzza, 2016: 11). 보겔의 이 저서에서 출발하여 사회적 재생산 여성주의의 이론적 특성과 주장들을 살펴보자.

3. 사회적 재생산 여성주의의 이론적 특징과 주장들

1) 출발점: 보겔의 사회적 재생산론

보겔은 '여성 문제'를 "여성 억압 및 여성 해방이라는 쌍둥이 문제"(Vogel, 1983: 133)로 통합·체계화하고자 한다. 보겔은 이를 특히 여성 억압의 "물질적 기초"(같은 책: 8)에 대한 연구를 중심으로 수행하고자 한다. 현존

하고 혹시 모를 오해를 방지하기 위해 'unitary'는 이 장에서 '통합적'으로 번역된다.

자본주의 사회에서의 여성억압의 물질적 또는 경제적 기초에 대한 보겔의 연구는 『자본』으로 대변되는 자본주의 사회경제에 대한 마르크스의 비판적 연구에 자연스럽게 연계한다. 특히 『자본』 I권의 「단순재생산」의 다음 구절이 대변하는 '사회 재생산' 연구에 연계한다(Vogel, 1983: 143-144).

"어떤 사회적 생산과정도, 그것을 연속된 전체로서, 끊임없는 갱신의 흐름으로 고찰할 때에는, 동시에 재생산과정이다.
생산의 조건은 동시에 재생산의 조건이다."(23: 591)[12]

이어서 보겔은 '노동력의 재생산', 정확하게 말해서 '노동자 전체의 재생산'이 그 어떤 형태의 사회의 재생산을 위해서도 필수적인 생산조건의 하나임을 강조한다(Vogel, 1983: 145). 노동력의 재생산은 한편에서는 세대 재생산, 곧 임신과 출산을 통한 노동자의 생물학적 재생산과 양육·교육을 포함한다. 다른 한편 이는 노동력의 일상적 재생산, 곧 가사·돌봄노동을 통한 노동력의 보전과 유지를 포함한다. 이 모든 과정은 당대 사회의 제도화된 형태 속에서 수행된다. 이런 측면에서 보겔에게 노동력의 재생산과정은 그 생물학적 과정과 통합되어 있는 사회적 재생산 과정이다(Vogel, 1983: 146-147 참조).

암스트롱과 퍼거슨에 따르면 '상품생산의 영역'과 '사회적 재생산 영역'으로의 '경제'의 분리는 자본주의 경제의 특징이다. 자본주의에서 경제는 사실상 상품생산 또는 시장의 영역과 동일시된다(Armstrong·Arm-

---

[12] 마르크스의 원전으로부터의 인용은 좌편에는 마르크스-엥엘스 전집(MEW) 권수를, 우편에는 쪽수를 표기한다.

strong, 1983: 9-10). 마르크스는 자신의 정치경제학을 통해 자본이 가치증식을 위해 노동력의 재생산에 의존하는 한편, 노동력의 재생산은 임금에 의존함을 보인다. 이를 통해 마르크스는 양 영역이 사실은 "전체 과정의 통제"에 대한 "자본의 권한" 아래 "상호의존적"임을 보인다. 퍼거슨은 이런 의미에서 마르크스가 양 영역의 분리에 대한 "탈물신화"(Ferguson, 1999: 5) 작업을 수행한다고 본다. 동시에 사회적 재생산 과정을 여성주의 관점에서 분석하지 않는다는 점에서 마르크스의 분석이 불충분하다고 본다(Ferguson, 1999: 5-6). 보겔의 연구는 바로 마르크스 정치경제학의 이러한 공백을 극복하기 위한 시도다. 보겔의 연구에 대해 보다 구체적으로 살펴보자.

보겔은 사회적 재생산, 특히 출산·육아·양육을 동반하는 세대 재생산과 관련된 여성들의 특수성을 모든 계급사회에서의 여성억압의 근원으로 본다(Vogel, 1983: 135). 즉 역사적으로 지배계급은 잉여노동 취득의 극대화에 대한 즉각적 요청과 동시에 생산계급의 재생산에 대한 장기적 요청을 충족하기 위해(같은 책, 1983: 151), 남성에게는 생존수단을 위한 노동에, 여성에게는 노동력의 재생산을 위한 노동에 더 많은 책임을 부여함과 아울러 노동력의 재생산을 위한 노동을 적절한 수준에서 유지하고자 남성의 여성 지배를 제도화해 왔다는 것이다(같은 책: 153-154). 곧 "가부장적 제도"를 발전시켜왔다는 것이다(같은 책: 155). 물론 이때의 '가부장적 제도'는 모든 계급사회로부터 독립적인 초역사적인 체계라는 의미에서의 '가부장제'를 의미하지 않는다. 보겔에게서 '가부장적 제도'는 특정 사회에서 지배계급의 주도 아래 진행되는 노동력 재생산의 고유 형태와 방식, 특히 출산, 육아, 양육에 대한 기본적 책임을 여성화하는 고유한 형태 및 방식과 통합되어 파악된다. 이때 보겔은 가정이 노동력 재생산의 유일한 장소가 아니라고 봄으로써 '가정 물신성'을 비판한다(같은

책: 146-147). 나아가 노동력의 재생산 과정을 계급투쟁의 중요한 영역으로 제시한다(같은 책: 156).

계급사회 일반에 대한 이러한 관점에 걸맞게, 보겔은 자본주의 사회에서의 여성 억압의 물질적 기초를 자본의 주도 아래 진행되는 노동력의 재생산의 여성화, 곧 사회적 재생산의 여성화로 본다(같은 책: 177). 이에 따라 보겔은 자본주의 사회에서의 사회적 재생산에 대한 연구를 무엇보다 사회적 재생산과 관련된 자본과 노동계급 간의 모순을 중심으로 진행한다. 이때 노동계급은 "생존을 임금에 의존하는 모두"(같은 책: 166)로 정의된다.

보겔에 의하면 자본에게 재생산노동은 필수불가결한 동시에 축적의 장애요인이다(같은 책: 163). 가구 내 재생산노동으로 인해 잉여노동 취득의 기회가 감소하기 때문이다. 이에 따를 때 여성의 시장노동 참여가 무급재생산노동 참여보다 자본에게 이득이 되는 상황에서는 재생산 영역에 대한 국가 개입이 증대하기도 한다(같은 책: 168). 장기적으로 자본가 계급은 낮은 임금과 재생산 노동의 최소화를 통해 사회적 재생산을 안정적으로 유지하고자 한다(같은 책: 163). 반면 노동계급은 임금과 재생산 영역 모두에서 자기재생산을 위한 최선의 조건을 추구한다(같은 글). 결국 자본과 노동계급은 사회적 재생산과 관련하여 모순을 형성한다. 사회적 재생산이 젠더화되어있다는 점에서, 이 모순은 동시에 자본과 여성 또는 여성의 다수인 노동계급 여성 간의 모순과 중첩된다.[13] 이에 따라

---

13   보겔은 지배계급 여성들이 특히 세대 재생산과 관련하여 그들 계급의 남성들에 의해 억압됨을 강조한다. 또한 이에 따라 지배계급 여성들과 피지배계급 여성들 간에 어느 정도 연대가 가능하다고 본다. 동시에 계급 차이로 인해 이 연대에는 근본적 한계가 있다고 본다(Vogel, 1983: 153-154).

자본주의 사회에서 사회적 재생산은 계급투쟁의 중요한 장이자 여성해방투쟁의 중요한 장이다.

결국 보겔은 자본주의 사회에서의 여성 억압을 자본의 재생산에 연계하면서 자본주의 생산양식의 중심적 관계 내부에서 정초한다(Ferguson·McNally, 2013: XXVI). 나아가 보겔은 자본 및 자본주의 사회의 젠더화된 재생산에 대한 이러한 연구를 통해, 계급문제로 환원되지 않는 여성 억압의 고유성을 해명하는 동시에 이중체계론의 이분법을 극복한다. 즉 여성 억압의 고유성을 자본주의에 대한 설명과 '통합'하여 해명한다. 보겔에게서 '계급'과 '젠더'는 통합되어 설명된다. '생산'과 '재생산' 또한 통합되어 설명된다.

자본주의적 여성 억압에 대한 이러한 연구에 기초하여 보겔은 여성해방의 조건으로 다음 두 가지를 제안한다.

첫 번째는 재생산노동 또한 "사회적 생산"에 기여함을 인정하고, "민주주의"적으로 또한 "계획적·의식적으로"(Vogel, 1983: 179) 전체 민중의 "필요에 따라" 재생산노동을 최대한 사회화함과 아울러 여분의 가구 내 재생산노동을 자녀까지 포함하는 모든 가구원들이 평등하게 분담하는 것이다(같은 책: 180). 또한 이에 기반하여 모든 가족구성원이 점점 더 공적 생산과 정치적 삶에 참여하는 것이다(같은 글).

두 번째는 첫 번째 조처 이후에도 남는 여성해방의 장애요인, 곧 세대 재생산에서의 여성 고유의 역할에 기인하는 문제점들에 대한 해결을 "권리"로서 보장하는 것이다. 예를 들어 모성휴가, 임신 기간 동안의 보다 쉬운 노동 등을 여성의 권리로서 승인하는 것이다(같은 책: 180-181). 『고타강령비판』을 따라 보겔은 보다 발전된 형태의 사회인 사회주의에서 "평등한" 권리란 사실 불평등한 개인적 소질이나 상황 등을 고려하는 "불평등한 권리"임을 강조한다(19: 21, Vogel, 1983: 181). 즉 보겔은 『고타강령비판』

의 이 부분에 근거하여 사실상 '재생산권'을 주장하는 것으로 해석된다.

결국 보겔에 따를 때 재생산에 대한 남녀의 차별적 관련 자체가 억압의 근원을 필연적으로 형성하지는 않는다(같은 책: 153). 이런 맥락에서 보겔은 자신이 제시한 여성해방의 이 두 조건이 충족될 때, 『자본』 I권에서 마르크스가 예견하는 "가정과 양 성 관계의 더 높은 형태"(23: 514)의 가능성이 열릴 것으로 예상한다(Vogel, 1983: 181). 다른 한편 보겔은 자본주의에는 재생산노동의 사회화에 따른 경제적 비용 문제 등을 비롯하여 위 조건들의 실현에 대해 한계가 존재한다고 본다(같은 책: 162-163). 이런 측면에서 보겔의 여성해방기획은 자본주의의 한계를 넘어서는 포스트자본주의 또는 사회주의 기획에 맞닿아 있다.

2) 사회적 재생산 여성주의의 주장들

그런데 이후 보겔 스스로도 인정하듯(Vogel, 2002: 192, 193), 보겔의 사회적 재생산론은 마르크스의 '필요노동'을 잘못 이해하고 있다. 마르크스에게 필요노동이란 노동력의 일상적·세대적 재생산을 위해 노동자와 그 가족의 생필품의 '가치를 생산하는데 필요한 노동'을 의미한다. 그런데 보겔은 이 '마르크스적인 의미에서의 필요노동'을 "필요노동의 사회적 구성요소"로, 무급 가사노동 또는 재생산노동을 필요노동의 "가사적 구성부분"(Vogel, 1983: 158)으로 본다. 이는 사실상 보겔이 마르크스적인 '필요노동'을, 가치 또는 사용가치 차원인지와 무관하게, 사회적 재생산을 위해 필수적인 노동으로 오인함을 의미한다. 이를 통해 그녀는 마르크스의 필요노동에 대한 개념적·범주적 혼동을 초래한다.

그럼에도 불구하고, 또한 이 오류에 대한 비판과 정정을 동반하면서, 보겔이 열어젖힌 사회적 재생산 여성주의는 이후 마르크스주의 여성주의의 전개를 주도하는 경향이 된다. 동시에 이는 마르크스 이론에 직접 연계하지는 않지만 사회주의적인 사회적 재생산 여성주의에 대해서도 많은 영향을 미치게 된다. 마르크스주의적 사회적 재생산 여성주의의 핵심 주장들을, 마르크스의 이론에 보다 일관된다고 판단되는 주장들을 중심으로 살펴보자.[14]

래스릿과 브레너는 1989년의 논문에서 마르크스가 사용하는 '재생산'의 의미를, 노동력의 사회적 재생산을 의미하는 "사회적 재생산"(social reproduction)과 구분하여, "전체 사회 시스템의 영구화"라는 의미에서의 "사회 재생산"(societal reproduction)으로 범주화한다(Laslett·Brenner, 1989: 383). 이는 이후 사회적 재생산 여성주의 전통에서 사회적 재생산을 사회 재생산과 구분하면서도 사회 재생산과의 연관성 아래 보다 명료하게 사유하는데 기여한다. 사회적 재생산과 사회 재생산의 통합적 사유는 이에 함축된 자본주의와 여성억압에 대한 통합적 사유, 생산과 재생산의 통합적 사유와 함께 사회적 재생산 여성주의의 특징의 하나다.

마르크스의 사회 재생산 분석을 사회적 재생산 분석으로 확장하는 과정의 출발점은 보겔에게서 마르크스의 '필요노동'의 변형이었다. 바타차르야는 이에 대해 보다 설득력 있는 대안을 제시한다.

바타차르야는 사회적 재생산에 대한 젠더화가 자본주의 사회에서의 여성억압의 원천이라는 보겔의 문제의식을 수용한다(Bhattacharya, 2015: 20). 이에 기초하여 그녀 역시 자본주의 사회의 재생산에 대한 마르크스의 연구를 사회적 재생산으로 확장하여 양자를 통합한다. 그녀는 이

---

14 부가설명이 제시되지 않는 한, 또한 문맥상 오해의 여지가 없는 한, 이 장에서 '사회적 재생산 여성주의'는 마르크스주의적 사회적 재생산 여성주의를 의미한다. 이는 사회적 재생산 여성주의가 주로 마르크스주의 여성주의 학자들에 의해 발전되어 왔다는 사실에도 부합한다.

때 특히 임금노동의 순환에 대한 리보위츠의 연구(M. Lebowitz, 2003: 65)에 연계하여, 노동력의 생산·재생산의 순환이 자본의 생산·재생산 순환의 필수적인 계기임을 보인다(Bhattacharya, 2015: 28). 이를 통해 일관되게 사회적 재생산론을 전개한다.

바타차르야에 따르면 자본순환에서 노동력은 자본의 재생산 수단 또는 가치증식 수단이다. 이에 비해 그녀는 임금노동순환을 노동자가 자신을 재생산하기 위해,[15] 노동력 판매의 대가로 받은 임금으로 필요한 상품을 구매하여 소비하는 과정으로 정의한다. 이 순환의 목적은 지적 발전을 비롯한 노동자의 자기발전이다. 또한 이 순환의 생산수단은 노동자의 발전을 위해 필요한 다양한 상품들 또는 사용가치들이다(같은 글: 29).

그런데 바타차르야는 자본주의 사회에서 노동자가 자기발전을 위해 사회적으로 필요한 재화와 서비스를 충분히 구매할 수 없다고 본다. 자본주의의 목표가 노동자의 발전이 아니라 가치증식이기 때문이다(같은 글: 30). 즉 그녀에 따르면 자본주의 사회에서 임금노동순환은 이윤극대화를 목표하는 자본순환에 종속되어 진행된다.

피키오는 자본주의적 사회적 재생산의 이러한 문제점을 임금과 이윤 간의 대립을 통해 설명한다. 즉 그녀는 자본주의 사회에서 사회적 재생산 비용을 임금 총량으로 보면서, 이를 총이윤과 대립시킨다. 그 결과 그녀는 총이윤과 사회적 재생산 간에는 원칙적으로 "실질적인 갈등"(Picchio, 1992: 129)이 있다고 보면서, "이윤 축적에 대한 사회적 재생산의 종속"(같은 책: 6)을 자본주의적 사회적 재생산의 근본특징으로 제시

---

15 이때 '노동자'만이 아니라 '그의 가족'의 재생산까지 포괄하고 있는 것으로 해석하는 것이 합당할 것이다.

한다.

마르크스의 이론을 직접 계승하지는 않지만 사회주의적 사회적 재생산론을 전개하는 프레이저는 나아가, "모든 형태의 자본주의 사회"가 그 "심층부"에 "**사회적 재생산**과 관련되는 **위기 경향**이나 **모순**"을 내포한다고 주장한다. "사회적 재생산이 자본의 지속적 축적을 가능하게 하는 조건의 하나"인 반면, "무한한 축적을 향한 자본의 정향이 바로 자신이 의존하는 이 사회적 재생산과정을 불안정하게 하는 경향이 있기 때문이다"(Fraser, 2016: 22, 강조는 원문).

사회적 재생산 여성주의의 또 다른 특징의 하나는 노동력의 착취를 중심으로 진행되는 자본순환에 대한 마르크스의 연구를 엄밀하게 적용하여, 사회적 재생산의 대상을 노동계급의 노동력으로 보는 것이다. 또한 이때 '노동계급'을 사회 재생산과 통합된 사회적 재생산의 관점에서 새롭게 정의한다는 점에서도 공통적인 특징을 보인다. 예를 들어 바타차르야는 노동계급을 무급 또는 유급 여부와 무관하게 "일생 동안 사회 재생산 전체에 참여하는 생산 계급 속의 모든 사람들"(Bhattacharya, 2015: 38)로 정의한다. 이를 통해 바타차르야는 노동계급을 "생존을 임금에 의존하는 모두"(Vogel, 1983: 166)로 정의하는 보겔보다 명확하게 노동계급을 사회적 재생산 및 사회 재생산과 통합하여 고찰한다. 유사한 정의는 피키오(Picchio, 1992: 130), 아룻자(Arruzza, 2016: 17) 등에서도 시사된다.

이때 주목해야 할 것은 '노동계급'을 이처럼 사회 재생산과 통합된 사회적 재생산의 관점에서 정의함으로써, 젠더, 인종 등에 따른 차이가 노동계급 내부로 비환원론적으로 통합됨과 아울러 노동계급의 외연도 확장된다는 점이다. 이는 특히 바타차르야에게서 체계적으로 개진된다.

바타차르야는 자본은 가치증식만을 목표하여 따라서 "추상적으로는" 노동자의 "인종, 젠더, 능력에 무관심"하다고 본다. 그렇지만 그녀는 현실에서 "생산관계"는 임금노동만이 아니라 "지난 역사와 현행 제도" 등의 영향을 받는 "구체적인 역사적 형태"를 취함을 강조한다. 이는 그녀가 "노동력 재생산의 젠더화된 성격"이나 "가족 단위의 이성애적 형태"를 현존 자본주의 사회를 특징짓는 생산관계의 구체적 특성들로 수용함을 의미한다(Bhattacharya, 2015: 36). 예를 들어 "노동력 재생산의 젠더화된 성격은 잉여가치의 추출을 조건 짓는 자극을 가진다. 이와 유사하게 가족 단위의 이성애적 형태는 노동인구의 세대교체라는 자본의 필요에 의해 유지된다"(같은 글). 결국 그녀는 생산관계와 계급이 현실에서는 젠더, 인종 등과 통합되어 구체화됨을 주장한다. 또한 이에 기반하여 젠더, 인종 등을 "연대와 차이"(같은 글: 35) 속에서 노동계급과 통합적으로 고찰한다.

나아가 바타차르야는 사회적 재생산의 한 측면으로서 환경을 강조하는 카츠(Katz, 2001: 714 이하)와 유사하게 "기후변화 반대 투쟁" 같은 생태친화적 활동 역시 "노동계급의 사회적 재생산에 필수적인 사회적 필요를 반영"(Bhattacharya, 2015: 41)함을 강조한다. 이를 통해 생태보호운동 역시 사회적 재생산노동에 포함시키는 동시에 노동계급의 외연을 생태보호운동가들로까지 확장한다.

뿐만 아니라 바타차르야는 '사회적으로 필요한 수준', 곧 "사회적 필요"(같은 글: 29)에 부합하는 수준으로 사회적 재생산이 진행되기 위해서는 총자본과의 투쟁이 불가피함을 강조한다. 아울러 그녀는 노동계급이 건강한 사회적 재생산을 위해 사회적으로 필요한 수단을 얼마나 쟁취하는지 여부를 보겔과 유사하게 계급투쟁의 장으로 본다(같은 글, 2015: 30). 이에 따라 그녀는 노동조합과 경제주의를 넘어서서 "총자본의 권력에 도전하는 모든 사회적·정치적 운동"(같은 글, 2015: 34)을 계급투쟁의 한 측면으로 본다. 물론 이는 노동계급의 외연을 사실상 이 모든 사회적·정치적 운동가로 확장함을 의미한다.

보겔의 '가정 물신성' 비판(Vogel, 1983: 147)이 시사하듯, 사회적 재생산 여성주의의 또 다른 특징은 사회적 재생산을 다양한 제도들을 통해 사회적으로 조직되는 것으로 본다는 점이다. 그 결과 이 여성주의에서는 한편으로는 "가정, 시장, 공동체 및 국가 사이의", 다른 한편으로는 젠더 사이의 사회적 재생산 "노동의 분배"가 "핵심 문제들"로 대두된다(Laslett·Brenner, 1989: 384). 카츠는 전문적 또는 숙련된 노동력의 재생산을 문제 삼으면서 사회적 재생산의 영역을 더욱 확장한다. 카츠에 따르면 전문적 또는 숙련된 노동력의 재생산에는 역사적·지리적 실천들과 함께 지식·학습·미디어·사회정 등을 비롯한 문화적 형태들과 실천들이 요청된다(Katz, 2001: 711). 이에 걸맞게 그녀는 가구, 국가, 학교, 자본만이 아니라 사적 자선단체, 이민자 서클이나 노동자 서클 등과 같은 시민사회도 사회적 재생산의 영역으로 본다(같은 글). 나아가 사회적 재생산의 영역을 노동에 필요한 지식·기술 및 계급적 하비투스를 재생산하는 "정치-경제적" 영역, 지식과 가치 및 소속 그룹의 실천을 획득·공유하는 "문화적" 영역 및 환경과 연관되는 "환경적" 영역으로 분류한다(같은 글: 712-715).

다른 한편 이렇게 형성된 사회적 재생산 체제는 자본주의 내부에서도 변화하여 다른 체제로 이행하기도 하는 것으로 제시된다(Bakker·Gill, 2003: 33-39).

사회적 재생산을 이처럼 전체 사회 차원에서 제도화·조직화되는 것으로 보는 관점 및 노동계급에 대한 확장적 관점에 걸맞게, 사회적 재생산 여성주의에서 여성주의 주제는 보편적인 주제로 설정된다. 바타차르야에 따르면 사회적 재생산론은 저임금, 보편적 의료제도와 보육정책, 공교육, 생태(Bhattacharya, 2015: 13), 복지, 연금(같은 글: 20), 이민[16],

---

16 '이민'은 '출산' 외에 세대재생산을 이루는 한 방법이다.

나아가 섹슈얼리티의 사회적 구성(Bhattacharya, 2017: 7, Brenner·Laslett, 1991: 314) 등을 비롯한 사회적 재생산과 관련되는 모든 이슈들을 여성주의 정치학의 중심문제로 재구성한다. 뿐만 아니라 필요에 따라 사회적 재생산의 이슈들에 대한 연구는 전 지구적 차원에서 전개된다.[17] 이는 여성주의에 "인류와 위험에 처한 지구의 복지를 돌보는, 새로운 공동선(a new common good)을 구축하는 소명"을 부여하면서 여성주의를 "보편적인 것"으로 만든다(Bhattacharya, 2015: 13). 동시에 이는 생산·재생산의 이분법 너머로 '경제'를 최대한 확장한다(Bhattacharya, 2017: 2). 이처럼 섹슈얼러티의 사회적 구성 및 이와 관련되는 이데올로기와 문화, 생태친화적 재생산 등도 문제삼는다는 측면에서, 사회적 재생산 여성주의의 연구대상은 주로 돌봄 영역과 관련되는 '돌봄 경제학'의 외연을 뛰어 넘는다.

자본의 통제 아래 조직화된 자본주의적 사회적 재생산에 대한 비판적 관점에 걸맞게, 마르크스주의적 사회적 재생산 여성주의가 추구하는 대안은 근본적이다. 이런 근본적인 시각은 비마르크스주의적인 사회적 재생산론자인 프레이저도 공유한다. 프레이저는 오늘날 재생산 위기의 근원을 "자본주의에 고유한 사회 모순"으로 본다. 따라서 그 해결책은 "사회 정책의 서투른 조작"이 아니라 "이 사회질서에 대한 심층적이며 구조적인 변혁을 통해서만" 찾을 수 있다는 것이다(Fraser, 2016: 36). 보겔과 바타차르야가 시사하듯이, 사회적 재생산론자들에게 이런 심층적

---

17   신자유주의적 지구화에 기반하는 사회적 재생산, "지구화된 돌봄의 연쇄"(Fraser, 2016: 34)에 대해서는 Katz(2001); Bakker·Gill(2003a, 2003b); Bakker(2007)을 참조하라. 배커와 질에 따르면 신자유주의화와 함께 사회적 재생산 체제는 재사유화 및 착취 증대라는 특색을 보인다(Bakker·Gill, 2003b: 34-39). 그 결과 지구적 자본축적과 사회적 재생산 간의 모순이 한층 심해진다(같은 글: 27).

이며 구조적인 변혁의 핵심은 민주주의에 기초하여 사회적 재생산을 '사회적 필요'에 따라 계획·조직하는 것으로 요약된다(Fergson, 1999: 4; Bakker·Gill, 2003a: 4; Bakker, 2007: 554).

지금까지 사회적 재생산 여성주의의 주장들을 살펴보았다. 이 주장들을 보다 엄밀하게 고찰하여 마르크스의 정치경제학에 기초하여 사회적 재생산을 연구하는 프로그램, 곧 마르크스주의적인 사회적 재생산 프로그램으로 재구성해 보자.[18]

4. 사회적 재생산 여성주의의 비판적 재구성: 사회적 재생산 프로그램의 창출을 위해

1) 사회적 재생산 여성주의의 비판적 재구성과 사회적 재생산 프로그램

『자본론』으로 대표되는 자본주의 정치경제학에 대한 마르크스의 비판적 연구의 "최종 목적"은 "현대 사회의 경제적 운동법칙"을 발견하는 것이다(23: 15-16). 『자본론』 I, II, III권의 부제가 시사하듯,[19] 이를 위해 마르크스는 총자본의 운동, 곧 총자본의 생산과 재생산을 연구한다. 이는 마르크스가 총자본의 생산과 재생산이 자본주의 사회 및 그 동학에 대해 강력한 영향을 미친다는 가정 아래, 현대 사회, 곧 자본주의 사회 및 그 특징적인 동학을 무엇보다 총자본의 재생산과 그 동학을 중심으로 연구함

---

18 별도의 부가적 설명이 없는 한, 이 장에서 '사회적 재생산 프로그램'은 마르크스주의적 사회적 재생산 프로그램을 의미한다.

19 『자본론』 I권의 부제는 '자본의 생산과정', II권의 부제는 '자본의 유통과정', III권의 부제는 '자본주의적 생산의 총과정'이다.

을 의미한다.

그런데 이때 마르크스는 총자본, 나아가 자본주의 사회의 재생산과 그 동학에 대한 자신의 연구를 주로 그 경제적 "형태"(Form) 분석, 곧 경제관계 및 그와 관련되는 현상으로 제약하고 있다.[20] 이에 따라 그의 자본주의 사회에 대한 연구에서는 사회의 "질료"(Stoff)적 측면에 대한 연구가 대체로 사상된다.[21]

사회의 '소재' 연구와 관련하여 중요한 것으로는 크게 두 가지를 들 수 있다.

첫 번째는 마르크스가 인간과 자연 간의 "물질대사"(Stoffwechsel) (23: 198)로 범주화하는 생태적 측면이다. 마르크스는 『정치경제학비판 요강』에서의 계획대로(41/193), 자본주의 경제에 대한 그의 후속 연구에서 이 신진대사를 자본주의 경제의 형태에 직접 영향을 미치는 한에서만 연구한다.

두 번째는 인간의 생산과 재생산이다. 마르크스는 자본주의 사회 연구에서 인간의 생산·재생산과 관련되는 '소재'적인 측면의 순조로운

---

20 동시에 마르크스는 『요강』에서 이후의 자신의 정치경제학 저작에서 "사용가치가 단지 전제된 소재로서 경제와 그 형태규정들의 외부에 머무르지 않고 이들에 개입하게 되는 정도가 어느 정도인지"(41/193) 보이겠다고 기술한다. 다른 한편 마르크스가 자신의 정치경제학에서 자본주의 경제의 형태 분석에 주력하는 이유로는 무엇보다 자본주의 경제를 그 '소재'도 포괄하여 전면적으로 다루기 위해서는 그 '형태'에 대한 연구가 선행되어야 한다는 점(권정임, 2009: 21-22)을 들 수 있다.

21 마르크스는 자신의 정치경제학 연구에 아리스토텔레스에게서 유래하는 형상·질료 범주를 적용한다. 그에게서 '사회관계'가 '형상'에 해당한다면 그 나머지는 '질료'에 해당한다. 마르크스에게서의 이러한 사용을 고려하여 'Form/Stoff'를 '형상/질료'가 아니라 '형태/소재'로 번역하였다.

진행을 단순히 전제한다. 이러한 전제 아래 자본주의 사회에서의 인간의 생산·재생산에 대한 마르크스의 연구는 주로 총자본의 생산·재생산을 위한 핵심조건의 하나, 곧 노동력의 착취를 중심으로 전개된다. 이때 이 노동력의 소재적·구체적인 생산·재생산에 대한 연구, 마르크스의 분석 차원이 '사회 총자본'이라는 사실을 고려하여 정확하게 말할 때, 전체 노동계급이 보유하는 노동력의 사회적 재생산에 대한 소재적·구체적 연구는 마르크스에게서 공백으로 남는다.

사회적 재생산 여성주의는 노동력의 사회적 재생산의 연구와 관련된 마르크스의 이 공백을 직시하면서 이에 연계하여 연구를 수행한다. 그 결과 자본주의 사회에서 사회적 재생산이 젠더화되어 있음을 보이는 한편, 총자본의 재생산, 나아가 자본주의 사회의 재생산이 사회적 재생산에 의존하고 있음을 보인다. 뿐만 아니라 자본주의 사회에서 사회적 재생산과 사회 재생산이 궁극적으로 총자본의 재생산 논리에 의해 지배·통제됨을 보인다.

바타차르야, 카츠 등이 보여주듯이, 나아가 사회적 재생산 여성주의는 건강한 사회적 재생산의 조건의 하나가 생태친화적인 재생산임을 보임으로써, 노동력의 사회적 재생산이 생태적 관점에서의 사회 재생산, 곧 생태적 재생산과 통합되어 있음을 보인다. 이는 한편에서는 사회적 재생산 여성주의자 다수가 마르크스처럼 '사회'를 그 형태, 곧 사회관계와 그 소재와 통합적으로 사유함을 의미한다. 다른 한편 이는 이들이 자본주의 사회 재생산과 관련하여 '형태'를 중심으로 하는 마르크스의 연구를, 사회적 재생산과 생태적 재생산으로 대변되는 '소재'에 대한 연구와 통합하여 확장함을 의미한다. 물론 사회적 재생산 여성주의에서 연구는 사회적 재생산을 중심으로 진행된다. 즉 사회적 재생산을 중심으로 생태적 재생산을 비롯한 사회 재생산을 통합한다. 이런 맥락에서 사회적 재생산 여성주의는 정치경제학으로 대변되는 마르크스의 이론에 기초하여 사회적 재생산 프로그램을 창출하고 있다.

이러한 프로그램의 중요성은 그것이 보다 구체적인 주제들, 예를 들어 젠더화된 노동분업 등에 대한 연구에서 이론적 기초의 하나로 작동한다는 점으로 제한되지 않는다. 나아가 그 자체 사회적 재생산에 대한 마르크스주의적인 '이론'을 형성한다는 점에서도 중요하다. 이러한 이론으로서의 프로그램은 그 자체 부단한 비판적 연구를 통해 보완·확장되거나 부분적으로 정정 또는 변형되면서 발전해 가는 것이기도 하다. 이러한 맥락에서 2절에서는 다음의 세 쟁점을 중심으로 사회적 재생산 여성주의를 비판적으로 재구성하고자 한다.

2) 세 쟁점: 계급, 무급 돌봄·가사 노동에 대한 보상, 기본소득

살펴본 사회적 재생산 여성주의가 제시하는 사회적 재생산의 대안적 전망은 민주주의에 기초하여 사회적 재생산을 '사회적 필요'에 따라 계획·조직하는 것으로 요약된다. 보겔, 바타차르야 등의 경우 특히 두드러지듯, 이는 재생산권의 보장을 전제로 수행되는 고임금 정책과 보편적 사회서비스의 제고 정책으로 구체화된다.

그런데 이에 따를 때, 무급 돌봄 가사노동과 생태운동 같은 다른 유형의 무급 재생산노동은 사실상 '임금'을 통해 보상된다. 그러나 이는 다음과 같은 한계를 갖는다. 첫째, 그 특성상 돌봄 가사노동은 완전히 사회화될 수는 없다. 돌봄 가사노동에 대한 적절한 보상이 없는 상황에서 고임금 정책은 돌봄 가사노동이 '높은 임금'을 통해 보상되는 듯한 오해를 불러일으킬 수 있다. 또한 전업주부의 남성의존 문제 역시 해결하지 못한다. 둘째, 이는 생태친화적 활동을 비롯한 다른 유형의 무급 재생산노동에 대한 적절한 보상 문제도 해결하지 못한다. 오늘날 실업자나 불안정노동자의 비율이 높고 이러한 경향이 강화되어 가고 있다는 사실을 고려할 때, 이러한 문제의 극복은 더욱 절실하다.

이러한 문제의식 아래 이하부터는 사회적 재생산의 대상, 무급 돌봄·가사 노동에 대한 보상 및 사회적 재생산의 대안적 전망과 이 전망의 실현을 위한 구체적 정책으로서의 기본소득을 중심으로, 사회적 재생산 여성주의의 주장들을 비판적으로 재구성한다.

3) 사회적 재생산의 대상: 노동계급 vs 전체 인구

마르크스주의적 사회적 재생산 여성주의자 다수는 사회적 재생산의 직접적 대상을 사회의 총노동력으로 제시한다. 이는 마르크스의 자본 순환 분석을 노동력 순환 분석으로 확장한 결과로, 이때의 총노동력의 재생산이란 사실상 노동계급의 재생산을 의미한다.

그렇지만 이에 대해서는 마르크스주의적 사회적 재생산 여성주의 내부에서도 이론이 있다. 예를 들어 래스릿과 브렌너는 사회적 재생산을 "매일의 삶의 유지 및 세대재생산과 직접 연관되는 행동, 자세, 감정, 책임감과 관계"(Laslett·Brenner, 1989: 382)로 정의하면서, 인구증감과 관련되는 "인구통계학적" 요소도 사회적 재생산의 의미의 하나로 명시한다(같은 글: 383). 바커와 질은 "종(species)의 생물학적 재생산"을 사회적 재생산에 포함한다(Bakker·Gill, 2003a: 4, 2003b: 17, 32).

이처럼 사회적 재생산의 대상을 노동계급이 아니라 인구 전체로 보는 관점은 마르크스의 이론에 직접 연계하지 않는 사회적 재생산론자들의 경우에도 관찰된다. 대표적으로 프레이저는 사회적 재생산을 인간을 "자연적 존재로서 유지"하고 "사회적 존재로 인간 주체를 구성하는 행위"(Fraser, 2016: 23)로 정의한다. 이에 따를 때 사회적 재생산의 영역은 출산·양육·돌봄 영역만이 아니라, 공동체를 형성·유지하고 가치·의미

등을 공유·유지하여 사회적 유대를 창출하는 모든 영역으로 확대된다. 즉 가족, 이웃, 시민사회 단체, 학교, 어린이집, 노인요양시설을 포함하는 공공기관 등으로 확대된다(같은 글; Fraser·Jaeggi, 2018: 31-33).

제도학파 여성주의 경제학자 폴브레는 계급관계 내부에서 진행되는 생산과 재생산 간의 젠더화된 상호작용에 대한 마르크스주의적인 사회적 재생산 여성주의의 통찰을 긍정적으로 평가한다(Folbre, 2020: 73). 그러나 그녀는 집단적 정체성에 대한 계급 아닌 다른 차원에 기초하는 불평등 분석에 대해 보다 많은 공간을 창출하기 위해, '재생산'과 '사회적 재생산'을 구분한다. 이에 따라 그녀는 "재생산"을 "인간 역량(capabilities)의 생산과 유지"로, "사회적 재생산"을 "사회적 그룹의 창출과 유지"로 정의한다(같은 책: 10). 동시에 그녀는 그룹들이 자신들의 정체성과 이익을 영구화하기 위해(같은 책: 65, 73), 즉 자신들의 '사회적 재생산'을 위해 '재생산'을 조직한다고 본다. 다시 말해 그녀는 자신의 재생산 개념을 자신의 사회적 재생산 개념과 사실상 통합한다. 이를 통해 폴브레는 사회적 재생산이 총자본의 재생산 논리에 종속된다는 마르크스주의적인 통합적인 틀을 비판하면서(같은 글), 사회적 재생산을 자신들의 사회적 재생산을 위한 그룹들의 시도 및 그들 간의 교차성(intersectionality)을 통해 설명하고자 한다. 이러한 차이에도 불구하고 그녀에게 사회적 재생산의 대상이 결국 전체 인구이며 그 영역 또한 전체 사회로 확장된다는 점은 프레이저와 유사하다.

프레이저와 폴브레는 사회적 재생산의 영역을 가정, 시장, 국가만이 아니라 시민사회의 영역으로까지 최대한 확장한다는 점에서는 마르크스주의자들과 유사하다. 그렇지만 마르크스주의자들이 강조하는 '노동계급'을 전체 인구로 확장하면서 '노동력' 역시 가치·의미 등을 공유·유지하여 사회적 유대를 창출하는 것까지 포함하는 '역량'으로 표현한다는 점에서는 마르크스주의자들과 다르다. 그런데 '노동력'은 '역량'에 기초하여 '역량'과 통합된다는 점에서 이 두 범주의 차이는 크다고 보이지 않는다. 따라서 사회적 재생산과 관련하여 프레이저/폴브레와 다수 마르크스주의자들 간의 차이의 하나는 그 대상이라고 할 수 있다. 물론 폴브레의 사회적 재생산이론은 계급, 젠더, 인종 등에 대한 통합적 파악이 아니라 이 다양한 집단들 간의 차이와 교차성을 강조한다는 점에서도 마르크스주의적 사회적 재생산이론과 구분된다. 그런데 마르크스주의적인 사회적 재생산론이 설정하는 '통합'은 계급, 젠더, 인종 등의 "연대와 차이"(Bhttacharya, 2015: 35)를 강조하는 '비환원론적 통합'이다. 이런 측면에서 이 점과 관련하여서도 마르크스주의적인 사회적 재생산론과 폴브레의 이론 간의 차이는 크지 않다.[22]

마르크스주의적 사회적 재생산론을 전개하는 럭스톤은 사회적 재생산의 대상을 전체 인구로 보는 입장에 대해 명확하게 거리를 취한다. 그녀는 사회적 재생산을 가사노동으로 한정하는 입장을 비판하면서, 사회적 재생산을 가사노동으로 한정하지 않고 국가·시장·가정 간의 상호작용 방식을 통해 개념화하는 입장에서 때로 보여주는 모호성, 특히 전체 인구와 노동계급을 동일시하는 모호성을 비판한다. 전체 인구와 노동계급의 융합은 결국 '계급', 나아가 '젠더', '인종'을 제대로 이론화하는 것을 방해한다는 것이다(Luxton, 2006: 36). 그녀에 따르면 자본주의에서 생산과 사회적 재생산을 연결하는 관계가 중요한데, 이는 바로 피키오가 부각한 총임금과 총이윤 간의 대립이라는 것이다(같은 글: 36). 이에 따라 자본주의에서 자본축적과정과 노동인구의 사회적 재생산과정 역시 대립

---

22 마르크스주의적 사회적 재생산론에 대한 폴브레의 비판 및 그녀의 '교차성의 정치경제학'에 대한 보다 상세한 고찰은 다음 기회로 미루고자 한다.

하며(같은 글: 37), 사회적 재생산의 대상을 전체 인구로 보는 관점은 이러한 대립 속에서 진행되는 노동계급의 사회적 재생산을 파악할 수 없다는 것이다.

이 주제와 관련된 럭스톤 및 마르크스주의적 사회적 재생산론자들 다수의 의견은 해당 사회의 구체적 사회경제 관계와 동학 및 특성과 분리된 "추상적 인구법칙"(23: 660)을 인정하지 않는 마르크스의 관점과 기본적으로 일치한다. 그럼에도 불구하고 이 문제와 관련하여 마르크스에게서 나타나는 '노동계급'과 '무산자 계급' 및 '다수 개인들' 간의 동일시 경향에 주목할 필요가 있다. 『독일 이데올로기』에서 마르크스는 무산자 계급, 곧 "프롤레타리아트"를 "다수 사람들"(Marx·Engels, 2004: 34)[23] 또는 "다수 개인들"(같은 책: 72)과 동일시한다. 또한 이때 무산자 계급은 노동력의 판매를 통해서만 생존할 수 있다는 의미에서 사실상 노동계급과 동일시되고 있다. 이후의 저술들에서 이는 더욱 강화된다. 『공산당 선언』에서 명시되듯, 마르크스가 자본주의에서 중간계급을 포함하여 점점 더 많은 개인들이 노동력의 판매를 통해서만 생존할 수 있는 무산자 계급으로 전화되는 경향이 있다고 보기 때문이다(4: 463). 결국 마르크스에게서는 '인민의 다수=무산자 계급=노동계급'이라는 등식이 성립한다.

금융자본주의 시대, 나아가 인공지능과 로봇의 산업적 응용이 확산되는 오늘날, 마르크스의 이 등식은 어떤 의미를 가질까? 무산자 계급을 노동하지 않으면 일상적·세대적 재생산을 담보할 수 없는 계급으로 정

---

23 이 장에서 『독일 이데올로기』에서의 인용은 2004년에 출간된 *Marx-Engels Jahrbuch* 2003을 따른다. 이 저서는 『독일 이데올로기』 1부의 MEGA판이다. 『독일 이데올로기』 MEW판 1부는 『독일 이데올로기』가 완성된 저서라는 인상을 주려는 의도로, 마르크스와 엥엘스의 관련 원고들을 원본과 다르게 마구 뒤섞어 편집하였다.

의할 때, 현재 인민의 다수가 무산자 계급에 속하며 그 수가 점증해 가리라고 예측된다. 또한 비정규직을 포함하여 마르크스의 '산업예비군'으로 포함할 수 있는 모든 범주의 사람들을 잠재적 노동자라는 의미에서 '노동계급'으로 분류할 때, 또한 바타차르야처럼 노동계급을 유·무급 여부와 무관하게 일생 동안 사회 재생산 전체에 참여하는 생산계급 속의 모든 사람들로 정의할 때, 노동계급의 사회적 재생산과 관련하여 마르크스의 저 등식은 오늘날에 더욱 유효하다고 할 수 있다.

그런데 오늘날에는 마르크스 시대와 달리 마르크스적인 범주로는 '산업예비군'에 해당하는 사람들, 곧 불안정한 비정규직과 실업자의 비율이 전체 노동계급 중에서 증가하고 있다. 나아가 사회적 재생산론자들이 부각하듯, 전업주부를 비롯하여 적절한 보상을 받지 못하면서 사회 재생산의 관점에서 유용한 노동을 하는 노동자들 또한 적지 않다. 이처럼 마르크스의 시대와 달라진 현실, 즉 불안정한 노동자 또는 무산자가 양산되면서 점증해 간다는 현실은 노동계급 또는 무산자 계급 대신 '불안정한 무산자 계급', 곧 '프레카리아트'(Precariat) 범주를 사용함으로써 더 석확하게 포착될 수 있다.[24] 불안정노동의 비율은 특히 여성들과 이주민들 사이에서 높다. 이런 측면에서 '프레카리아트'는 자본주의 사회에서의 젠더화된 사회 재생산 구조, 나아가 인종화·민족화된 사회 재생산 구조 역시 '연대와 차이' 속에서 보다 적확하게 드러낼 수 있는 범주다.[25]

---

24 'Precariat'는 '불안정한'을 의미하는 'precarious'와 '무산자 계급'을 의미하는 'Proletariat'의 합성어다. 프레카리아트에 대한 보다 상세한 고찰을 위해서는 곽노완(2020)을 참조하라.

25 현재 돌봄노동의 많은 부분을 소위 '조선족 여성'이 담당하며 농촌지역을 중심

그런데 전체 인구를 사회적 재생산의 대상으로 보는 입장에서 논의하는 인구도 실제로는 이 다수 노동계급 또는 프레카리아트라고 할 수 있다. 무엇보다 부가 집중되는 소수의 자본가 내지 부유한 유산자 계급에게는 재생산을 위한 자원이 풍족하기 때문이다. 그 결과 이 계급은 '출산' 같은 극히 예외적인 경우를 제외하면,[26] 자신들의 부에 기초하여 사회적 재생산과 관련되는 거의 모든 부담을 다른 계급에게 전가할 수 있기 때문이다. 나아가 인구증감과 관련되는 인구통계학적 고찰에서도 사실 이 다수가 유의미하기 때문이다.

물론 이러한 주장이 사회적 재생산의 대상을 '노동계급' 또는 '프레카리아트'에서 '전체 인구'로 대체·해체하자는 주장을 함축하지는 않는다. 오히려 그 역의 주장을 함축한다. 즉 사회적 재생산의 대상이 인민의 다수로서의 '노동계급' 또는 '프레카리아트'로 명시되어야 한다는 주장을 함축한다. 그 이유는 럭스톤이 거론한 이유, 곧 자본주의 사회에서 사회적 재생산이 갖는 모순적·계급적 성격을 명확하게 할 필요성 때문만이 아니다. 나아가 이에 기반하여 올바른 사회적 재생산 정책을 수립·추진하기 위해서도 그 정책 대상의 계급적 성격을 분명히 할 필요성이 있기 때문이다. '인민의 다수'를 위한 사회적 재생산 정책은 선별에 따른 차별이나 행정비용의 낭비 등이 없고 다수의 동의를 획득하기에 유리한 보편주의 형태로 설계되는 것이 바람직하다. 나아가 바타차르야가 강조하듯,

---

으로 이주결혼여성이 증가한다는 측면에서 사회적 재생산의 인종화 내지 민족화 문제는 우리나라도 비켜가지 않는다.

26   보겔이 시사했듯이, 지배계급에 속한 여성 역시 젠더화된 사회적 재생산의 기제로부터 완전히 자유로울 수는 없다는 측면에서 여성 내부의 단결 가능성이 있다. 그렇다고 이 가능성이 여성 내부에서의 차이를 완전히 없앨 수는 없을 것이다.

보육정책, 공교육 같은 사회적 재생산의 주제는 실제로 보편적 주제로 설정되는 경향이 있다. 그러나 보편주의 정책이라고 해서 탈계급적인 것은 아니다. 자본주의 사회 같은 계급사회에서는 오히려 어떤 계급을 기준으로 설계되는 보편주의 정책인가에 대한 문제를 피할 수 없다. 여기에 대해 사회적 재생산론자들은 '인민의 다수인 노동계급 또는 프레카리아트'라고 명확하게 답변할 수 있어야 한다.

4) 무급 돌봄·가사노동에 대한 보상

바타차르야에 따르면 현대 자본주의의 사회적 재생산 과정에서 무임금으로(unwaged) 남아 있는 유일한 장소가 가정이다(Bhattacharya, 2015: 22).[27] 이는 가정에서 수행되는 무급 돌봄·가사노동에 대한 보상 문제를 포함하여 어떻게 이와 관련된 여성억압이 해결될 수 있는지에 대한 문제를 제기한다. 일단 보상 문제에만 집중해 보자.

마르크스의 정치경제학에 따를 때, 자본주의 사회에서 가정 내 무급의 돌봄·가사노동은 경제적 가치나 잉여가치를 창출하지 않는다. 피키오가 부녀의 돌봄·가사노동에 대한 대가로 직접적인 임금이 아니라 이에 대한 소위 "사회 임금"이나 "주부를 위한 독립적 소득"(Picchio, 1992: 143)을 시사하는 것은 아마도 이런 이유에서일 것이다. 그런데 총임금에 대립적인 요소로 총이윤만을 제시하는 피키오의 논리에 따를 때, 무급 돌봄·가사노동에 대한 대가는 총이윤의 일부에서 가져올 수 밖에 없다. 그렇지만 이는 가정 내 돌봄·가사노동이 가치나 잉여가치를 창출하

---

27 사실 이는 정확하지 않다. 생태운동 같은 다른 유형의 무급 재생산노동에 대해서도 현재 적절한 보상이 주어지지 않기 때문이다. 바타차르야는 사회적 재생산노동의 외연을 확장하지만, 이에 대한 적절한 보상 문제는 다루지 않는다.

지 않는다는 사실과 모순적으로 보인다.

이 문제를 해결하기 위해서는 마르크스가 제시하는 경제적 빼앗음의 또 다른 형태, 곧 '수탈'(expropriation)에 대해 고찰할 필요가 있다. 노동과정을 통한 경제적 빼앗음이 '착취'(exploitation)라면, '수탈'이란 노동과정 외부에서의 경제적 빼앗음이다(곽노완, 2010: 171). 지대, 투기소득, 공적 자금 수취 등이 대표적인 수탈 사례다.

무급 돌봄·가사노동의 결과, 곧 양질의 노동력의 제공, 특히 세대재생산의 혜택은 전체 사회경제가 공유한다. 양질의 노동력이 적정 규모에서 부단히 제공된다고 전제할 경우, 이로 인해 전체 고용과 수요가 지속가능한 수준에서 유지되고 교육제도, 부과식 연금제도를 비롯한 각종 사회제도 역시 안정적으로 유지되기 때문이다. 폴브레가 제도학파 경제학적 분석을 통해 자녀를 '공공재'(public goods)로 분류한 것이 시사하듯(Folbre, 2001: 162-165),[28] 이런 측면에서 무급 돌봄·가사노동은 사실상 모두가 공유하는 새로운 '사회적 부'를 생산하는 노동이라고 할 수 있다.

그런데 자본주의 사회에서 이 새로운 '사회적 부'의 최대 수혜자는 자본이다. 자본은 노동력의 일상적·세대적 재생산을 통해 끊임없이 공급되는 양질의 노동력에 기초하여 재생산, 나아가 확대 재생산된다. 그렇지만 가정 내 돌봄·가사노동은 자본이 고용한 노동이 아니다. 이런 측면에서 자본은 이 무급노동 종사자의 노동력을 돌봄·가사노동이라는 형

---

[28] 폴브레에 따르면 돌봄은 주고받는 당사자 간에 발생한 비용과 혜택의 교환이 당사자들을 넘어서서, 돌봄의 혜택이 전체 사회경제로 확대된다. 즉 사회적 외부성을 발생시킨다(윤자영, 2018: 47). 그 결과 '자녀'는 어떤 경제주체에 의해 생산이 이루어지면, 구성원 모두가 소비혜택을 누릴 수 있는 재화나 서비스, 곧 비배제적·비경합적인 '공공재'가 된다는 것이다.

태로 수탈해 간다.[29]

이러한 정황은 자본의 이익이 총이윤만이 아니라 무급 돌봄·가사노동의 형태로 지출되는 노동력의 수탈에 기인하는 수탈이익도 포함함을 의미한다. 물론 현실적으로 후자는 '총이윤'과 통합되어 있다. 그럼에도 양 형태의 자본이익은 범주적으로는 구분된다. 이때 무급 돌봄·가사노동에 종사한 사람들은 이 '수탈이익'의 반환을 요구할 수 있는 권리를 갖는다고 볼 수 있다.

그렇지만 이 수탈이익의 반환에는 적지 않은 어려움이 동반된다.

자본주의 사회의 젠더화된 사회적 재생산 구조를 고려할 때, 이 무급 돌봄·가사노동의 주 기여자는 성인여성으로 충분히 추론할 수 있다. 그럼에도 불구하고 다수의 남성들, 나아가 다수의 미성년 자녀들 또한, 물론 대개의 경우 보조적인 형태이겠지만, 이 형태의 노동에 기여한다고 추정하는 것 또한 합리적일 것이다. 나아가 각 개인들의 기여도는 소속된 계급·계층에 따라서도 편차가 심할 것이다. 혹자는 각 집단의 평균 기여도를 추정하여 이 수탈이득을 기여도에 따라 분배할 것을 주장할 수도 있을 것이다. 그러나 이는 그 기술적 어려움에 대해 사상하더라도, 현재의 구조화된 젠더 불평등구조를 더욱 고착화시키리라는 점에서 바람직하지 않다(Van Parijs, 1991: 168 참조).

---

29 '가족임금' 또는 '가족수당'이라는 범주가 시사하듯, 자본은 생계부양자로서의 남성에게 임금을 그 가족의 생활비라는 명목으로 지급한다. 그러나 그 액수는 극히 미미하다. 나아가 오늘날 노동자 당사자의 생계비에도 미치지 못하는 임금을 지급받는 비정규직과 가족생활비에 미치지 못하는 임금을 지급받는 정규직이 양산되고 있다. 이러한 정황은 자본이 돌봄·가사노동의 형태로 제공되는 가정 내 노동력을 '무상의 선물'로 합법적으로 수탈해 가고 있음을 대변한다(권정임, 2013: 118 참조).

이런 정황에서 가능한 대안의 하나는 이 수탈이익, 곧 무급 돌봄·가사노동의 형태로 지출된 노동력이 창출한 사회적 부를 "모두의 직간접적 기여를 통해 창출"되며 따라서 모두가 향유할 권리를 갖는 커먼즈 또는 "공유부"(권정임, 2022: 25)의 하나로 커먼즈에 포함시키는 것이다.[30] 또한 커먼즈를 포함하는 자본 또는 자산의 일부에 대해 적절한 공유지분을 설정하고 이에 대해 "사용권과 처분권 및 수익권을 모두가 1/n씩 갖는 '공유자산'이라는 특정한 형태의 소유권"을 법제화하여, 그 수익을 지속가능한 최대의 수준에서 현금·현물 형태의 기본소득으로 지급하는 것이다(같은 글: 26).[31]

이러한 무급의 돌봄 가사노동, 나아가 무급의 사회적 재생산노동이 생산·재생산하는 공유자산에 대한 배당, 곧 기본소득은 살펴본 기존 사

---

[30] 이 장에서 '공유지', 곧 '커먼즈'와 '공유부'는 동의어로 사용된다. 양자의 영어 표현으로는 'commons'를 사용한다. '커먼즈'란 그 어원상 "공동체 성원 모두를 위한 '선물'이자 그 선물에 대해 모두가 '답례'해야 할 의무가 있는 부"를 의미한다(권정임, 2022: 9). '공유부'란 모두가 평등하게 향유해야 하는 부다(같은 글: 11). 공유부에 대한 평등한 향유권은 두 가지 근거로 정당화된다. 첫째는 커먼즈는 그 누구도 배타적으로 생산한 것이 아니므로 그것을 사용 또는 향유할 기회가 모두에게 실질적 평등하게 주어져야 한다는 점이다. 둘째는 무급 돌봄노동이 창출하는 공유부의 경우에 적용되듯, 공유부의 생산·재생산에 모두가 직·간접적으로 기여하기 때문이다. 공유자산 배당으로서의 기본소득은 이 두 근거에 기초하여 공유지에 대한 이러한 향유권을 현실화시키는 방법의 하나로 제안된다. 이에 대한 자세한 고찰은 권정임·곽노완·강남훈(2020: 171) 이하, 권정임(2022)을 참조하라.

[31] 이러한 공유자산화는 생태적·경제적으로 지속가능한 수준에서 진행된다. 이에 대한 상세한 고찰을 위해서는 권정임·곽노완·강남훈(2020: 185-188), 권정임(2022: 26)을 참조하라.

회적 재생산 여성주의의 한계, 곧 무급의 재생산노동에 대한 적절한 보상문제를 해결하지 못한다는 점과 이에 연계된 여성의 의존성 문제를 극복가능하게 한다. 나아가 기본소득은 젠더화된 사회적 재생산구조의 해체를 비롯한 여성해방의 전망 및 그 실현과 관련하여 주목할 만한 잠재력을 갖는다. 다음 소절에서 살펴보자.

5) 사회적 재생산의 대안적 전망과 기본소득

2절에서 살펴보았듯이, 자본의 통제 아래 조직화된 자본주의적 사회적 재생산에 대한 비판적 관점에 걸맞게 사회적 재생산 여성주의가 추구하는 대안은 근본적이다. 그 핵심은 민주주의에 기초하여 사회적 재생산을 '사회적 필요'에 따라 계획·조직하는 것으로 요약된다. 마르크스가 포스트 자본주의 사회 또는 사회주의 사회를 민주적인 "자유인들의 연합"(23: 92)으로 전망한다는 사실을 고려할 때, 민주주의에 기초하여 '사회적 필요'에 따라 계획·조직되는 사회적 재생산은 마르크스주의적 사회적 재생산 연구프로그램의 근본적·장기적인 비전이라고 할 수 있다.

    그런데 이러한 근본적·장기적 비전은 마르크스주의에 연계하지 않지만 사회주의적인 사회적 재생산 여성주의도 일정 정도 공유한다. 예를 들어 프레이저는 자본주의 사회에서의 사회적 재생산 위기를 해결하기 위해, "풀뿌리 공동체 운동" 등과 결합하여 무엇보다 "금융 자본주의에 의한 생산에 대한 재생산의 탐욕스러운 종속을 극복"(Fraser, 2016: 36)하여 "생산·재생산관계"를 "대규모로 재조직"할 것을 주장한다. 보다 구체적으로는 "모든 계급, 젠더, 섹슈얼러티, 인종에 속한 사람들의 사회적 재생산 활동이 안전하고, 흥미로우며, 보수가 좋은 노동과 결합되도록" "사회적 배치"(social arrangements)를 재조직할 것을 주장한다(같은 글: 35). 폴브레는 라이트(E. O. Wright)가 자신의 새로운 사회주의 사회, 곧 리얼 유토피아의 실현을 위해 강조한 사회권력 강화(social empowerment), 곧 민주주의의 강화[32]에 연계하면서(Folbre, 2020: 226) "돌봄 사회주의"(같은 책: 216)를 주장한다.

현재 우리나라를 비롯한 많은 자본주의 국가에서 사회적 재생산은 상당 부분 사회화되어 있다. 그 결과 가정 내 돌봄·가사노동의 상당 부분이 시장 또는 사회 서비스의 영역으로 이전되었다. 그러나 이러한 사회화 방식이 "민주적이고 공정한지에 대해서 여전히 회의적이다(윤자영, 2018: 32). 나아가 자본주의 시장경제에서 돌봄·가사노동의 사회화는 돌봄·가사노동의 "시장화와 여성화"(같은 글: 49)로 귀결된다. 이는 돌봄·가사 관련 직종을 저임금 또는 파트타임제 여성 직종으로 고착하고, 가계에 대해서는 낮은 품질의 돌봄·가사 서비스를 고비용으로 구매하는 문제를 동반한다. 뿐만 아니라 주 40시간 노동 규범으로 예시할 수 있듯이 공식 노동이 여전히 가사노동과 "돌봄에 대한 책임이 없다고 전제하는"(윤자영, 2016: 23) 노동자, 곧 남성 중심적 규범에 따라 운영됨으로써, 여분의 가정 내 돌봄·가사노동 역시 주로 여성에게 전가되고 있다. 즉 현재 돌봄·가사노동의 사회화에도 불구하고 사회적 재생산, 나아가 사회적 재생산과 생산이 통합된 사회 재생산 전체의 젠더 불평등한 구조는 여전히 재생산되고 있다.

이러한 자본주의적 현실에서 사회적 필요에 따라 민주주의적으로 조직되고 운영되는 사회적 재생산, 나아가 사회 재생산을 창출하기 위한 정책을 모색해 보자. 보겔이 시사한 재생산권의 실현을 전제로, 이 소절의 나머지 부분에서는 이러한 창출과 관련하여 무엇보다 기본소득이 가

---

32 라이트의 리얼 유토피아 기획 및 사회권력 강화에 대해서는 곽노완(2017)을 참조하라.

지고 있는 잠재력에 대해 간략하게나마 살펴보고자 한다.

현재 우리나라에서는 돌봄의 상당한 부분에 국가예산이 투여되고 있다. 그럼에도 이러한 사회 서비스의 양과 질 모두에서 여전히 미흡하다. 공유지의 공유자산화에 기초하여 기본소득의 재원이 충분히 확보될 경우, 현물 기본소득의 형태로 돌봄·가사노동을 비롯한 사회적 재생산을 공적으로 지원할 수 있다. 그 결과 돌봄·가사노동을 비롯한 사회적 재생산을 '사회적 필요'에 부합하는 수준으로 가능한 최대치로 사회화할 수 있다.

이러한 사회화에도 불구하고 가정 내 돌봄·가사노동이 완전히 사회화되지는 못 할 것이다. 경우에 따라 돌봄이나 가사노동이 적극적인 자아실현의 계기일 수도 있다는 점에서, 완전한 사회화는 나아가 바람직하지 않을 수도 있다. 이러한 상황에서 가정 내 파트너에게 동일한 액수로 평등하게 지급되는 현금 기본소득은 가정 내 돌봄·가사노동의 젠더 평등한 분담을 견인할 수 있다. 기본소득의 근거의 하나가 모두의 직·간접적 기여로 창출된 커먼즈에 대한 권리, 이 경우 특히 돌봄·가사노동을 통해 새로 창출된 커먼즈에 대한 권리이기 때문이다. 이 권리에 근거하여 모든 젠더가 평등한 기본소득을 받는다는 것은 역으로 돌봄·가사노동에 대한 젠더 평등한 참여를 전제하여 요청하기 때문이다. 기본소득은 무조건적으로 지급되지만 이때의 무조건성이 '도덕적인 무조건성'까지 함축하는 것은 아니다. 기본소득의 젠더 평등한 지급은 가정 내 무급 돌봄·가사노동에 대한 젠더 평등한 참여를 '도덕적으로' 요청한다.[33]

---

33 이때 여성과 남성 모두에게 후한 급여를 동반하는 장기간의 육아휴직을 보장한다면(윤자영, 2018: 50), 가정 내 무급노동의 젠더평등한 분담과 관련하여 기본소득이 갖는 효과는 더욱 커질 것이다.

현금기본소득이 견인하는 젠더 평등은 나아가 현금기본소득이 '노동'과 관련하여 갖는 또 다른 의의, 곧 기본소득이 양 성 모두가 노동시간을 자발적으로 줄이고 일자리를 나누기에 좋은 조건이 된다는 점으로 인해 더욱 증폭된다(권정임, 2013: 133-134). 그 결과 양질의 일자리가 더 많이 창출되어 공식 경제에서의 젠더화된 분업이 해체되기에 유리해질 뿐만 아니라,[34] 공식 노동시간의 경감으로 가정 내 돌봄·가사노동을 적극적으로 젠더 평등하게 분담하기에도 유리해 지기 때문이다.

나아가 기본소득은 커먼즈의 공유자산화를 촉진하여 자본의 지배력을 약화시킨다. 뿐만 아니라 개인의 경제적 자립의 강화에 기반하여 개인들의 민주주의적 참여를 촉진한다. 이를 통해 현 자본주의 사회의 형식적·절차적 민주주의를 개인들이 공적인 의사결정과정에 보다 적극적으로 참여하여 영향력을 행사하는 '실질적 민주주의'로 대체하기에 유리한 조건이 창출된다.[35] 결국 기본소득은 프레카리아트, 특히 여성에 대해 억압적인 자본주의적인 사회적 재생산, 나아가 사회 재생산을 한편으로는 『자본』이 꿈꾸는 "가족과 양 성 관계의 더 높은 형태"(23: 514)로의 진화에, 다른 한편으로는 모든 개인들의 자유로운 발전에 유리한 새로운 형태의 사회적 재생산과 사회 재생산으로 해체하여 대체하기에 유리한 정책이다.[36]

---

34 현물 기본소득의 결과, 사회적 재생산 관련 사회 서비스 직종에서 좋은 일자리가 양산된다는 점 또한 공식 경제에서의 젠더화된 노동분업 해체를 촉진할 것이다(권정임, 2013: 133-134 참조).

35 이에 대해서는 권정임·곽노완(2020)을 참조하라.

36 바람직하고 젠더 차원에서 정의로운 사회적 재생산을 위한 투쟁의 하나로 프레이저가 "보편적 기본소득을 위한 풀뿌리 공동체 운동"(Fraser, 2016: 35)을 제시하

5. 나가며

지금까지 사회적 재생산 여성주의를 비판적으로 연구하여, 자본주의 사회에서 여성 억압과 여성 해방의 가능성을 연구하는 보다 체계적인 프로그램으로 재구성하였다.

    사회적 재생산 여성주의는 이중체계론과는 달리 마르크스의 정치경제학에 기초하여 자본주의와 여성억압, 생산과 재생산 또한 통합적으로 사유한다. 동시에 이 사조는 자본주의 사회에서 사회적 재생산이 자본순환에 종속됨을 보임으로써, 사회적 재생산이 계급투쟁의 영역임을 보인다. 또한 이 사조는 사회적 재생산이 가정, 시장, 시민사회, 국가, 나아가 전지구적으로 조직됨을 보인다. 아울러 이 사조는 이들 사이에 사회적 재생산 노동을 적절하게 분배하는 것을 사회적 재생산의 핵심문제의 하나로 제시하는 동시에 사회적 재생산론의 주제가 보편적인 주제임을 보인다.

    이러한 사회적 재생산 여성주의에 연계하여 이 장에서는 우선 이 사소의 연구결과를 마르크스의 정치경제학에 기초하여 보다 근본적·체계적으로 고찰하였다. 그 결과 이 사조의 시도를 정치경제학으로 대변되는 마르크스의 이론에 기초하여 사회적 재생산 프로그램을 창출하는 기획으로 해석하였다. 또한 이러한 기획을 통해 자본주의 사회 재생산과 관련하여 '형태'를 중심으로 하는 마르크스의 연구가, 사회적 재생산과 생태적 사회 재생산으로 대변되는 '소재'에 대한 연구와 통합되어 확장된다고 주장하였다.

    이어서 이 장에서는 이 사조의 주장들을 다음과 같이 비판적으로

는 이유는 아마 기본소득이 가지고 있는 이러한 잠재력 때문일 것이다.

재구성함으로써, 사회적 재생산 프로그램을 보다 발전시키고자 하였다.

첫째, 이 장에서는 이 사조의 다수가 채택하는 사회적 재생산의 대상, 곧 '노동계급과 그 노동력'을 '프레카리아트와 그 역량 또는 노동력'으로 대체할 것을 주장하였다.

둘째, 이 장에서는 무급 돌봄·가사노동을 비롯한 무급의 사회적 재생산노동을 적절히 보상하기 위해 기본소득을 지급할 것을 주장하였다. 이를 통해 기존 사회적 재생산 여성주의가 무급의 재생산노동에 대한 적절한 보상 문제를 해결하지 못한다는 점, 나아가 이에 연계된 여성의 의존성 역시 해결하지 못한다는 문제를 극복하고자 하였다.

셋째, 사회적 재생산의 대안적 전망, 곧 민주주의에 기초하여 '사회적 필요'에 따라 계획·조직되는 사회적 재생산과 관련하여 기본소득이 갖는 다음의 효과들을 강조하였다.

무엇보다 현물 기본소득을 통해 돌봄·가사노동을 비롯한 사회적 재생산을 '사회적 필요'에 부합하는 수준으로 가능한 최대치로 사회화할 수 있다. 또한 현금 기본소득에 근거하여 가정 내 무급 돌봄·가사노동에 대한 젠더 평등한 참여를 '도덕적으로' 요청할 수 있다. 나아가 기본소득이 양 성 모두가 노동시간을 자발적으로 줄이고 일자리를 나누기에 좋은 조건이 된다. 그 결과 양질의 일자리가 더 많이 창출되어 공식 경제에서의 젠더화된 분업이 해체되기에 유리해질 뿐만 아니라, 공식 노동시간의 경감으로 가정 내 돌봄·가사노동을 적극적으로 젠더 평등하게 분담하기에도 유리해 진다. 나아가 기본소득은 커먼즈의 공유자산화를 촉진하여 자본의 지배력을 약화시키고, '실질적 민주주의'를 강화할 수 있다.

참고문헌

곽노완. 2010. "착취 및 수탈의 시공간."『시대와 철학』21(3).
곽노완. 2017. "리얼 유토피아와 기본소득. 라이트의 리얼 유토피아 기획의 재구성."『철학연구』143.
곽노완. 2020. "플랫폼 자본주의 시대의 프레카리아트와 기본소득의 확대: 플랫폼 자본의 인클로저 vs. 플랫폼 공유지배당."『마르크스주의 연구』17(1).
권정임. 2008. "과학과 현실-바슐라르, 그람시 및 알뛰세르를 중심으로."『시대와 철학』30(2).
권정임. 2013. "기본소득과 젠더정의. 젠더 정의를 위한 사회재생산모형."『마르크스주의 연구』10(4).
권정임. 2022. "가부장제와 자본주의. 이중체계론과 바레트의 여성억압 분석을 중심으로."『마르크스주의 연구』19(2).
권정임·곽노완. 2020. "실질적 민주주의와 주권자 정치·언론 배당."『인문사회 21』11(3).
권정임·곽노완·강남훈. 2020.『분배정의와 기본소득』2판. 진인진.
김경미. 2019. "《가족, 사적 사유, 국가의 기원》으로 여성해방에 대해 사유하기." 엥겔스, 프리드리히.『가족, 사적 소유, 국가의 기원』. 김경미 역. 책 세상 문고.
심광현. 2013. "마르크스 사상의 역사지리학적 생태과학으로의 확장과 사회주의 페미니즘과의 만남: '적-녹-보라 연대'의 약도 그리기."『마르크스주의 연구』10(1).
엥겔스, 프리드리히. 김경미 역. 2019.『가족, 사적 소유, 국가의 기원』. 책 세상 문고.
월비, 실비아. 유희정 역. 1990.『가부장제 이론』. 이화여자대학교 출판부.
윤자영. 2012. "사회재생산과 신자유주의적 세계화."『마르크스주의 연구』9(3).
윤자영. 2016. "돌봄노동과 기본소득 모형."『여성학 논집』33(2).
윤자영. 2018. "돌봄불이익과 기본소득."『한국사회정책』25(2).
정성진. 2013. "가사노동논쟁의 재발견: 마르크스의 경제학 비판과 페미니즘의 결합 발전을 위하여."『마르크스주의 연구』10(11).

홈스트롬, 낸시. 2002. "서론." 『사회주의 페미니즘』(홈스트롬 엮음, 유강은 옮김). 도서출판 따비.

Armstrong, P.·Armstrong, H. 1983. "Beyond Sexless Class and Classless Sex: towards Feminist Marxism." *Studies in Political Economy* 10: 1.

Arruzza, C. 2016. "Functionalist, Determinist, Reductionist: Social Reproduction Feminism and it's Critics." *Science & Society* 80(1), January 2016.

Bakker, I.·Gill, S. 2003a. "Global Political Economy and Social Reproduction." Bakker,I.·Gill, S. (ed.) *Power, Production and Social Reproduction*. Palgrave Macmillan, 2003.

Bakker, I.·Gill, S. 2003b. "Ontology, Method, and Hypothesis." Bakker,I.·Gill, S. (ed.) *Power, Production and Social Reproduction*. Palgrave Macmillan, 2003.

Bakker, I. 2007. "Social Reproduction and the Constitution of a Gendered Political Economy." *New Political Economy* 12(4).

Bhattacharya, T. 2015. "How not to Skip Class: Social reproduction of Labor and the Global Working Class"("계급을 지나치지 않는 방법. 노동의 사회적 재생산과 세계노동계급." 고민지 역. 장대업 감수). 『마르크스주의 연구』 16(4). 2019.

Bhattacharya, T. 2017. "Introduction: Mapping Social Reproduction Theory." in: Bhattacharya, T.(ed.). *Social Reproduction Theory*. Pluto Press.

Brenner, J.·Laslett, B. 1991. "Gender, Social Reproduction, and Women's Self-Organization: Considering the U.S. welfare State." *Gender & Society* 5(3). September.

Delphy, C. 1984. *Close to Home: a materialist analysis of women's oppression*. Hutchinson.

Ferguson, S. 1999. "Building on the Strengths of the Socialist feminist Tradition." *Critical Sociology* 25: 1

Ferguson, S.·MaNally, D. 2013. "Capital, Labour-Power, and Gender-Relations: Introduction to the *Historical Materialism* Edition of *Marxism* and the Oppression." in: Vogel, L. 2013. *Marxism and the Oppression of Women*, Brill.

Firestone, S. 1979. *The Dialectic of Sex*. The Women's Press.

Folbre, N. 2001. *The Invisible Heart*(『보이지 않는 가슴. 돌봄 경제학』, 윤자영 역). 도서출판 또 하나의 문화, 2007.

Folbre, N. 2020. *The Rise and Decline of Patriarchal Systems. An Intersectional Political Economy*. Verso, 2021.

Fraser, N. 2016. "Crisis for Care? On the Social-Reproductive Contradiction of Contemporary capitalism." in: Bhattacharya, T.(ed.). *Social Reproduction Theory*. Pluto Press.

Fraser, N.·Jaeggi, R. 2018. *capitalism: A Conversation in Critical Theory*. Cambridge: Polity.

Hartmann, H. 1979. "The Unhappy Marriage of Marxism and Feminism." https://edisciplinas.usp.br〉mod_resource〉content.

Katz, C. 2001. "Vagabond Capitalism and the Necessity of Social Reproduction." *Antipode 33*.

Laslett, B.·Brenner, J. 1989. "Gender and Social Reproduction: Historical Perspective." *Annual Review of Sociology 15*(1989).

Lebowitz, M. 2003. *Beyond Capital: Marx's Political Economy of the Working Class*, Palgrave McMillan.

Luxton, M. 2006. "Feminist Political Economy in Canada and the Politics of Social Reproduction." Bezanson, K·Luxton, M.(ed.) *Social Reproduction. Feminist Political Economy Challenges Neo-Liberalism*. McGill-Queen's University Press. 2006.

Marx, K.·Engels, F. Werke [*MEW*]. herausgegeben von Institut für Marxixmus-Leninismus beim ZK der SED. Berlin.

Marx, K.·Engels, F. 2004. "Die Deutsche Ideologie; Artikel, Druckvorlagen, Entwürfe, Reinshcriftenfragmente und Notizen zu 'I. Feuerbach und II. Sankt bruno.'" in: *Marx-Engels-Jahrbuch 2003*. herausgegeben von der Internationalen Marx-Engels-Stiftung(Amsterdam). Berlin.

Millet, K. 1971. *Sexual Politics*. Sphere.

Picchio, A. 1992. *Social Reproduction. The Political Economy of the Labour Market*. Cambridge University Press.

Van Parijs, Ph. 1991. "Basic Income: A Green Strategy for the New Europe." in: Parkin, S.(ed.), *Green Light on Europe*. Heretic Books Ltd.

Vogel, L. 1983. *Marxism and the Oppression of Women. Toward a Unitary Theory*. Brill. 2013.

Vogel, L. 2000. "Domestic Labour Revisited." in: *Marxism and the Oppression of Women. Toward a Unitary Theory*. Brill. 2013.

Vogel, L. 2017. "Foreword." in: Bhattacharya, T.(ed.). *Social Reproduction Theory*. Pluto Press.

· · · ·

제6장

후기 마르크스와 마르크스주의의 혁신의 이론적 자원들[1]

정성진(경상국립대학교 경제학부 연구석좌교수)

1. 머리말

마르크스의 사상에 관한 기존 연구들에서는 초기 마르크스와 중기 마르크스의 사상이 중시되고, 초기와 중기 간의 연속 혹은 단절이 중요한 쟁점으로 논의되어온 반면, 후기 마르크스의 사상은 그다지 가치가 없는 것으로 간주되었다.[2] 예컨대 존즈(G.S. Jones)는 최근 간행된 마르크스 전

---

1 이 장은 정성진(2021)을 수정·보완한 것이다.

2 이 장에서 마르크스의 사상의 진화과정에서 '초기'는 1844년 『경제학·철학 수고』 집필을 전후한 시기, '중기'는 1850년대 이후 1867년 『자본론』 1권 출판에 이르는 정치경제학 비판 연구의 시기, '후기'는 국제노동자협회가 사실상 해산한 1872년 이후 시기를 가리키며, '말년'은 '후기' 중 마르크스의 부인이 사망한 1881년에서 마르크스 자신이 사망한 1883년까지의 시기를 뜻한다.

기에서 후기 마르크스가 러시아에 대해 관심을 가졌던 것에 대해 언급하면서도, 마르크스의 말년, 즉 1881-1883년 시기는 "마르크스가 자신과 가족들의 건강을 돌아가며 걱정하는 일로 완전히 점철된 시기"라고 묘사한다(존스, 2018: 931). 리드만(Sven-Eric Liedman)과 스퍼버(J. Sperber)의 마르크스 전기 역시 말년의 마르크스 부분은 건강 악화 등 개인 신변묘사에 치중되어 있으며, 후기 마르크스의 사상의 독자적 의의는 간과된다(Liedman, 2018; Sperber, 2013). 하지만 최근 마르크스 사상에 대한 연구들 다수는 '마르크스 엥겔스 전집'(MEGA)으로 간행되고 있는 마르크스와 엥겔스의 미공간 초고를 이용하여 후기 마르크스 사상을 재조명하고 있다는 점에서 흥미롭다. 이 장에서는 최근 후기 마르크스 사상 연구의 도달점을 보여주는 세 권의 책, 마르셀로 무스토(M. Musto), 『마르크스의 마지막 투쟁: 1881-1883년의 지적 여정』(강성훈·문혜림 옮김, 산지니, 2018)[3], 자렘브카(P. Zarembka), Key Elements of Social Theory Revolutionized by Marx (Brill, 2020), 사이토 고헤이, 『지속 불가능 자본주의』(김영현 옮김, 다다서재, 2021)[4]을 검토한다. 이를 통해 후기 마르크스의 사상은 역사관과 포스트자본주의 구상에서 초기 및 중기로부터 중요한 전환 혹은 혁신을 이룩하였음을 확인하고, 후기 마르크스의 사상이 21세기 마르크스주의의 혁신과 포스트자본주의 기획을 위해 필수불가결한 이론적 자원이 될 수 있다고 주장할 것이다.

---

[3] 원저는 이탈리아어로 출판된 Musto(2016)이다. 국역본은 2020년 출판된 영역본 Musto(2020)의 원고를 대본으로 번역한 것이다.

[4] 원저는 斎藤幸平(2020)이다.

2. '변경혁명'을 위한 마르크스의 최후의 투쟁

무스토의 『마르크스의 마지막 투쟁』은 말년의 마르크스의 지적 여정에 대한 전기적 서술이다. 무스토의 책의 한국어판 제목은 레닌의 유명한 '최후의 투쟁'[5]을 연상하게 하는데, 실제로 마르크스에게도 레닌의 '최후의 투쟁'에 못지 않게 치열했던 '마지막 투쟁'이 있었다. 무스토가 이 책에서 집중적으로 조명한 마르크스의 '마지막 투쟁'의 기간은 마르크스의 말년 시기, 즉 부인이 사망한 1881년부터 마르크스 자신이 사망한 1883년까지의 3년이다. 이 시기는 기존의 마르크스 전기들에서는 대체로 소홀히 다루어졌다. 기존의 전기들은 마르크스의 말년을 새로운 이론을 구축하기보다 자신의 기존의 이론을 대중화한 시기로 묘사한다. 또 말년의 마르크스는 병마에 시달리면서 관심이 여러 방면으로 분산되어서 이론적으로도 정치적으로도 중요한 성취는 이루지 못한 시기로 기록된다. 하지만 무스토는 말년의 마르크스가 작성한 발췌노트[6]와 서신을 검토하여 이런 통념이 사실과 다름을 보여 주었다. 무스토에 따르면 말년의 마르크스는 혼신의 힘을 나해 새로운 사상 지평을 연, 새로운 마르크스였다. 무스토는 말년의 마르크스를 부인과 딸 등 가족의 연이은 사망으로 지쳐 있던 병약한 노인이 아니라, 역경에 굴하지 않고 이전의 자신의 관념을 반성하면서 새로운 학문과 지식을 섭렵하며 더 나은 세상을 추구했던 사상가로 그려냈다. 무스토에 따르면 "마르크스의 말년 원고들은 그가 노

---

[5] 레닌의 '최후의 투쟁'은 1922-1924년 병석의 레닌이 벌인 반스탈린·반관료주의 투쟁으로서 레빈(M. Lewin)의 책 제목이기도 하다(Lewin, 1968).

[6] 후기 마르크스의 발췌노트에 대한 연구로는 大谷禎之介·平子友長 編(2013)을 참고할 수 있다.

년기에 접어들어 지적 호기심이 줄어들었고, 그에 따라 연구를 그만두었다는 전설을 불식시켜준다. 실제로 말년의 마르크스는 자신의 연구를 계속 진행했을 뿐만 아니라 연구의 관심을 새로운 분야로 확장했다"(무스토, 2018: 11, 167). 말년의 마르크스는 기존의 전기 작가들의 주장처럼 "지적 호기심과 이론적 통찰력이 감소하고 있었"던 것이 아니라, 끝없는 지적 호기심으로 화학, 물리학, 생리학, 지질학, 수학 등 새로운 학문을 연구했다(무스토, 2018: 34).

무스토는 말년의 마르크스가 청년기의 유럽중심주의와 경제결정론적 역사관을 극복하고 복선적(複線的, multilinear)인 개방된 역사관으로 나아갔음을 보여준다. 말년의 마르크스는 "경제결정론의 함정에서 확실히 탈출"했으며 "인간 역사에서 각 단계들 사이의 순서는 불변이라는 경직적 도식"과 "사회변화를 오직 경제적 변혁에만 연결시키려는 모든 시도를 일축했다"(무스토, 2018: 44-45). 무스토는 말년의 마르크스가 제기했던 식민주의에 대한 비판, 비서유럽 사회에 대한 새로운 시선, 특히 비자본주의 나라들에서 혁명의 가능성에 대한 언급, 새로운 역사유물론에 주목했다. 말년의 마르크스는 인류학에서 최신의 발견과 전자본주의 사회의 공동소유 형태, 농노제 폐지 이후 러시아의 변화, 근대 국가의 탄생 등에 대해 깊이 연구했다. 또 말년의 마르크스는 아일랜드 해방 투쟁에 대해 지지를 표명했고, 인도, 이집트, 알제리 등 식민지에 대한 유럽 열강의 탄압에 단호히 반대했다. "말년의 마르크스는 결코 유럽중심적이거나 경제학적이거나 혹은 계급갈등에만 집착하는 그런 사람이 아니었다"(무스토, 2018: 11). "말년의 마르크스는 자본주의 체제에 대한 지속적인 비판을 위해서는 새로운 정치적 갈등, 새로운 주제와 지리적 영역에 대한 연구가 기본적"이라고 생각했는데, 이는 그가 "다양한 국가들의 특수성을 받아들이고, 자신이 이전에 개발했던 것과는 상이한 사회주의로의 접근 가능성을 고려하게 만들었다"(무스토, 2018: 11-12).

　기존의 마르크스 연구에서는 대체로 마르크스의 초기 저작은 과도하게 강조되는 반면, 말년의 마르크스 사상은 과소평가되는 경향이 있었다. 하지만 이는 1844년 이전 초기 마르크스는 저널 논문 2편을 출판했을 뿐이고, 정치경제학 비판은 막 입문한 상태였던 반면(Musto, 2020: 132), 말년의 마르크스는 비록 아무 것도 출판하지는 않았지만, 자신과 가족의 건강이 악화되는 가운데서도, 1881년 전반까지『자본론』2권 최후의 초고인 '제8 초고' 집필을 계속했으며, 농화학, 생리학, 물리학, 수학, 인류학 등과 같은 다양한 분야에 대해 상당한 분량의 발췌노트를 작성한 사실을 고려하면 부당하다. 실제로 마르크스는 1881년 전반기에는 비서유럽 사회 전자본주의 사회에 관한 독서에 기초하여 200쪽이 넘는 고고인류학 발췌노트를 작성했고, 미적분을 연구한 수학 노트도 작성했다.[7] 1881년 후반 마르크스는 BC 91년부터 1648년 베스트팔렌 조약에 이르는 시기의 세계사에 관한 발췌와 주석으로 구성된 550쪽의 연표를 작성했다(무스토, 2018: 117).[8]

　무스토에 따르면 말년의 마르크스는 미국에 대해 특별한 관심을 가졌다. 마르크스는 1880년 11월 조르게(F. Sorge)에게 보낸 편지에서 "캘리포니아는 나에게 매우 중요한데, 왜냐하면 자본주의적 집중에 의한 혁명이 여기보다 더 방약무인하게 더 빠른 속도로 진행된 곳은 없기 때문이다"라고 썼다(Marx, 1992a: 46). 무스토는 만약 말년의 마르크스가『자본론』1권을 다시 개정할 수 있었다면 분명히 미국에 관해 많은 것을 추

---

[7] 마르크스의 수학 노트에 대한 검토로는 류동민(2015)을 참고할 수 있다.

[8] 1881-1882년 마르크스가 작성한 '세계사연표'에 대한 검토로는 Krätke(2018)를 참고할 수 있다.

가했을 것이라고 말한다. 말년의 마르크스는 당시 미국에서 토지단일세(single tax) 정책으로 인기있던 헨리 조지(H. George, 1839-1897)에 대해 비판적이었다. 무스토도 언급했듯이 마르크스는 1881년 6월 조르게에게 보낸 편지에서 『진보와 빈곤』(1879)의 "혐오스런 시건방과 오만"이 역겹다면서, 헨리 조지처럼 세금 정책을 변경하는 것으로 "자본주의 생산의 폐해"를 근절할 수 있다고 믿는 것은 당치 않다고 비판하기도 했다(Marx, 1992c: 101; 무스토, 2018: 53-55).

무스토의 책은 말년의 마르크스의 연구, 논쟁, 서신 교환, 가족관계, 병고, 슬픔, 여행의 기록을 전반적으로 개관한다. 무스토는 4장 '무어인의 마지막 여정'에서 1882년 전반기의 마르크스의 알제리 휴양 여행을 묘사하는데, 이에 관한 무스토의 서술은 다른 어느 마르크스 전기보다 충실하다. 무스토는 마르크스의 알제리에서의 관찰이 "식민주의적 관점"을 드러내고 있지만, 당시 알제리인들에 대한 유럽 식민국들의 처사, 특히 아랍과 북아프리카 주민들에 대한 식민제국의 인종차별 정책에 대한 비판이 더 중요하다고 본다(무스토, 2018: 129-130). 무스토에 따르면 말년의 마르크스의 알제리 여행은 마르크스의 인간적으로 취약한 면모를 드러내준다는 점에서도 중요하다.[9]

후기 마르크스가 러시아에 대해 큰 관심을 갖고 연구했다는 것은 익히 잘 알려져 있다. 무스토는 2장 "국제 정치와 러시아 자본주의에 관한 논쟁"에서 말년의 마르크스의 러시아론을 새롭게 읽는다. 여기에서 무스토는 러시아의 인민주의자 베라 자술리치(V. Zasulich)가 마르크스에게 제기한 질문, 즉 러시아 혁명가들은 전통적 촌락공동체(obshchina)를 발전시키는 데 집중할 것인가, 아니면 당시 아직 소수이지만 도시의 공

---

9 마르크스의 알제리 여행에 대한 검토로는 Mezzadra(2018)를 참고할 수 있다.

업 프롤레타리아트를 조직하는 데 집중할 것인가 하는 문제를 논의한다. 무스토에 따르면 말년의 마르크스가 러시아의 사회경제 상태를 연구하기 위해 많은 시간을 바쳤던 이유는 무엇보다도 "러시아가 영국보다 혁명이 일어날 가능성이 더 커 보"였던 반면, "영국에서는 노동자들이 부분적으로 식민지 착취에 기반한 보다 나은 삶의 조건을 누리게 되면서 그들의 운동은 점차 약화되었고 노동조합은 개량주의화되었"던 것으로 보였기 때문이다(무스토, 2018: 65).

마르크스는 러시아의 인민주의자 미하일로프스키(N. Mikhailovsky)에게 쓴 편지 초안에서 "놀랄만치 유사하긴 해도 서로 다른 역사적 맥락에서 발생하는 사건들은 완전히 다른 결과를 초래한다"(Marx, 1989a: 201)고 말했다. 무스토는 마르크스가 자술리치 등 러시아의 인민주의자들과 서신 교환을 하면서 혁명의 전망을 세계자본주의의 중심부에서 변경으로 확장하게 되었다고 주장한다. 말년의 마르크스가 비서유럽 사회에 대해 기울였던 관심은 "역사에 대한 복선적 이해"를 가능하게 해서 "서로 다른 국가와 사회적 맥락에 존재하는 정치경제적 발전의 역사적 특수성과 불균등성을 보다 주의 깊게 살피도록 했다"(무스토, 2018: 92). 마르크스는 특히 러시아의 농업공동체가 자본주의적 산업화 과정에서 필연적으로 해체 혹은 포기되는 것이 아니라 생산력 발전의 일부로서 사회주의적 지향으로 전환될 수 있다는 러시아의 경제학자 체르니셰브스키(N. Chernyshevsky)의 견해에 주목했다. 말년의 마르크스는 러시아가 당시 서유럽과는 다른 경로로 코뮤니즘으로 이행할 수 있을 것이라고 생각했다. 즉 러시아는 당시 농촌에 잔존해있던 농업공동체를 기반으로 하여 자본주의를 경유함이 없이 곧바로 코뮤니즘으로 건너 뛸 수 있을 것이라고 생각했다.

마르크스는 1881년 자술리치에게 회신 편지를 작성하기 위해 초고를 세 벌이나 작성했는데, 무스토는 이들을 상세하게 검토했다. 마르크스는 자술리치에게 보낸 편지 제2초고에서 당시 러시아에서 마르크스의 사상을 따른다면서 러시아의 농업공동체가 자본주의의 불가피성으로 인해 몰락할 것이라고 믿는 "러시아의 마르크스주의자들"에 대해 자신은 "전혀 모르며", "내가 개인적으로 연락하는 러시아인들은 이와 정반대의 생각을 갖고 있다"(Marx, 1989b: 361)라고 썼다. 마르크스는 당시 세계자본주의의 변경인 러시아가 영국이나 독일이 이전에 걸었던 길을 따라가지 않을 수 있을 것이라고 생각했다. 마르크스는 1881년 3월 자술리치에게 실제로 발송한 편지에서 자본주의로의 이행의 "역사적 불가피성"은 서유럽 나라들에 한정된다고 썼다(Marx, 1989c: 370).[10] 말년의 마르크스는 러시아에서 혁명은 서유럽에서 성공적인 프롤레타리아 혁명 없이도, 또 자본주의 발전의 단계를 거치지 않고도, 농업공동체의 기초 위에서 사회주의로 건너 뛸 수 있다고 생각했다. 무스토에 따르면 말년의 마르크스는 "사회변화를 오직 경제적 변혁에만 연결시키려는 모든 시도를

---

[10] "『자본론』에서의 분석은 농업공동체의 생존 가능성을 긍정하거나 부정하는 증거를 제시하는 것이 아니지만, 그것에 대한 나의 특수한 연구와 원출처들에서 뽑아냈던 자료들은 이 공동체가 러시아 사회 재건의 버팀목이라고 확신하게 해주었습니다. 하지만 그와 같이 기능하기 위해서는, 그것을 전방위적으로 공격하고 있는 유해한 영향력들을 우선 제거하고 그리고 나서 자생적 발전의 정상 조건들을 확보해야 할 것입니다"(Marx, 1989c: 371). 마르크스는 자술리치에게 편지를 보내기 3년 전인 1877년 11월 러시아의 『조국의 기록』 편집부에 보낸 편지에서 이미 미하일로프스키가 "서구에서의 자본주의의 기원에 대한 나(마르크스)의 역사적 스케치를, 모든 민족이 어떠한 역사적 상황하에 놓여 있다고 할지라도 불가피하게 통과할 수 밖에 없는, 보편적 발전과정의 역사철학적 이론이라고 주장하고 있습니다"라고 비판했다(Marx, 1989a: 200).

일축했다"(무스토, 2018: 45). 무스토가 그려낸 마르크스는 "역사적 조건의 특수성, 시간의 경과가 제공하는 다양한 가능성들, 그리고 실제를 형성하고 변화를 달성하는 데 있어서 그 중심에 있는 인간의 개입을 강조했다"(무스토, 2018: 45)

무스토에 따르면 말년의 마르크스는 서유럽에서 혁명의 전망에 대해 비관적으로 되었다. 마르크스는 1881년 2월 22일 니우하우스(F. Nieuwenhuis)에게 보낸 편지에서 다음과 같이 말했다. "나는 새로운 국제노동자협회를 위한 결정적 국면이 아직 도래하지 않았다고 확신합니다. 따라서 모든 노동자 회의 그리고/ 혹은 사회주의자 회의는, 특정 국가들의 즉각적이며 현실적인 조건과 관련이 없는 한, 무용할 뿐만 아니라 해롭다고 생각합니다. 그것들은 변함없는 수많은 일반화된 진부함 속에서 늘 그렇듯이 흐지부지될 것입니다"(Marx, 1992b: 67).

무스토는 3장 "올드 닉의 고난"에서 유럽에서 『자본론』의 초기 보급과 『자본론』 프랑스어판 출판과 관련된 어려움에 대해 검토한다. 무스토에 따르면 러시아와 미국의 경제발전에 대한 마르크스의 지식이 심화되면서 『자본론』 2권과 3권 초고의 집필이 지체되었다. 마르크스는 결국 1883년 사망할 때까지 『자본론』 2권과 3권의 초고를 완성하지 못했다. 무스토에 따르면 그 이유는 건강 악화 외에 당시 독일에서 반공법으로 인해 책을 출판하기 어려웠을 뿐만 아니라, 러시아와 미국 등에서 자본주의의 새로운 발전을 목도하면서, 영국을 주된 사례로 했던 자신의 이전의 정치경제학 비판 연구를 재고하게 되었기 때문이다. 말년의 마르크스는 "자본주의적 생산양식이 상이한 맥락과 시기에 발전되는 형태들"에 대해 더 많은 관심을 갖고 계속 연구했다(Musto, 2020: 88).

무스토는 이 책에서 기존의 마르크스 연구들에서 간과되었던 말년의 마르크스가 수행했던 '최후의 투쟁'을 재조명하고, 그 '최후의 투쟁'

의 핵심이 다름 아닌 그 때까지 자신이 공유했던 경제주의와 유럽중심주의에 대한 투쟁, 그리고 이를 고집했던 동시대 '마르크스주의자들'에 대한 투쟁이었음을 설득력 있게 보여주었다.[11] 특히 지난 세기말 이후 '자본주의 이외 대안 부재(TINA)' 시대에서 마르크스주의 진영에서조차 잊혀진 말년의 마르크스의 러시아론을 재조명하고 그 현재성을 검토한 것은 무스토의 책의 새롭고 중요한 기여이다. 하지만 무스토는 말년의 마르크스의 사상 전환이 『자본론』 초고 작성을 중심으로 한 정치경제학 비판 연구에 어떻게 반영되었는지의 문제는 상세하게 다루지 않았다. 이것은 3절에서 검토할 자렘브카 책의 과제이다. 또 무스토의 책은 후기 마르크스 사상에서 특유한 생태 사상도 다루지 않았는데, 이는 4절에서 살펴 볼 사이토 고헤이 책의 과제이다. 또 이 책에서 무스토가 인용한 마르크스의 저작들은 MEGA를 통해 새롭게 발견 공개된 것들이 아니라 거의 다 기존 연구들에서 이미 검토된 것들이라는 점도 지적되어야 한다. 예컨대 무스토 책의 핵심 부분인 말년의 마르크스의 러시아론은 지난 1970년대 제3세계 변경혁명론의 입장에서 주목된 바 있다.[12]

---

11 무스토는 자신의 책 4장 '무어인의 마지막 여정'을 1882년 경 마르크스가 자신의 사상을 따르고 있다고 주장하는 이들에게 한 다음과 같은 유명한 말로 마무리한다(무스토, 2018: 146): "확실한 것은 내가 마르크스주의자가 아니라는 거요."("Ce qu'il y a de certain c'est que moi, je ne suis pas Marxiste"). Engels(1993: 356).

12 예컨대 Shanin ed(1983), 특히 Wada(1983)는 그 대표적 연구이다. 최근 이들을 재조명한 글로는 D'Elia(2019)를 참조할 수 있다.

3. 미완의 프로젝트로서 『자본론』 1권

『마르크스가 변혁한 사회이론의 핵심 요소들』은 미국의 대표적 마르크스주의 경제학자인 자렘브카의 최근 논문들을 수록한 것이다. 전체 목차는 다음과 같다: '헤겔의 문제'(1장), '가치 개념에서 마르크스의 진화와 혁명: 추상노동과 노동력'(2장), '엥겔스가 아닌 마르크스의 『자본론』 1권 최종 판본(1882)'(3장), '텍스트: 마르크스가 의도했던 '자본주의적 축적의 일반법칙" 1-4절(1882)'(4장), '마르크스의 원시적 축적론과 이 주제에 대한 엥겔스의 취급 비교'(5장), '마르크스주의 자본 축적'(6장), '곤란한 문제 세 가지'(7장), '자본 구성 개념의 이론적 및 경험적 해명'(8장), '로자 룩셈부르크의 『자본축적』과 증거들의 검토'(9장), '로자 룩셈부르크의 『민족 문제와 자치』 및 레닌의 비판'(10장)[13], '마르크스주의, 마키아벨리주의 및 음모론'(11장).

자렘브카는 먼저 1장과 2장에서 『자본론』 이후 마르크스의 정치경제학 비판 연구에 영향을 미친 동시대 러시아의 경제학자 지버(N. Sieber)의 연구를 원용하면서 마르크스의 『자본론』을 비헤겔적으로 해석한다. 자렘브카에 따르면 마르크스는 1867년 『자본론』 1권 초판 출판 이후 개정 과정에서 의식적으로 헤겔의 변증법과 거리 두기를 진행했다. 자렘브카에 따르면 『자본론』 1권 초판에서는 15 곳이었던 헤겔에 대한 언급이

---

13 '룩셈부르크의 『민족문제와 자치』 및 레닌의 비판'(10장)의 저자는 이토 나리히코(伊藤成彦)이다. 이토에 따르면 로자 룩셈부르크는 국가는 억압기구인 반면 민족문화는 존중되어야 한다는 입장에서 "민족국가의 자결권"(right of national-state for self-determination)이 아니라 "민족 자율성"(national autonomy)을 지지했다.

프랑스어판에서는 그 절반으로 줄었다(Zarembka, 2020: 11).[14]

이 책 3-5장에서 자렘브카는 마르크스 사후 엥겔스의『자본론』의 편집 출판이 마르크스가 원래 의도했던 바와 다르게 되었다는 사실을 입증한다. 주지하듯이 후기 마르크스는『자본론』1권 초판 출판 이후에도 독일어 2판과 프랑스어판을 직접 감수 출판했고 사망 직전까지 독일어 3판을 위해 개정을 준비했기에 이 중 어떤 판본을『자본론』1권의 '정본' 혹은 '최종 판본'으로 볼 수 있는지에 관해 논쟁이 진행되어 왔다. 마르크스의『자본론』의 방법과 관련하여 독일어 초판을 중시해야 할지, 프랑스어판의 독자적 의의는 무엇인지 등이 주요한 쟁점이었다.[15] 그런데 자렘브카는 이 책 3-5장에 실린 논문에서 말년의 마르크스가 사망할 무렵까지 개정을 시도했던 독일어 3판이야말로『자본론』1권의 최종 판본이며, 이 마르크스 자신이 의도했던 독일어 3판은 엥겔스가 마르크스 사후 출판한 독일어 3판은 물론 흔히『자본론』1권의 '정본' 혹은 흔히 '표준판'으로 불리는 독일어 4판과도 크게 다르다고 주장한다. 이를 통해 자렘브카는 통상 미완성 초고로 간주되는『자본론』2, 3권과는 달리 '완성된 예술품'으로 여겨지는『자본론』1권조차 실은 말년의 마르크스가 사망 직전까지 계속 수행한 미완의 프로젝트임을 보여준다.

기존의 연구들은 대개 후기 마르크스가『자본론』2권 초고 집필과『자본론』1권 프랑스어판 출판을 중심으로 정치경제학 비판 연구를 진행

---

14 무스토도 말년의 마르크스가 "새로운 역사철학에 사로잡혀 있었"거나 "변증법적 방법을 고집"하기는커녕, 철학과 거리를 두면서 "경험적 연구와 역사적 분석에 경도"되었다고 주장한다(Musto, 2020: 151).

15 프랑스어판을 기준으로『자본론』1권을 해설한 국내 연구로는 박승호(2020)가 있다.

했다고 보지만, 자렘브카는 『자본론』 1권 독일어 3판 준비도 후기 마르크스의 정치경제학 비판 연구의 주요 부분이라고 주장한다. 주지하듯이 마르크스는 1872-75년 간행된 『자본론』 1권 프랑스어판을 감수하면서, 독일어 2판의 서술을 대폭 개정했다. 마르크스는 또 1882년 독일어 3판 출판을 준비하면서 『자본론』 1권 프랑스어판을 기준으로 독일어 3판 출판 시 반영해야 할 사항을 상세하게 지시했다. 마르크스는 '『자본론』 1권 수정 목록'[16]을 작성하여, 독일어 3판에서는 독일어 2판의 어떤 부분을 수정하고 어떤 부분을 프랑스어판의 어떤 부분으로 대체할 것인지를 지시했다. 하지만 마르크스는 이를 출판사에 보내지 못하고 1883년 사망

---

16 1882년 마르크스가 작성한 '『자본론』 1권 수정 목록'(Verzeichnis der Veränderungen für den ersten Band des 'Kapitals')은 1989년 MEGA II/8의 7-20쪽으로 처음 출판되었다(Marx, 1989e: 7-20). 엥겔스는 1883년 『자본론』 1권 독일어 3판을 출판할 때는 독일어 2판을 저본으로 하면서 마르크스가 1872-75년 프랑스어판 자용본에 기입한 "메모"만을 참고했다. 엥겔스는 1890년 출판한 독일어 4판에서야 마르크스의 '『자본론』 1권 수정 목록'을 일부 이용했다. 엥겔스의 서문 중 관련 부분은 다음과 같다: "그가 남긴 유고 속에는 군데군데 수정을 가하고 프랑스어판을 참고하라고 지시해둔 독일어판이 한 권 있었고 그가 해당되는 부분을 자세하게 표시해둔 프랑스어판도 한 권 있었다"(『자본론』 1권 3판 서문(1883). 마르크스, 2008: 67). "줄곧 우리 작업의 대본이 된 것은 독일어 3판이었는데 이것은 마르크스가 남겨둔 메모(Notizen)의 도움을 받아 1883년에 내가 편집한 것으로, 그 메모에는 2판의 본문 가운데 1873년 출간된 프랑스어판에 맞추어 바꾸어야 할 부분이 표시되어 있었다. 2판의 본문에 표시된 이들 수정사항은 마르크스가 영어판 번역을 위해서 자필로 표시해둔 수정사항과 대체로 일치"한다(『자본론』 1권 영어판 서문(1887). 마르크스, 2008: 71.). "프랑스어판과 마르크스의 자필 목록(handschriftlichen Notizen)을 다시 한번 더 비교해본 다음 나는 프랑스어판을 바탕으로 몇 가지를 독일어 원본에 보충하였다"(『자본론』 1권 4판 서문(1890). 마르크스, 2008: 76.).

했다. 마르크스가 사망한 해인 1883년 출판된 독일어 3판을 편집한 엥겔스는 1882년 마르크스가 작성한 '『자본론』1권 수정 목록'의 존재를 알지 못했다. 이 때문에 마르크스가 프랑스어판에서 수정보완한 부분이 마르크스 사망 약 8개월 뒤인 1883년 11월 출판된 3판에서는 반영되지 않은 채로 출판되었다. 엥겔스가 마르크스의 '『자본론』1권 수정 목록'을 알게 것은 영어판을 감수하고 있던 1887년이다. 그런데 자렘브카가 이 책에서 밝히고 있듯이 엥겔스는 '『자본론』1권 수정 목록'을 마르크스가 사망한 해인 1883년 자신이 서문을 붙여 출판한 독일어 3판뿐만 아니라 7년 뒤인 1890년 자신이 감수하여 출판한 독일어 4판에도 제대로 반영하지 않았다(Zarembka, 2020: 85).

마르크스는 『자본론』1권 프랑스어판에서는 독일어 초판 및 2판과는 달리 자본의 원시적 축적 편을 제8편으로 독립시켰다. 마르크스는 1878년 11월 러시아의 인민주의자 다니엘슨(F. Danielson)에게 보낸 편지에서 『자본론』1권 러시아어 2판(1898)에는 프랑스어판을 기준으로 하여 자본의 원시적 축적 편을 독립 편으로 편집 출판할 것을 요청했다.[17] 마르크스는 1882년 작성한 '『자본론』1권 수정 목록'에서도 자본의 원시적 축적 부분은 프랑스어판에 따라 자본축적 편에서 독립시킬 것을 지시했다. 그러나 엥겔스는 자신이 출판을 감수한 『자본론』독일어 3판에서는 물론 독일어 4판에서도 마르크스의 지시를 따르지 않았다. 이 때문에 독일어 4판을 기준으로 번역된 이후 『자본론』1권 번역 판본들에서 자본의

---

17 "번역자는 끊임없이 독일어 2판과 프랑스어판을 꼼꼼하게 대조해야 합니다. 후자는 중요한 정정 및 추가를 포함하고 있습니다"(Marx, 1991: 343). 마르크스는 이 편지에서 러시아어 2판의 편과 장의 분할은 프랑스어판을 기준으로 할 것, 원시적 축적 부분은 제8편으로 독립할 것 등을 권고했다.

원시적 축적은 『자본론』 초판 및 독일어 2판과 마찬가지로 제7편 즉 자본축적 편의 일부로 포함되어 있다.[18]

자렘브카에 따르면 마르크스는 자본의 원시적 축적을 『자본론』 1권 프랑스어판에서는, 초판 및 2판에서와는 달리, 서유럽에만 한정했으며, 그것의 "지역적 색채", "좁은 범위" 및 "눈에 띄지 않는 특징"을 강조했다 (Zarembka, 2020: 61). 자렘브카에 따르면 『자본론』 1권에서 원시적 축적의 이론적 위상 및 적용 대상에 관한 마르크스의 생각의 변화는 『자본론』 1권 출판 이후 마르크스가 수행한 러시아 연구와 깊은 관련이 있다. 마르크스는 『자본론』 1권 출판 후 수행한 러시아, 인도, 중국 등 세계자본주의 변경의 비자본주의 공동체에 관한 연구를 통해 자신이 『자본론』 1권 원시적 축적에서 서술한 것이 이들 지역에는 해당되지 않는다는 점을 인식하게 되었다는 것이다(다음 페이지 〈표 1〉 참조).

자렘브카에 따르면 원시적 축적론 뿐만 아니라 '자본주의적 축적의 일반법칙' 부분에서도 엥겔스는 마르크스의 수정 요구 사항을 『자본론』 1권 3판 및 4판에 반영하지 않았다. 자렘브카에 따르면 엥겔스가 마르크스 사후 출판한 『자본론』 1권 독일어 4판 제25장 '자본주의적 축적의 일반적 법칙'은 원래 마르크스가 의도했던 독일어 3판과 비교할 때 상당한 차이가 있다(Zarembka, 2020: 64). 자렘브카에 따르면 마르크스는 『자본론』 1권 프랑스어판에서 축적이 고용에 미치는 영향에 관한 논의를 대폭 보강했고 이것이 3판에서 반영되길 원했지만, 엥겔스는 이를 수용하지

---

18 한국어판에서는 원시적 축적 부분은, 마르크스(2008)의 경우, 독일어 4판을 저본으로 한 MEW판, 즉 Marx(1962)를 번역한 것이어서 7편 자본의 축적과정에 포함되어 있는 반면, 마르크스(2015)의 경우, 프랑스어판을 기준으로 한 영어판(Penguin판, Marx, 1976)을 번역한 것이어서, 8편으로 독립되어 있다.

표 1 『자본론』 1권 프랑스어판의 수정 변경 부분 예시

	프랑스어판	독일어 4판
독일어 초판 서문	산업이 발전한 나라는 **산업상의 경로에서 이것을 따르는** 나라의 미래상을 보여주고 있을 따름이다("Le pays le plus développé industriellement ne fait que montrer à ceux qui **le suivent sur l'échelle industrielle** l'image de leur propre avenir"(Marx, 1989d: 36)).	산업이 더 발전한 나라는 덜 발전한 나라의 미래상을 보여주고 있을 따름이다("Das industriell entwickeltere Land zeigt dem minder entwickelten nur das Bild der eignen Zukunft"(Marx, 1962: 12)).
원시적 축적 편 구성	8편 '이른바 원시적 축적'(26-33장)으로 분리	7편 '자본축적' 24장 '이른바 원시적 축적'
원시적 축적 편 26장 '원시적 축적의 비밀' 마지막 문단	이 전체 과정의 기초는 경작민의 수탈이다. 이 수탈은 지금까지는 잉글랜드에서만 근본적으로 진행되었다. 따라서 이 나라가 우리의 스케치에서 주도적 역할을 한다. **하지만 서유럽의 다른 모든 나라도 동일한 발전의 길을 따른다(tous les autres pays de l'Europe occidentale parcoulent le méme mouvement). 다만 그 발전은 특수한 환경에 조응해, 지역적 색체를 바꾸거나, 더 좁은 범위 내에 갇히거나, 그다지 눈에 띄지 않는 특징을 나타내거나, 또는 다른 순서를 따르거나 할 수 있다**(Marx, 1989d: 315).	농업생산자인 농민으로부터 토지를 빼앗는 것은 전체 과정의 토대를 이룬다. 이 수탈의 역사는 나라가 다름에 따라 그 광경이 다르며, 그리고 이 역사가 통과하는 각종 국면들의 순서와 시대도 나라마다 다르다. 그것이 전형적인 형태를 취하고 있는 것은 잉글랜드에서 뿐이며, 그렇기 때문에 우리는 이 나라를 예로 든다(Marx, 1962: 744).
원시적 축적 편 32장 '자본주의적 축적의 역사적 경향' 마지막에서 2번째 문단	이 부정의 부정은 노동자의 사적 소유(propriété privée)를 재건하는 것이 아니라, 자본주의 시대의 성과―협업과 지구(sol)를 포함한 노동에 의해 생산된 생산수단의 공동점유(possession commune)―에 기초하여 개인적 소유(propriété individuelle)를 재건한다(Marx, 1989d: 679).	이 부정의 부정은 노동자의 사적 소유(Privateigentum)를 재건하는 것이 아니라, 자본주의 시대의 성과―협업과 지구(Erde)를 포함한 노동에 의해 생산된 생산수단의 공동점유(Gemeinbesitzes)―에 기초하여 개인적 소유(individuelle Eigentum)를 재건한다(Marx, 1962: 791).

주: 고딕 부분은 프랑스어판에서 변경되거나 추가된 부분

않았다.

자렘브카는 마르크스의 '『자본론』 1권 수정 목록'에 충실하게 의거하여 『자본론』 1권 '자본주의적 축적의 일반법칙' 부분을 마르크스가 의도한대로 재현했다. 자렘브카의 책 4장에 수록된 텍스트가 바로 그것이다. 이는 자렘브카의 책의 가장 중요한 기여일 것이다. 이후 간행될 『자본론』 1권 판본들 중 적어도 '자본주의적 축적의 일반법칙' 부분은 자렘브카가 이 책 4장에서 재현한 텍스트로 대체되어야 할 것이다(White, 2021: 3) 아울러 자렘브카는 자본축적이 고용에 미치는 영향에 대한 마르크스의 새로운 시각을 구현하기 위해 이 책 8장에서 기존의 자본의 유기적 구성 개념 대신 이른바 "자본의 물적 구성"(materialized composition of capital)이라는 개념을 도입하고 관련 이론적 및 실증적 쟁점을 검토한다.[19]

그 동안 후기 마르크스의 정치경제학 비판에 관한 연구들은 대체로 『자본론』 2권과 3권의 초고 연구에 집중되었으며, 중요한 쟁점은 마르크스가 남긴 초고로부터 엥겔스가 편집하여 출판한 『자본론』 2권과 3권이 얼마나 마르크스의 초고에 충실한가 하는 점이었다. 이른바 『자본론』 2권과 3권에서 '마르크스 vs 엥겔스 문제'이다.[20] 반면 『자본론』 1권의 경

---

19 그런데 자본축적이 고용에 미치는 영향 혹은 기술진보가 이윤율에 미치는 영향 등을 분석하기 위해서는, 마르크스가 '자본의 유기적 구성'이라고 말한 'C/V'의 비율보다 자렘브카가 "자본의 물적 구성"이라고 명명한 'C/(V+S)'의 비율 ('살아있는 노동' 전체('V+S')로 '죽은 노동'인 불변자본(C)을 나눈 비율)을 사용하는 것이 더 유용하다는 점은 Okishio(1961) 등이 오래 전에 제안한 바 있다.

20 『자본론』 2권과 3권의 '마르크스 엥겔스 문제'에 관해서는 Heinrich(1996), 오무라 이즈미(2010), 大谷禎之介(2016; 2018), Roth(2018) 등을 참조할 수 있다.

우 마르크스가 직접 출판했기 때문에 '마르크스 vs 엥겔스 문제'는 당연히 존재하지 않는 것으로 간주되었다. 아울러 『자본론』 1권은 1867년 초판이 결정판으로 간주되고 그 후 2판이나 프랑스어판은 『자본론』 1권을 대중화한 것으로 여겨지고, 이론적 측면에서 중요한 진전 혹은 전환은 없었던 것으로 간주된다. 하지만 자렘브카는 기존 연구에서는 거의 지나쳤던 『자본론』 1권에서도 '마르크스 vs 엥겔스 문제'가 존재하며, 마르크스는 자신이 1867년 출판한 『자본론』 1권을 그 후 개정판들에서 계속 수정·보완했음을 보여주었다.

자렘브카는 이 책에서 마르크스가 생존했더라면 출판했을 『자본론』 1권 3판의 형식과 내용을 성공적으로 재구성했으며, 이를 통해 엥겔스 편집본 『자본론』이 2권, 3권뿐만 아니라, 1권에서도 치명적인 결함을 갖고 있음을 입증했다. 아울러 자렘브카는 말년의 마르크스의 러시아 연구가 마르크스의 역사관과 포스트자본주의 구상뿐만 아니라 『자본론』 1권 3판 개정에 대해서도 중요한 영향을 미쳤음을 보여주었다. 하지만 『자본론』 1권에는, 가치형태론, 물상화론 등에서 보듯이, 자렘브카가 이 책에서 제시한 비철학적 혹은 비헤겔적·경제학적 독해만으로는 제대로 독해할 수 없는, '철학적' 부분, 혹은 '변증법적' 부분이 적지 않은 것도 사실이다. 또 자렘브카처럼 『자본론』 1권 프랑스어판을 중시하는 것에 대해서는, 최근에도 프랑스어판은 『자본론』 1권의 결정판이 아니라 『자본론』 1권의 한 판본일 뿐이며, 독일어 3판(1883) 및 4판은 물론 1887년 영어판보다도 열등하다는 비판이 제기되고 있다(Outhwaite and Smith, 2020: 209).

4. 생태사회주의에서 탈성장 코뮤니즘으로

앞서 검토한 무스토와 자렘브카의 책에서 아쉬운 점은 후기 마르크스의 사상에 특유한 생태 사상에 대한 논의가 누락되어 있다는 것이다. 사이토의 『지속 불가능 자본주의』는 이 점을 보충한다. 사이토의 책 원작, 斎藤幸平(2020)은 2020년 일본에서 출간된 후 2024년 현재까지 60만부 넘게 팔린 공전의 베스트셀러이다. 사이토는 전작, 『마르크스의 생태사회주의』에서 후기 마르크스의 발췌노트의 독해를 통해 생태사회주의가 후기 마르크스 사상에서 핵심적임을 입증한 바 있다.[21] 사이토는 코로나 기간에 출판된 『지속 불가능 자본주의』에서는 마르크스가 1880년 이후 말년에 이르러 생태사회주의로부터 다시 탈성장 코뮤니즘으로 전환했다고 주장하고(〈표 2〉 참조), 말년의 마르크스가 도달한 탈성장 코뮤니즘을

표 2 마르크스가 목표로 했던 것

		경제성장	지속가능성
1840-1850년대	생산력지상주의 『공산당선언』, 「인도 평론」	○	×
1860년대	생태사회주의 『자본론』 1권	○	○
1870-1880년대	탈성장 코뮤니즘 「고타강령비판」, 「자술리치에게 보낸 편지 초고」	×	○

자료: 사이토(2021a: 196).

---

21 사이토는 MEGA 편집위원으로서 1864-1868년 마르크스가 농업, 농화학, 지대론, 생태 등의 주제에 관해 작성한 발췌노트를 편집하여 MEGA IV/18 (Marx, 2019)로 출판했다.

오늘날 기후위기에 대한 대안으로 주장한다.[22] 사이토는 이 책에서 기후위기와 팬더믹 등의 문제는 현재의 경제성장이 전제하는 자본주의가 야기한 문제이기 때문에, 자본주의를 근본적으로 전복하지 않으면 문제를 해결할 수 없다고 주장한다(사이토, 2021a: 8). "자본주의야말로 기후 변화를 비롯해 환경 위기를 초래한 원인"이므로, "환경 위기에 맞서 경제성장을 억제하려면 우리 손으로 자본주의를 멈추고 탈성장형 포스트자본주의를 향해 대전환을 하는 수 밖에 없다"(사이토, 2021a: 117, 119)는 것이다.

사이토에 따르면 "자본주의는 인간뿐 아니라 자연환경도 약탈하는 시스템"이며 "자본주의는 부하를 외부로 전가함으로써 경제성장을 계속해 왔다"(사이토, 2021a: 59). 그런데 현재 가속화되고 있는 기후위기의 시대인 "人新世"(Anthropocene)는 이런 "수탈과 전가를 하기 위한 외부가 모두 소진된 시대이다"(사이토, 2021a: 35). 사이토는 자본주의 틀 안에서 기후위기를 극복하려는 대안들인 '지속가능한 개발 목표'(Sustainable Development Goals, SDG), 그린 뉴딜, '기후 케인스주의' 등은 비현실적인 환상이며,[23] 오히려 기후위기를 더 가속시킬 뿐이라고 비판한다.[24] 사

---

[22] 사이토의 탈성장 코뮤니즘은 사이토(2021a)에서 처음 본격적으로 전개되었으며, 그 영어판이 『감속하라 Slow Down』는 타이틀로 2024년 출판되었다. 2022년 『인류세의 마르크스 Marx in the Anthropocene』라는 제목으로 영어판이 먼저 출판된 Saito(2022)는 사이토의 탈성장 코뮤니즘의 학술적·이론적 버전이라고 할 수 있다. 사이토(2024), 즉 『제로에서 시작하는 자본론』은 탈성장 코뮤니즘의 관점에서 『자본론』 1권을 대중적으로 풀어쓴 것이다.

[23] 이 부분에서 사이토는 자본주의 내에서 개혁을 추구하는 스티글리츠 등을 공상주의라고 비판한 지젝(2020)을 원용한다.

[24] 사이토에 따르면 "SDG는 현대판 '대중의 아편'"으로서 "유해하기까지"하다. 왜냐하면 스스로 무언가를 한다고 믿게 되어 "진정 필요한 더 대담한 행동을 하지 않게

이토는 "경제성장을 유지하면서 이산화탄소 배출량을 줄이"겠다는 그린 뉴딜 혹은 '기후 케인스주의'의 "절대적 디커플링"은 자본주의에서는 실현 불가능한 "환상"이며, 이들이 추구하는 "녹색성장"의 본질은 "사회적 자연적 비용을 주변부로 전가하는" "생태제국주의"라고 비판한다(사이토, 2021a: 75-6, 84-86, 91). 사이토는 그린 뉴딜 등은 "현재의 위기를 낳은 근본 원인인 자본주의를 필사적으로 유지하려 한다"는 점에서 "이보다 더한 모순은 없을 것이다"고 비판한다(사이토, 2021a: 349-350). 사이토에 따르면 "수탈과 대가의 전가 없이는 제국적 생활양식(Imperiale Lebensweise)이 유지될 수 없"으며,[25] "글로벌 사우스에서 살아가는 사람들의 생활조건이 악화되는 것이 자본주의의 전제조건"이다. 즉 "중심부 사람들이 누리는 저렴하고 편리한 생활의 이면에 주변부에서 이뤄지는 노동력 착취만 있는 것은 아니다. 주변부 자원의 약탈과 그에 따른 환경 부하의 전가 역시 빠뜨려서는 안된다"(사이토, 2021: 27, 32).

사이토는 자신이 대안으로 제시한 탈성장 코뮤니즘의 기원을 후기 마르크스 사상에서 찾는다. 사이토에 따르면, 마르크스는 1867년 『자본론』 1권 긴행 직후인 1868년부터 1868년 프라스(K. Fraas)의 생태학 연구와 마우러(G. Maurer)의 '마르크 협동체'(Markgenossenschaft)[26] 연구에 접하면서 그 후 말년까지 자연과학과 전자본주의 공동체 연구에 몰두하게 되었는데,[27] 그 미완의 결과가 말년에 「자술리치에게 보낸 편지 초고」에

되기 때문이다"(사이토, 2021: 5-6).

[25] 이 부분에서 사이토는 브란트(U. Brand)와 비센(M. Wissen)의 "제국적 생활양식론"(브란트·비센, 2020)을 수용한다.

[26] 사이토는 Markgenossenschaft(마르크 공동체)를 "마르크 협동체"라고 번역한다.

[27] 사이토에 따르면, 1868년 경 마르크스 사상에서 "결정적인 전환(decisive

나타난 탈성장 코뮤니즘이다. 사이토에 따르면 마르크스는 특히 고대 게르만족의 공동체인 마르크 협동체의 생태적·변혁적 잠재력에 주목했다. 왜냐하면 이 마르크 협동체에서는 "지속가능한 형태로 인간과 자연의 물질대사(Stoffwechsel)가 사회적으로 조직되어 있었으며, 공동체 내에 더욱 평등한 관계성도 실현되어 있었"으며, 따라서 "생산력이 훨씬 낮다고 해도 마르크 공동체가 어떤 면에서는 더 뛰어나다"(사이토, 2021a: 186-187)고 할 수 있기 때문이다.[28] 사이토에 따르면 후기 마르크스는 "경제성장을 하지 않는 공동체 사회가 지속가능하며 평등한 인간과 자연의 물질대사를 안정적으로 가능하게 한다"고 인식했다(사이토, 2021a: 193). 사이토에 따르면 청년 시절 마르크스는 생산력 지상주의와 유럽 중심주의에서 벗어나지 못했지만, 후기 마르크스는 이들과 근본적으로 결별했으며, 자본주의가 해체해버린 코먼(common)을 되찾는 코뮤니즘을 새로운 대안으로 추구했다(사이토, 2021a: 165). 후기 마르크스에게 "코뮤니즘이란

---

shift)이 생태학의 영역에서와 마찬가지로 비서구 사회에 대한 마르크스의 해석에서도 이루어졌다. ... 프로메테우스주의와 유럽중심주의에서 마르크스의 이론적 혁신이 동시에 발생했다. 이런 이중적 전환은 마르크스가 사적유물론과 결별한 것을 반영한다. 1868년 3월자 편지에서 마르크스는 프라스에서 '사회주의적 경향'을 발견했다고 언급한 바 있는데, 같은 편지에서 그는 마우러에서도 '사회주의적 경향'을 발견했다고 말했다. 그 때 마르크스는 프라스의 생태학 연구와 마우러의 튜턴 공동체(Teutonic communes) 역사 분석을 동시에 읽고 있었다. 이 두가지 연구 주제─자연과학과 전자본주의/비서구사회─는 후기 마르크스에서 긴밀하게 연관되어 있다"(Saito, 2022: 185-186).

28 마르크스의 마우러 저작의 발췌노트(이는 MEGA IV/18에 수록되어 있다)를 중심으로 마르크스의 마르크 협동체론을 검토한 것으로는 Tairako(2016)를 참고할 수 있다.

생산자들이 생산수단을 코먼으로서 공동으로 관리 운영하는 사회"이며, "지구를 코먼으로 삼아 지속가능하게 관리하는 것", "코먼, 즉 사적 소유나 국유와 다른 생산수단의 수평적인 공동관리야말로 코뮤니즘의 기본이 된다"(사이토, 2021: 145-6, 190, 351).

사이토에 따르면 "사회적으로 사람들에게 공유되고 관리되어야 할 부"로서 코먼을 핵심으로 하는 코뮤니즘은 미국형 신자유주의나 소련형 국유화도 아닌, 제3의 길로서, "물이나 전력, 주택, 의료, 교육 등을 공공재로서 사람들이 스스로 민주주의적으로 관리하는 것을 목표로 한다"(사이토, 2021: 144-145). 사이토는 코먼을 핵심으로 하는 코뮤니즘의 구체적인 형태를 노동자가 생산 및 생산수단을 자본으로부터 탈취하는 협동조합적 생산에서 찾는다(사이토, 2021: 331-332).

사이토는 후기 마르크스의 코뮤니즘의 핵심을 물질대사와 관계되는 노동·생산의 민주적 개혁을 통해 경제성장을 감속(slowdown)시키는 탈성장으로 파악한다(사이토, 2021a: 307). 사이토에 따르면, 탈성장 코뮤니즘은 마르크스의 포스트자본주의 사회론의 도달점으로서, 이를 실현하는 토대는 코먼이며, 그 기본 원리는 "지속가능성"과 "평등"이다(사이토, 2021a: 184). 사이토는 탈성장을 코먼에 기초한 코뮤니즘과 연관시키고, 그 기원을 후기 마르크스 사상에서 찾는다는 점에서, 기존의 탈성장론과 다르다.

사이토가 이 책에서 주장하는 탈성장 코뮤니즘을 생태사회주의와 혼동해서는 안된다. 사이토에 따르면 중기 마르크스, 즉 『자본론』 1권 출판 당시 마르크스의 생태사상은 자본주의에서 물질대사의 균열 명제를 중심으로 한 생태사회주의론, 즉 사회주의 하에서 지속가능한 성장론이었지만, 후기 마르크스는 이 구상을 기각하고 탈성장 코뮤니즘으로 전환했다는 것이다(사이토, 2021a: 167). 또 초기 마르크스는 물론이고 중기 마르크스의 생태사회주의도 생산력 지상주의에서 완전히 벗어나지 못했던 것과는 달리, 후기, 특히 말년의 마르크스는 생산력 지상주의와 결별하고 "정상형(定常型, steady-state) 경제에 근거한 지속가능성과 평등이 자본주의에 저항할 거점이 되어 미래 사회의 기초가 되리라고 결론을 내렸다"는 것이다(사이토, 2021a: 194). 사이토는 후기 특히 말년의 마르크스가 탈성장 코뮤니즘으로 전환하면서 유럽중심주의뿐만 아니라 생산력 지상주의와 결별했다는 것을 강조한다(사이토, 2021a: 179).[29] "탈성장 코뮤니즘, 이것이야말로 누구도 제창한 적 없는 마르크스가 만년에 구상한 미래 사회상에 대한 완전히 새로운 해석이다. 이것은 최측근인 엥겔스조차 전혀 이해하지 못했다"(사이토, 2021a: 196-197).

사이토의 탈성장 코뮤니즘은 통상적인 탈성장론에 특징적인 "청빈의 사상"과는 아무런 공통점이 없으며, 경기침체나 경기후퇴와 혼동해서도 안된다(사이토, 2021a: 135). 사이토의 탈성장 코뮤니즘은 오히려 "근본적 풍요"(radical abundance)[30]를 추구한다. 사이토에 따르면 희소성은 신

---

29 이와 관련하여 사이토는 후기 마르크스 사상에 대한 획기적 연구인 앤더슨(2020)도 후기 마르크스가 유럽중심주의를 버린 것만을 강조한 나머지 마르크스가 이와 함께 생산력 지상주의도 버리고 자본주의 이전의 비서유럽 공동체에서 변혁의 가능성을 찾으려 했다는 사실을 부각하지 못했다고 지적한다(사이토, 2021a: 179, 198; Saito, 2022: 198-199). 아울러 사이토는 자신 역시 전작 『마르크스의 생태사회주의』에서는 후기 마르크스 사상이 지속가능한 경제성장을 추구하는 생태사회주의에서 탈성장 코뮤니즘으로 나아간 것을 인식하지 못했다고 자기비판한다(사이토, 2021a: 198).

30 히켈(J. Hickel)의 'radical abundance'(Hickel, 2019)를 사이토는 "래디컬한 윤택함"이라고 번역했지만, 한국어판에서는 "근본적 풍요"라고 번역했다. "근본적 풍요" 개념에 대한 최근 논의로는 Keucheyan(2021)을 참고할 수 있다.

자유주의나 긴축 정책이 아니라 자본주의 시스템 그 자체에 연원한다. 사이토에 따르면 자본주의는, 인공적으로 희소성을 낳는 시스템이다. 인클로저와 같은 "원시적 축적은 풍요로운 코먼을 해체하고 인공적으로 희소성을 만들어냈다"(사이토, 2021a: 244). 따라서 풍요는 자본주의 시스템의 근본적 지양을 통해서만 달성할 수 있다(사이토, 2021a: 348-349). 사이토의 탈성장 코뮤니즘은 "자본주의의 인공적 희소성에 대한 대항책"으로서 "코먼의 복권에 의한 '근본적 풍요'의 재건"을 추구한다(사이토, 2021a: 268).[31] 사이토의 탈성장 코뮤니즘은 대량생산·대량소비·대량폐기로 특징지워지는 "제국적 생활양식을 극복"하고, "생활 그 자체를 바꾸어 그 속에서 "근본적 풍요"를 달성한다(사이토, 2021a: 294, 265). 사이토는 "경제성장과 풍요의 연결을 끊고 탈성장과 풍요가 짝을 이룰 방법을 진지하게 고민"한다(사이토, 2021a: 231). 사이토에 따르면 "경제성장의 안티테제인 탈성장은 GDP에 반드시 반영되지는 않는, 사람들의 번영과 생활의 질에 중점을 둔다. 양(성장)에서 질(발전)로 전환하는 것이다. 탈성장이란 지구 한계를 주의하면서 경제적 격차 해소, 사회보장 확충, 여가 증대 등을 중시하는 경제 모델로 전환하는 일대 계획이다"(사이토, 2021a: 135).

사이토의 탈성장론은 "자본주의의 문제를 외면"하는 레이워스(K. Raworth), 라투쉬(S. Latouche) 등 기존의 탈성장론과 구별된다(사이토, 2021a: 112). 사이토는 자본주의 내에서 탈성장을 추구하는 기존의 탈성장론을 비판하면서 탈성장을 위해서는 자본주의의 극복이 필수적이라고 주장한다.[32] 사이토에 따르면 "자본의 정의만 살펴봐도 '탈성장'과 '자본

---

[31] "자본주의의 독점 논리에 저항하여 부를 코먼으로 삼아 공동 관리를 했을 때 생겨나는 풍요야말로 마르크스가 그렸던 '풍요로운 부'입니다."(사이토, 2021b).

[32] "지금까지 논의된 탈성장은 자본주의와 얼마나 대치하는지가 모호했습니다.

주의'는 양립불가능하기 때문"에 "자본주의 내에서 탈성장 사회로 전환하자고 주장하는" 기존의 탈성장론은 "공상주의"이다(사이토, 2021a: 132).

사이토의 탈성장 코뮤니즘에서 "코뮤니즘"은 통상적 의미의 코뮤니즘과 상당히 다르다. 사이토의 코뮤니즘은 모든 것을 상품화하는 신자유주의에 맞서 시장의 영역을 좁혀 나가면서 "코먼의 영역을 점점 확장"하는 것을 말한다(사이토, 2021a: 145). 이를 위해 경제성장에 제동을 거는 것이 탈성장 코뮤니즘이며, 그 핵심은 국가중심주의가 아니라, 최근 피케티(T. Piketty)가『자본과 이데올로기』에서 제창한 "참여사회주의", 즉 "공동체의 자치와 상호부조", "자주관리와 공동관리"이다(사이토, 2021a: 284, 288).[33] 사이토의 탈성장 코뮤니즘의 핵심은 "생산 민주화와 감속으로 인간과 자연의 물질대사에 벌어진 균열을 메우는 것"(사이토, 2021a: 317)이다.

사이토는 탈성장 코뮤니즘을 달성하기 위해서는 "노동과 생산의 변혁"이 필수적이라고 주장하고 이를 위해 다음과 같은 다섯가지 이행기 강령을 제시한다: "(1)사용 가치 경제로의 전환, (2)노동시간의 단축,

---

하지만 기후 위기에 도전하기 위해서는 자본주의를 발본적으로 바꿔야 합니다. 또한 현재 경제 시스템을 유지한 채 탈성장을 하면 오히려 격차는 확대되어 버립니다. 탈성장을 하게 된다면 지금 있는 '부(富, wealth)'를 다 함께 더 공유(share)해야 할 것입니다 이런 것이 제가 말하는 코먼의 사고방식이며, 그런 코먼에 기초한 사회가 '코뮤니즘'입니다"(사이토, 2021b).

33 하지만 사이토는 피케티의 "참여사회주의"에는 탈성장론이 결여되어 있으며, 조세라는 국가권력에 과도하게 의존하는 것이 약점이라고 지적한다(사이토, 2021a: 289). 사이토는 최근 저작인『제로에서 시작하는 자본론』에서는 진보좌파 다수가 지지하는 기본소득(BI)이나 현대화폐이론(MMT)에 대해서도 톱다운 식의 정치중심주의, 국가집권주의, 즉 "법학 환상(juristischen Illusion, 마르크스, 2015: 841)"에 빠져 있다고 비판한다(사이토, 2024: 182-187).

(3)획일적인 분업의 폐지, (4)생산 과정의 민주화, (5)필수 노동(essential work)의 중시"(사이토, 2021a: 290, 297). 사이토는 탈성장 코뮤니즘에서는 "생산력을 증대하여 노동으로부터의 해방이나 노동의 폐지를 실현하는 것은 불가능"하므로, 마르크스가 『정치경제학비판 요강』과 『고타강령비판』에서 제안한대로, 노동을 "매력적인 노동"(travail attactif. 마르크스, 2000: 266)으로 전환시키는 것, 즉 "노동이 생활을 위한 수단일 뿐 아니라 그 자체가 첫 번째 생활욕구"(마르크스, 1995: 377)가 될 수 있도록 하는 것이 필요하다고 주장한다(사이토, 2021a: 303, 305).

사이토의 탈성장 코뮤니즘은 생산력 지상주의에 입각한 최근의 생태근대주의(eco-Modernism) 및 바스타니(A. Bastani) 등의 '완전히 자동화된 화려한 코뮤니즘'(바스타니, 2020), '가속주의'(Accelerationism) 등과는 대척점에 서있다.[34] 사이토에 따르면 "원자력 발전과 역배출 기술 같은 것을 철저하게 사용하여 지구를 관리 운용하자는 사상"인 생태근대주의에 따를 경우 "지구 환경은 더 극심한 약탈에 시달리고 생태제국주의는 심화될 것이다"(사이토, 2021a: 212).

사이토의 탈성장 코뮤니즘은 기존의 마르크스주의에서는 양립불가능한 것으로 여겨졌던 탈성장과 코뮤니즘을 연결시키고, 양자 간의 필연적인 상호의존성을 논증했다는 점에서 새로운 기여이다. 코뮤니즘과 탈성장이라는 두가지 급진적 대안들이 결합되어 있어서 얼핏 매우 과격하고 현실과 동떨어진 것으로 여겨질 수 있다. 하지만 이는 현재 인류가 당면한 위기가 그만큼 절박한 것의 반영이다. 또 기존의 마르크스주의는

---

34 "핵심은 경제성장을 감속하는 만큼 탈성장 코뮤니즘이 지속가능한 경제로 전환을 촉진한다는 것이다. ... 가속주의가 아닌 감속주의야말로 혁명적이다"(사이토, 2021a: 297).

자본주의 경제의 모순과 한계를 주로 공황론, 즉 경제위기론의 관점에서 접근해 왔다. 즉 자본주의가 주기적으로 경제위기에 빠지고 경제성장이 멈추는 것에서 자신의 모순과 한계를 집중적으로 드러낸다는 식으로 자본주의를 비판해 왔다. 하지만 사이토의 탈성장 코뮤니즘론은 자본주의에서 경제성장의 문제는 단지 그것이 필연적으로 주기적 경제위기에 봉착한다는 것 뿐만 아니며, 자본주의에서 성장의 형태 그 자체를 문제시한다는 점에서, 즉 자본주의에서는 부가 상품 형태, 가치 형태를 취하는 전도된 사태에 대한 근본적인 비판적 문제제기라는 점에서 새롭고 중요한 기여이다.[35] 사이토의 탈성장 코뮤니즘이 현실과 공명하고 있다는 것은 이 책이 발매되자마자 사상 초유의 베스트셀러가 된 것만 봐도 분명하다. 나아가 멸종저항, 노란조끼 운동, 기후비상사태선언이나 참여민주주의 확대, 식량주권 운동 등 '글로벌 사우스'의 운동들로부터 배우고 이들과 연대하자는 사이토의 사회운동적 접근이 정책 대안 제시 위주인 오늘날 대다수 진보진영의 기후위기에 대한 접근보다 더 현실적인 것으로 보인다(사이토, 2021a: 216).

사이토의 탈성장 코뮤니즘은 후기 마르크스 사상에 대한 새로운 해석에 기초하여 21세기 포스트자본주의를 기획한 획기적 기여이며, '아나키스트 코뮤니즘', '뮤니시팔리즘(지역주권주의)', '코뮌'의 자치 등으로 구

---

35 자본주의에서 부와 가치 형태 (경제성장) 간의 괴리와 모순에 대한 논의로는 Holloway(2015), Postone(2017)을 참고할 수 있다. 마르크스는 1875년 『고타강령 비판』에서 코뮤니즘의 발전된 국면에서는 "genossenshaftliche Reichtum"가 넘쳐흐르게 된다고 말했는데, 사이토는 이를 기존의 번역처럼 "조합적 부"(마르크스, 1995: 377) 등이 아니라 "협동적 부"라고 정정 번역하여, 마르크스의 코뮤니즘에서는 부가 협동적 코뮌의 성격을 갖는다는 점을 강조한다(사이토, 2021a: 200; 사이토, 2024: 226).

체화되면서 오늘날 진보좌파 생태사상의 주요한 흐름으로 계속 발전하고 있다.[36] 그런데 사이토가 이 책에서 후기 마르크스가 탈성장 코뮤니즘으로 전환했다는 주장을 입증하는 핵심 증거로 제시한 「자술리치에게 보낸 편지 초고」나 이를 보충하기 위해 추가로 제시한 『고타강령비판』과 『자본론』의 코뮤니즘 관련 부분들은 새롭게 발굴된 텍스트들이 아니라 오래 전부터 널리 읽혀지고 다양하게 해석되어 온 텍스트들이다.[37] 기존 연구들이 예외없이 이 텍스트를 유럽중심주의에 대한 비판, 다선적 역사발전론으로의 선회, 변경혁명론으로 읽었던 것과는 달리, 사이토가 이를 탈성장론으로 생태학적으로 독해한 것은 사이토의 독창적인 획기적 기여이다.[38] 하지만 탈성장 코뮤니즘론이라는 사이토의 매우 새롭고 논쟁적인 주장이 새로운 텍스트가 아니라 잘 알려진, 또 다양하게 해석되고

---

36 사이토는 최근 자신의 탈성장 코뮤니즘이 아나키스트 코뮤니즘이기도 하다는 점을 강조한다. "국가의 강력한 통제를 거부하고 자본의 폐지를 지향한다는 의미에서, 1871년 파리코뮌 이후 마르크스의 사상을 '아나키스트 코뮤니즘'이라 부르고 싶습니다. … 아나키즘이긴 하지만 개인주의도 아니고, 부질서한 무정부 상태도 아닙니다. 국가와 자본에 의한 지배 종속 관계를 몰아내고자 아래로부터 연대를 지향하는 '어소시에이션주의'를 말합니다"(사이토, 2024: 218). 파리코뮌 이후 마르크스의 코뮤니즘을 아나키스트 코뮤니즘으로 해석한 최근 연구로는 사이토와 같은 '구루마(久留間)-오타니(大谷) 학파'에 속하는 스미다 소이치로(隅田聰一郎)의 『국가에 대항하는 마르크스』(스미다, 2024)를 참고할 수 있다. 파리코뮌의 코뮤니즘에 대한 논의로는 Ross(2015), Musto(2021) 등을 참고할 수 있다.

37 이는 전작인 사이토(2020)에서는 마르크스의 발췌노트 등 사이토 자신이 MEGA 편집에 참여하여 발굴한 새로운 문헌 증거들에 기초하여 후기 마르크스가 생태사회주의자였음을 입증했던 것과 대조된다.

38 「자술리치에게 보낸 편지 초고」에 대한 최근의 연구로는 Tairako(2021)를 참고할 수 있다.

논쟁되어 온 「자술리치에게 보낸 편지 초고」 및 『고타강령비판』과 『자본론』의 코뮤니즘 관련 부분 텍스트에 대한 재해석에 근거하여 주장된만큼, 벌써 상당한 이견들이 제시되었으며,[39] 향후 관련 논쟁이 이어질 것으로 예상한다. 사이토는 「자술리치에게 보낸 편지 초고」에서 마르크스가 제시한 공동체의 재구성을 통한 자본주의의 극복을 탈성장 코뮤니즘으로 정식화하고 이를 마르크스의 포스트자본주의상의 최후의 도달점으로 평가하는데, 이는 마르크스의 다양한 포스트자본주의상의 하나일 뿐이며(Arajuo, 2018), 마르크스의 포스트자본주의가 탈성장 코뮤니즘으로 총괄된다고 보기 어렵기 때문이다. 또 사이토가 주장하는 '고차원에서 코먼의 부활', 즉 코먼에 방점을 두는 공동체주의적 접근이 기존의 전통적 마르크스주의의 계급적 접근(Vazquez, 2021)과는 물론, 사이토 자신의 어소시에이션적 접근과도 상충할 소지가 있다. 공동체적 접근에서는 어소시에이션적 접근에서 강조되는 "자유로운 개인", "개인적 소유의 재건"의 과제가 주변화될 우려가 있기 때문이다.[40] 코먼("교환양식 A(호혜, 증

---

[39] 예컨대 Huber and Phillips(2024), Foster and Spéth(2024), Naploetani(2024) 등이 그것이다. Huber and Phillips(2024)가 전통적 마르크스주의의 사적유물론과 생산력지상주의를 옹호하는 입장에서의 비판이라면, Foster and Spéth(2024)은 탈성장론 자체는 부분적으로 수용하면서, 사이토의 탈성장코뮤니즘론, 특히 1868년을 전후하여 마르크스가 탈성장 코뮤니즘으로 단절적으로 전환했다는 사이토의 해석에 이의를 제기한다.

[40] 사이토는 마르크스가 『자본론』 1권에서 말한 "부정의 부정"을 "코먼"의 회복으로, 즉 "코먼" → "코먼"의 상실("제1의 부정") → "코먼"의 회복("제2의 부정(부정의 부정)")이라는 1844년 『경제학·철학수고』 이래의 역사발전 3단계론과 같은 맥락으로 해석한다. 하지만 〈표 1〉에 제시된 마르크스의 원문은 프랑스어판, 독일어판 모두 "부정의 부정"을 통해 재건, 혹은 회복되는 것이 "코먼"이 아니라 "개인적 소유"임을 보

여와 보답)")의 "고차원적 회복"으로서 어소시에이션("교환양식 D")을 구체화하는 방안,⁴¹ 이와 관련하여 복수의 어소시에이션들의 민주적·계획적 조절 방안(정성진, 2020) 등의 문제가 더 검토되면 좋을 것이다. 사이토 자신도 최근 협동조합, 로컬, 뮤니시팔을 중심으로 한 "코먼의 자치", 즉 상향식의 수평적·네트워크적 접근을 통해 탈성장 코뮤니즘을 제도적으로 구체화하는 방안을 연구·실천하고 있다(사이토, 2024; 斎藤幸平, 2023).

5. 맺음말

최근 마르크스 연구의 새로운 흐름은 마르크스의 사상을 MEGA로 공간되고 있는 자료들을 이용하여 변경혁명, 코먼, 물질대사 등의 화두를 중심으로 후기 마르크스 사상의 혁신을 재구성하는 것이다. 이 장에서 검토한 무스토, 자렘브카, 사이토의 책들은 강조점의 차이에도 불구하고

여준다. 또 사이토는 해당 마르크스 문장에서 "공동점유(Gemeinbesitz, possession commune)"를 "possession in common"이라고 번역한 1976년 포크스(B. Fowkes)의 Penguin판 영역본(Marx, 1976: 929)을 참고하여 "코먼으로서 점유"(사이토, 2021a: 146-147; 사이토, 2024: 209)라고 번역하여 '코먼'을 강조하는데, 이는 프랑스어판이든 독일어판이든 마르크스 자신은 사용하지 않은 용어임을 고려하면, 다소 과잉번역이라고 할 수 있다. 관련한 논평으로 太田仁樹(2022)를 참조할 수 있다.

41 이와 관련하여 가라타니(2020)는 어소시에이션을 "교환양식 D"로서, 즉 코먼에 해당하는 "교환양식 A (호혜, 증여와 보답)"의 "고차원적 회복"으로서 제안한 바 있다. 하지만 가라타니는 코먼과 어소시에이션을 중시한다는 점에서 사이토와 공명하기도 하지만, 자본주의의 모순과 대안을 교환양식의 유형학, 결국 '유통론'으로 접근한다는 점에서 이를 생산양식을 중심으로 사고하는 마르크스=사이토와 다르다.

이와 같은 새로운 마르크스 연구 흐름에 기반하고 있다는 점에서 공통적이다. 이들은 후기 마르크스의 사상이 마르크스주의의 혁신의 지렛대가 될 수 있음을 보여준다. 이 책들에서 저자들이 제시하는 마르크스의 상은 기존의 주류 마르크스주의에 고질적인 생산력 지상주의, 유럽중심주의, 노동계급 중심주의와 완전히 다르다. 무스토가 재현한 말년의 마르크스의 상은 "20세기에 지배적이었던 스핑크스적 마르크스의 상, 즉 교조적 확실성으로 미래를 제시하는 마르크스의 상과 아주 다르다"(Musto, 2020: 6). 자렘브카는 최근 출판된 MEGA를 이용하여 말년의 마르크스가 사망할 때까지 수행한 『자본론』 1권의 개정 작업을 정밀하게 검토하는 것을 통해 엥겔스의 편집본을 비롯한 기존의 판본들로는 읽어낼 수 없는 후기 마르크스의 역사관 및 정치경제학 비판의 중요한 전환을 입증했다. 또 사이토가 발굴한 후기 마르크스의 탈성장 코뮤니즘은 팬데믹과 급격한 기후변화 속에서 존재 그 자체의 위기에 직면하고 있는 우리 인류에게 시의적절하고 유용한 통찰을 제공한다.[42] 이 장에서 검토한 책들은 모두 21세기 마르크스주의의 혁신과 재건을 위한 야심적 시도들이지만, 그만큼 많은 쟁점들을 포함하고 있다. 이는 향후 심화된 연구를 촉발함으로써 마르크스 사상의 현재화에 기여할 것으로 기대된다.

---

42   사이토가 말한대로 "마르크스의 탈성장 코뮤니즘은 20세기에는 전혀 인식되지 못했지만, 오늘날 그 어느 때보다 더 중요하다. 왜냐하면 그것이 인류세에서 인류의 존속의 가능성을 더 높여주기 때문이다"(Saito, 2022: 242).

참고문헌

가라타니, 고진 지음. 조영일 옮김. 2022. 『힘과 교환양식』. 비고.
류동민. 2015. "마르크스와 수학." 『마르크스주의 연구』 12(2): 112-130.
마르크스 지음, 칼. 최인호 옮김. 1995. "고타강령비판 초안." 『칼 맑스 프리드리히 엥겔스 저작선집』 4. 박종철 출판사: 363-390.
마르크스 지음, 칼. 김호균 옮김. 2000. 『정치경제학비판 요강』 2권. 백의.
마르크스 지음, 칼. 강신준 옮김. 2008. 『자본』. 1권. 길.
마르크스 지음, 칼. 김수행 옮김. 2015. 『자본론』. 1권. 비봉출판사.
무스토, 마르셀로. 강성훈·문혜림 옮김. 2018. 『마르크스의 마지막 투쟁: 1881-1883년의 지적 여정』. 산지니.
박승호. 2020. 『자본론 함께 읽기』. 한울.
브란트, 울리히·비센, 마르쿠스 지음. 이신철 옮김. 2020. 『제국적 생활양식을 넘어서-전 지구적 자본주의 시대의 인간과 자연에 대한 착취』. 에코리브르.
사이토, 고헤이 지음. 추선영 옮김. 2020. 『마르크스의 생태사회주의』. 두번째테제.
사이토, 고헤이 지음. 김영현 옮김. 2021a. 『지속 불가능 자본주의』. 다다서재.
사이토, 고헤이. 2021b. "새로운 세대는 자본주의 멈출 '탈성장 코뮤니즘' 추구한다." 『한겨레』. 2021.10.15.
사이토, 고헤이 지음. 정성진 옮김. 2024. 『제로에서 시작하는 자본론』. arte.
스미다, 소이치로 지음. 정성진·서성광 옮김. 2024. 『국가에 대항하는 마르크스』. 산지니.
앤더슨, 케빈 지음. 정구현·정성진 옮김. 2020. 『마르크스의 주변부 연구』. 한울.
오무라, 이즈미. 2010. "신MEGA 제II부문 제12, 13권의 편집을 마치고." 『마르크스주의 연구』 7(4): 29-50.
정성진. 2020. 『21세기 마르크스 경제학』. 산지니.
정성진. 2021. "후기 마르크스와 마르크스주의의 혁신: 마르셀로 무스토, 『마르크스의 마지막 투쟁: 1881-1883년의 지적 여정』, Paul Zarembka, Key Elements of Social Theory Revolutionized by Marx, 사이토 고헤이, 『지속 불가능 자본주의』." 『마르크스주의 연구』 18(4): 112-130.

존스, 개러스 스테드먼 지음. 홍기빈 옮김. 2018. 『카를 마르크스 - 위대함과 환상 사이』. 아르테.

지젝, 슬라보예 지음. 박준형 옮김. 2020. 『용기의 정치학-우리의 삶에서 희망이 사라졌을 때』. 다산초당.

大谷禎之介. 2016. 『マルクスの利子生み資本論』. 1. 2. 3. 4. 桜井書店.

大谷禎之介. 2018. 『資本論草稿にマルクスの苦闘を読む』. 桜井書店.

大谷禎之介・平子友長 編. 2013. 『マルクス抜粋ノートからマルクスを読む—MEGA第4部門の編集と所収ノートの研究』. 桜井書店.

斎藤幸平. 2020. 『人新世の"資本論"』. 集英社.

斎藤幸平・松本卓也 編. 2023. 『コモンの"自治"』. 集英社.

太田仁樹. 2022. "《研究ノート》斎藤幸平著『大洪水の前に』と『人新世の"資本論"によせて』" 『岡山大学経済学会雑誌』 53(3): 173-188.

Araujo, C. 2018. "On the Misappropriation of Marx's Late Writings on Russia: A Critique of Marx at the Margins". *Science & Society* 82(1): 67-93.

D'Elia, N. 2019. "Notes on the Reprint of Late Marx and the Russian Road Edited by Teodor Shanin". *International Critical Thought* 9(4): 599-609.

Engels, F. 1993. "Engels to Eduard Bernstein"(1882.11.2.). *MECW* 46: 353-358.

Foster, J. and Spéth, A. 2024. "Ecosocialism and Degrowth". *Monthly Review* 76(2).

Heinrich, M. 1996. "Engels' Edition of the Third Volume of 'Capital' and Marx's Original Manuscript". *Science & Society* 60(4): 452-466.

Hickel, J. 2019. "Degrowth: A Theory of Radical Abundance". *Real-World Economics Review* 87: 54-68.

Holloway, J. 2015. "Read Capital: The First Sentence: Or, Capital Starts with Wealth, Not with the Commodity", *Historical Materialism* 25(3): 3-26.

Huber, M. and Phillips, L. 2024. "Kohei Saito's 'Start from Scratch' Degrowth Communism". https://jacobin.com/2024/03/kohei-saito-degrowth-communism-environment-marxism

Keucheyan, R. 2021. "Finding a Way Out of the Anthropocene: The Theory of 'Radical Needs' and the Ecological Transition". M. Musto ed. *Rethinking Alternatives with Marx: Economy, Ecology and Migration.* Palgrave: 129-147.

Krätke, M. 2018. "Marx and World History". *International Review of Social History* 63(1): 91-125.

Lewin, M. 1968, *Lenin's Last Struggle.* Monthly Review Press.

Liedman, Sven-Eric. 2018. *A World to Win: The Life and Works of Karl Marx.* Verso.

Marx, K. 1962. *Das Kapital.* Bd 1. Dietz Verlag.

Marx, K. 1989a. "Letter to Otechestvenniye Zapiski". *MECW* 24: 196-201.

Marx, K. 1989b. "Drafts of the Letter to Vera Zasulich". *MECW* 24: 346-369.

Marx, K. 1989c. "Letter to Vera Zasulich"(1881.3.8.). *MECW* 24: 370-371.

Marx, K. 1989d. *Le Capital. MEGA* II/7.

Marx, K. 1989e. "Verzeichnis der Veränderungen für den ersten Band des 'Kapitals". *MEGA* II/8: 7-20.

Marx, K. 1991. "Marx to Nikolai Danielson"(1878.11.15.). *MECW* 45: 343-344.

Marx, K. 1992a. "Marx to Friedrich Adolph Sorge"(1880.11.5.). *MECW* 46: 42-46.

Marx, K. 1992b. "Marx to Ferdinand Domela Nieuwenhuis"(1881.2.22.). *MECW* 46: 65-67.

Marx, K. 1992c. "Marx to Friedrich Adolph Sorge"(1881.6.20.). *MECW* 46: 98-101.

Marx, K. 2019. Exzerpte und Notizen. Februar 1864 bis Oktober 1868. *MEGA* IV/18.

Mezzadra, S. 2018. "Marx in Algiers". *Radical Philosophy* 2.01: 79-86.

Musto, M. 2016. *L'ultimo Marx: 1881 – 1883.* Donzelli.

Musto, M. 2020. *The Last Years of Karl Marx.* Stanford University Press.

Musto, M. 2021. "The Experience of the Paris Commune and Marx's Reflections on Communism". M. Musto ed. *Rethinking Alternatives with Marx: Economy, Ecology and Migration*. Palgrave: 263-284.

Napoletano, B. 2024. "Was Karl Marx a Degrowth Communist?", *Monthly Review* 76(2).

Okishio, N. 1961. "Technical Change and the Rate of Profit". *Kobe University Economic Review* 7: 85-99.

Outhwaite, W. and Smith, K. 2020. "Karl Marx, *Le Capital*". *Review of Radical Political Economics* 52(2): 208-221.

Postone, M. 2017. "Marx, temporality and modernity," J. Liu and V. Murthy eds. *East-Asian Marxisms and Their Trajectories*. Routledge: 29-48.

Ross, K. 2015. *Communal Luxury: The Political Imaginary of the Paris Commune*. Verso.

Roth, R. 2018. "Editing the Legacy: Friedrich Engels and Marx's Capital". M. Van der Linden & G. Hubmann eds. *Marx's Capital: An Unfinishable Project?* Brill: 31-47.

Saito, K. 2022. *Marx in the Anthropocene: Towards the Idea of Degrowth Communism*. Cambridge University Press.

Saito, K. 2024. *Slow Down: The Degrowth Manifesto*. Penguin Random House.

Sperber, J. 2013. *Karl Marx: A Nineteenth Century Life*. Liveright Publishing Co.

Tairako, T. 2016. "A Turning Point in Marx's Theory on Pre-capitalist Societies – Marx's Excerpt Notebooks on Maurer in MEGA IV/18 – ". *Hitotsubashi Journal of Social Studies* 47(1): 1-10.

Tairako, T. 2021. "The Late Marx: Marx's Excerpt Notebook from Maurer and the Drafts for the Letter to Zasulich". Discussion Paper for 2021 SSK Global Marxism Online Talk. June 3.

Vazquez, A. et. al. 2021. "Class or Community? Marx, the Russian Road, and Contemporary Critical Theory". *History and Theory* 60(1): 50-74.

Wada, H. 1983. "Marx and Revolutionary Russia". T. Shanin ed. *Late Marx and the Russian Road: Marx and the Peripheries of Capitalism*. Monthly Review Press: 40-75.

White, J. 2021. "The Atrophy of Philosophy and Marx's Revolution in Social Theory". *Critical Sociology*.

Zarembka, P. 2020. *Key Elements of Social Theory Revolutionized by Marx*. Brill.

제3부
21세기 포스트자본주의의 구상

제7장

공산주의: 모더니티와 유토피아[1]

김덕민(경상국립대학교 경제학부 조교수)

1. 서론

우리는 이 장에서 모더니티(이하 현대성)와 공산주의에 대해 논의한다. 이러한 논의의 중심에는 프랑스 철학자 자크 비데(이하 비데)의 논의가 있다. 이 장에서 우리는 현대성에 대한 비데의 논의를 소개한다. 여러 현대성에 대한 논의[2]에도 불구하고 현대성을 비데의 논의를 중심으로 요약

---

1 이 장의 2절 자크 비데의 현대성 논의는 김덕민(2012)의 3절의 현대 사회 형태와 이데올로기로부터 가져왔으며 일부 수정했다. 서론 및 결론의 일부도 김덕민(2012)에서 빌려왔다.

2 포스트모더니즘의 모호성과 신자유주의적 현대성의 등장 사이에 '근대성(또는 이 장의 현대성)'을 '자본주의 현대성'이라는 측면에서 사고하면서, 유토피아적 전망 아래서 현대성 담론과 절연할 것을 요구하는 제임슨(2020)의 논의를 이 장의 이데올

하는 이유는 비데 논의에 핵심에 있는 '경제'의 지위 때문이다. 이 경제는 '자본주의 생산양식'이며, 따라서 비데의 논의는 '역사에 대한 계급적 관점의 논의', 그리고 그에 기초한 대안으로서 '공산주의'와 어울릴 수 있다. 우리는 비데의 메타구조 및 구조, 그리고 전도의 발생과 메타/구조 논의를 통해 공산주의의 장소를 발견하려고 한다. 물론 이 공산주의는 『독일 이데올로기』의 현실적 운동(마르크스, 1988: 67)으로서의 공산주의의 동력이자 그 가능성을 담고 있는 사회적 가치(유토피아)로서 공산주의이다.

하지만 우리는 비데의 현대성 논의를 현대성의 구체적 형태로서 자본주의 현대성과 관리주의 현대성에 관한 논의로 보충한다. 비데는 현대성을 사회 형성에 대한 이론으로서 전개하고 있으며, 착취구조 또는 현대성의 전도가 발생하는 구조로서 자본주의 생산양식을 다루고 있지만, 그러한 논의로 역사적 구체성을 파악하기는 매우 어렵다고 본다.[3] 따라서 우리는 뒤메닐·레비(2023)을 따라서 자본주의 생산양식으로부터 나타나고 혼종되어 있는 관리주의 생산관계의 문제를 제기하고 이를 통해 현대성과 이데올로기, 그리고 유토피아로서 공산주의를 현존하고 있는 구체적 사회관계에 관한 논의 속에서 풀려 한다.

2절에서는 비데의 현대성 논의를 소개한다. 비데는 '경제'를 중요한

로기와 유토피아 논의와 자본주의 및 관리주의 현대성에 대한 논의와 비교할 수 있다.

[3] 비데는 여기서 다루지 않는 다른 논의(Bidet, 2011; 2013)를 통해 그의 현대성 이론에 구체성을 부여하려 한다. 그의 세계체계론을 매개로 한 초현대성(ultimodernity)과 세계국가(world-state) 등에 대해 논의는 순전히 메타구조적 관점에서 사회 복잡성의 증대를 다루는 사회 이론의 하나이다. 하지만, 비데의 이러한 논의는 이 장의 대상이 아니다.

축으로 삼고 있으며, 이에 이른바 '경제와 계급'으로부터 탈출하는 포스트-마르크스주의 논의와는 구별된다. 우리는 2절에서 비데의 현대성 논의와 카를 만하임의 이데올로기와 유토피아를 동시에 참고한다. 우리는 비데가 주장하는 메타구조의 다의성과 모호성에 대한 논의를 에티엔 발리바르를 경유하여 이매뉴얼 칸트의 논의를 통해 숙고한다. 또한 이러한 다의성과 모호성을 카를 만하임의 이데올로기와 유토피아를 통해 재서술한다. 3절에서는 생산관계의 변화와 현대성의 구체적 형태로서 자본주의 현대성과 관리주의 현대성을 논의한다. 이러한 시기 구분과 역사적 구체성을 통해 현대성의 이데올로기와 유토피아 사이의 관계를 살펴본다. 생산관계의 변화는 계급이론 관점에서 현대 사회의 변화를 설명하고, 현대성은 현대 사회의 사회적 가치를 논의한다. 사회적 가치로서의 현대성과 생산관계의 변화를 현실적으로 분리하기는 불가능하다. 하지만, 이 장에서는 사회 이론으로서의 현대성 이론과 계급사회이론으로서 생산관계 변화에 대한 논의를 서로 다른 이론으로서 파악하고, 서로 간의 설명력을 결합하려고 시도한다.

2. 자크 비데의 현대성 논의

마르크스는 자본주의 생산양식에 대한 분석, 즉 착취가 존재하는 사회구조를 분석하기 이전에 상품생산논리에 대한 분석을 실행한다. 상품생산논리에 대한 분석에서 마르크스는 『자본론』 1권 2편의 결론으로 '자유! 평등! 소유!, 그리고 벤담'을 이른바 '부르주아 이데올로기'로서 제시한다. 그것은 부르주아 사회가 "민주적이라 가정된 정치적 질서 속에서 자연적으로 발견될 수 있는 자유-평등, 그리고 합리적이라 가정된 참여자들 사이의 협력으로 재현된다(se présenter)는 점을 말한 것이었다(Bidet, 2008: 131)." 이러한 전제는 경제와 정치라는 두 개의 등록지(registres)를 갖으며, "따라서『자본론』에서 정식화된 이데올로기 비판은 정치비판과 경제 비판으로서 결합적으로(indissociablement) 이해되어야만 한다(Bidet, 2008: 132)."

마르크스가 이러한 자본주의 사회 구조의 서로 다른 계기들을 설명하면서 "실천적 관점, 즉 규정된 주관적 기준들이 어떻게 그것이 규정하는 다양한 사회적 위치에 결합되는가를 설명하려고 노력하였지만(Bidet, 2008: 132)," 이는 알튀세르가 말한 '『독일 이데올로기』의 이데올로기에 대한 관점(또는 영역)'에 머물러 있는 것일 수 있다. 그렇다면『자본론』의 출발점으로 제시되고 있는 상품적 논리는 어떻게 이해되어야 할까?

자유롭고 평등하며, 합리적이라는 상품생산논리는 단순히 생산된 외양(apparence produite)가 아니라 자본주의에 전제(présuppose)된 것으로 역설적으로 제시된다(Bidet, 2008: 133). 다시 말하면, 그것은 '조정(措定)된 전제'이다. 자본은 상품(또는 시장)적 관계 바깥에서 이해할 수 없다. 마르크스의 상품생산논리에 대한 설명은 자본을 설명하기 위한 예비적 의미를 지니는 것이 아니라 개념적이자 논리적인 전제이다. 자본주의는 역사적 동역학에 따라 생산 논리로서 시장을 발전시킨다. 시장을 보편적 관계로 위치시키는 것이 바로 자본이다. 하지만 자본은 개념·논리적으로 상품(또는 시장) 관계를 전제하고 있다(Bidet et Duménil, 2007: 52).

상품생산논리는 자본주의적 구조의 더 일반적이고, 더 추상적인 메타구조이다. 착취관계로서의 구조는 자유, 평등, 합리성에 전혀 근거(fondé)하고 있지 않지만, 항상 그것에 준거(réfernce)한다. 착취구조는 이러한 메타구조의 전도(retrounement)이다. 비데는 마르크스 또한 구조를 이루는 전도 내에서, 메타구조는 사실상 법적으로 평등한 상대방들 사이에 가정된 계약적 관계라는 용어 속에서 끊임없이 상기되고 있다는 점을 틀림없이 강조하고 있다고 주장한다(Bidet et Duménil, 2007: 54).

비데의 논의를 요약하면, 메타구조는 더 추상적이고 더 일반적인 현대 사회가 전제하고 있는 공적(public)이고, 공식적(official)인 담론이다.[4] 즉 현대 사회는 그 자체로(법국가 내의 개인들의 합의에 기초한) 자유롭고 평등하며, 합리적(rational)이라 선언된다. 선언된 담론구조는 담론적 무매개성/직접성(discursive immediateness)으로서 조정(措定)되어 있다.

이는 사회적 가공물이자 가상적 준거(fiction reference)[5]이다. 시장[6]

---

[4] "궁극적 준거를 설정하는 자유-평등의 보편적인 공식적 '선언'은 '담론적 성격'(discursivité)을 가지고 있는 선언이다. 이러한 담론적 성격에 따라(…) 다른 이들에 대한 어떤 이들의 이른바 자연적 우위성과 관련된 규범이 정당화될 수 없다. 하지만 그것은 오직 담론적 합의를 통해서 가능하고, 그에 의해 권력들은 수립되고 통제된다. (…) 이러한 선언은 또한 합리성과 시민성(citoyenneté)의 선언이다. 그것은 사실 사회가 '의사소통적' 담론에 의해 규제된다고 선언한다(Bidet, 1999: 16-17).". 여기서 말하는 의사소통적 담론은 합의를 위한 행위의 조정(coordination)으로서 제시되는 말/약속이 세가지 주장, 즉 정당성(justesse), 진리-유효성(vérité-efficacité), 진정성(authenticité)을 표현한다는 하버마스의 논의와 관련이 있다. "현대 사회 내에서 공적으로 받아들여지는 진리는 과학 공동체 내에서 검증될 수 있는 것이어야만 하고, 공적으로 받아들여지는 정당성은 무제한적으로 개방된 논의를 규정할 수 있는 것이며, 진정성은 선언자 자신이 그러한 선언, 즉 자유-평등-합리성에 권한을 부여하는 자들로서 지칭되는 데서 획득된다(Bidet, 1999: 17)."

[5] "『자본론』 1편은 사실 이러한 상품적 추상의 가상(fiction)을 분석하고 있다. (…) 마르크스는 '현실'은 자유롭고 평등한 상대방 사이의 상품적 생산의 보편적인 합리적 질서라는 '가상'으로부터 출발하여야만 사고될 수 있다고 보여주었다(Bidet, 2008: 134)."

[6] 비데는 물론 시장 이외에도 또 하나의 매개이자 극(pole)으로 조직을 상정하고

은 이러한 선언의 무개성에 대한 매개(médiation)이자 경제적인 합리성(rationality)과 법-정치적 합당성(reasonability)(또는 계약성, contractuality)[7] 이라는 두 측면을 가지고 있다.[8]

결국 메타구조의 선언은 시장적(상품적) 이데올로기를 통해 실현되고 전개된다(Bidet, 2008: 137). 앞서 말한 바와 같이 이것이 바로 지배계급의 이데올로기이다. 그렇다면 피지배계급[9] 또한 **동일한 메타구조적 주장** 속에 존재하고 있을 것이다. 이데올로기는 단순한 지배계급의 도구가 아니라 피지배계급 및 지배계급 모두를 주체로 구성하는 기능을 수행하기 때문이다. "바로 이데올로기라는 개념을 메타구조적 장이라는 새로운 맥락 속에서 재검토하는 것이다. 이데올로기라는 개념은 마주 보고 있는 두 개의 계급들 사이의 동일한 이념에 대한 모순적 주장으로 문제화될 수 있다. 이러한 조건 속에서 구조적 위치―계급적 현상인―는 그렇게 제시된 메타구조적 전제에 대한 효과, 즉 모순적 효과를 생산한다." 그것을

있다. 전체적인 측면에서 보면, 조직이라는 극이 도입되더라도 우리가 현재 다루고 있는 전개 과정이 크게 달라지지 않으므로 이번 연구에서 이 부분은 생략한다.

7 이는 서로에 대한 약속인 계약(pact)을 의미한다. 시장의 경우에는 개인 간(interindividual) 계약성이라는 법-정치적 측면을 가지고 있다.

8 "이러한 경제적 합리성과 법-정치적 차원의 합당성(자유-평등)은 자유, 평등, 합리성으로서 고려되는(se considérer)―승인되고 **호명**되는― 생산자-교환자들 사이에서 보편적이라고 가정된 생산관계에 대한 이론이다. 마르크스는 그러한 관계를 역사적 전제로서 요청되는 전자본주의(소상품생산을 가정한)적 관계로서 다루는 것이 아니라 자본주의의 내재적 관계로서 다루고 있다(Bidet, 2008: 133)."

9 비데는 피지배계급보다는 시장의 합리·합당한 형태 속에서 그 미래를 생산하고 그것에 맞서는 사회적으로 구성된 '근본계급(classe fundamentale)'이라는 표현을 주로 쓴다(Bidet, 2008: 137).

비데는 (메타구조적 주장의) 모호한/다의적 효과(effect amphibologique)라고 부른다(Bidet, 2008: 137).

메타구조를 단순히 표상된 관념이 아니라 각자가 각자를 자유롭고 평등하며, 합리적이라고 고려하는 약속 또는 선언이라는 입장과 관련이 있다는 점을 이해하는 것이 중요하다. 이러한 메타구조가 착취구조 내에서 그 반대로 전도된다는 것만(마르크스의 분석)을 강조하는 것이 아니라 바로 그러한 조건 안에서, 계급관계 내에 제시되어 있는 것으로서 메타구조의 성격을 이해해야 한다. 메타구조가 계급관계 내에서 제시되어 있다는 사실을 통해 메타구조적 주장이 사실상 두 개의 모순적 주장으로 분열된다는 점을 확인할 수 있다(Bidet, 2008: 138).

위로부터, 지배자는 '우리는 평등하고 자유롭다'는 선언을 이미 달성된 것으로 고려할 수 있으며, 피지배자는 그러한 선언을 아직 달성되지 않은 것으로 그래야만 하는 것으로 '주장(claim)'할 수 있다. 다양한 제도들 내에서 이루어지는 실천들은 모두 같은 메타구조적 선언에 입각하고 있다. 하지만 그것은 이중의 언표행위를 상정한다. "메타구조적인 선언의 모호한/다의적 내용은 구조적 모순(다시 말해 계급적 모순)으로부터 유래한다(Bidet, 2008: 138).".

마르크스의 착취론을 이러한 모호성/다의성[10]을 통해 '징후적으로'

---

10 다의성/모호성(amphibologie)은 사전적 의미로 '단순한 문장이 주는 모순적 효과'를 의미한다(Merriam-webster; Larousse). 이러한 모호성/다의성은 칸트의 『순수이성비판』, 제2권 원칙의 분석학, 제3장 대상 일반을 현상체와 예지체로 구별하는 근거에 대하여의 부록으로 제시되어 있기도 하다. 이 부록의 제목은 '반성(Reflection) 개념의 모호성/다의성'이다. 칸트는 이 부록에서 라이프니츠에 대한 비판을 수행하고 있다. 칸트는 라이프니츠의 감각을 통해서가 아니라 오로지 지적인

재독해할 수 있다. 현대계급구조가 전제하고 있는 메타구조는 노동력의 자유로운 판매를 이야기하는 상품생산논리이다. 계급구조는 앞서 말한 바대로 이러한 상품생산논리를 전제한다. 노동자와 고용주의 화폐 계약으로 인해 두 가지 권리가 양도된다. 첫째, 최종생산물에 대한 권리, 둘째 노동과정에서의 권리. 이러한 두 가지 권리의 양도는 자본가(또는 고

것에 의해 세계를 표상할 수 있다는 관점을 비판(Pereboom, 1991: 51)하면서 모호성/다의성이라는 개념을 제시하고 있다. 다시 말하면 라이프니츠가 감각(또는 감각적 상상)을 통해 전달되는 어떤 것을, 사고함으로써 알게 되는 어떤 것으로 간주하고 있다는 것이다(Brook, 2010). 칸트는 네 쌍의 반성틀을 제시하면서 이러한 비판을 제시하는데, 1) 동일성(identity)과 차이(difference) 2) 일치(agreement)와 상충(opposition) 3) 내부(the inner)와 외부(outer) 4) 질료(matter)와 형식(form)이 그것들이다(Kant, 1929: 278-280; Caygill, 2000: 62-3). 이 개념을 발리바르는 유럽이라는(정치/지리적) 공간의 '외부'와 '내부'라는 쟁점을 설명하면서 사용하고 있다(Balibar, 2004). 발리바르는 칸트가 제시한 반성틀 중 세 번째 내부와 외부에 관한 논의를 참조하고 있다. 우리는 메타구조의 모호성/다의성과 관련하여 칸트의 특히 두 번째 반성틀, 일치와 상충에 대한 논의를 참조할 수 있다고 본다. 메타구조적 선언은 담론적 무매개성/직접성으로 제시되지만, 이러한 선언은 경제적 합리성(Verstand)과 법-정치적 합당성(Vernunft)라는 두 측면으로 매개된다. 시장적 합리성은 자유-평등의 합당성을 지닌다. 하지만 이러한 가상적 관계는 계급관계로 전도되고, 다시 이러한 계급관계에 의해 메타구조의 가상적 관계는 모호성/다의성을 지닌다. 메타구조의 모호한/다의적 내용은 그 자체로 선언된 이데올로기 자체에서 포착될 수 없다. 현대성의 선언은 그 자체로 다른 언어를 필요로 하지 않는다. 그럼에도 불구하고 실재적 대립은 도처에서 일어난다. "하지만 외양 속에 있는 실재적인 것은 확실히 대립/상충(oppostion)적일 수 있다. 동일한 직선 위에 있는 두 가지 운동력의 경우(…) 또는 고통과 평형을 이루는 만족의 경우-(Kant, 1929: 279)." 물론 네 쌍의 반성틀 중 내부/외부라는 쌍을 제외한 모든 반성틀은 독립적으로 간주되기 힘든 것으로 보인다.

용자)가 노동에 대한 관리·조직·감독을 실행할 수 있는 조건이다. 이러한 화폐계약을 바탕으로 한 노동에 대한 관리·조직·감독이 바로 잉여가치의 생산과정(절대적/상대적 잉여가치의 생산)이다. 노동자는 이러한 과정에 '자발적'으로 복종한다. 하지만 동시에 현대적 이데올로기는 계급국가, 즉 현대적 민족국가 내에서 구체적으로 이해될 수 있다. 현대적 민족국가 내의 "시민은 주체로서 호명된다(복종하기 위해). 하지만 주체는 시민으로서 일어난다(susciter). 호명은 결코 단지 〈복종하라!〉라는 의미만이 아니다(Bidet, 2008: 139)", "모든 이데올로기는 어떤 방식으로라도 반대의 부하(charge)를 배양할 수 있는, 즉 지배에 반대하는 반역을 추동할 수 있는 약속을 나타낸다는 의미에서 양가적이다. 하지만 현대적인 메타구조는 (…) 참여자들 사이의 대칭성을 가정—직접적인 의사소통 담론적인 위치—한다는 의미에서 다의적이다/모호하다(Bidet, 2008: 140)[11]." 이러한 다의성/모호성은 근본계급(피지배계급)의 유토피아로 귀결될 수도 있고, 이데올로기로 고착화될 수도 있다.[12]

---

11 이데올로기 개념이 필요한 것은 그러한 개념이 결국 사회권력이 구성되는 복잡성을 나타낸다는 점에 있다. 지배는 인격들 사이의 자연적 차이에도 불구하고 대칭성의 가정 속에 관념적으로 개입된다. 각자가 각자를 동일하다고 승인하는 것이다. 그것은 사회 주체를 구성하고 호명하는 승인 양식이다. 현대적인 이데올로기적 호명의 역설은 대칭에 대한 전제로부터 (계급적) 비대칭성이 배양된다는 점에 있다(Bidet, 2008: 131).

12 우리가 사용하고 있는 이데올로기와 유토피아라는 개념은 카를 만하임(Karl Manheim)의 것이다. 만하임은 자신의 저서『이데올로기와 유토피아』(Mannheim, 1954)에서 집합적 무의식(collective unconscious)의 두 형태로 '이데올로기'와 '유토피아'를 제시한다. 이데올로기는 "지배적 집단이 그들의 사고 속에서 어떤 상황에 제약된 관심만을 가질 수 있어, 그들의 지배의 의미를 훼손시킬 수 있는 어떤 사실들

우리는 끊임없이 이러한 유토피아와 이데올로기 사이에서 동요한다. 이데올로기와 유토피아는 그 형식적 성격을 실질화시키는 구체적 행동들과 관련이 있다. 다시 말해 개인적 또는 집단적으로 벌어지는 특수한 실천들이 일어나고 재발하는 과정 속에 이러한 모호한 다의적 선언/주장이 존재한다. 그러한 실천들을 통해서 사물들의 상태가 변화하고 그를 통해 주체가 전화된다. 사회구조는 실천들을 통해 재생산되고, 메타구조는 언어적 실천을 통해 재생산된다. 하지만 계급관계 내에서 각자를

을 더 이상 볼 수 없는, 정치적 대립으로부터 출현한 하나의 발견을 반영한다."고 말한다. 이 개념 속에는 그들과 다른 이들에 대한 현실적인 사회조건을 은폐으로써 사회를 안정화시키는 어떤 집단의 집합적 무의식을 함축되어 있다고 말한다(Mannheim, 1954: 36). 요약하자면 만하임에게 이데올로기는 현실적 사회 조건을 은폐하려는 지배 집단들의 집단적 무의식이다. 이어서 만하임은 '유토피아'에 대해서 설명한다. 유토피아 개념은 정치적 투쟁 속에서 발견되는 정반대의 것을 반영하고 있다. "억압받는 집단들이 주어진 사회조건에 대한 변혁과 파괴에만 너무 지적으로 몰입한 나머지, 무의식적으로(unwittingly) 그러한 사회를 부정하는 경향이 있는 상황적 요소만을 보는 것을 말한다. 그들의 사고로는 현존 사회조건을 정확하게 진단할 수가 없다. 그것들은 현실적으로 존재하고 있는 것과 전혀 연관이 없고, 항상 존재하고 있는 상황을 변혁하려고만 사고한다(Manheim, 1954: 36)." 우리에게 만하임의 이데올로기/유토피아는 동일한 메타구조적 주장의 다의적/모호한 효과이다. 하지만 만하임이 현대 정치·사회적 실천의 인간학적 조건으로 이데올로기/유토피아를 주장하는 건 흥미롭다. 그는 이데올기와 유토피아에 대해 다음과 같은 기준(criterion)을 부여한다. "과거를 보면, 이데올로기로 간주될 수 있는 것과 유토피아라 간주될 수 있는 것에 대한 적절한 기준을 찾을 수 있는 것 같다. 바로 그 기준은 실현(realization)이다. 어떤 과거 또는 잠재적인 사회질서의 오직 왜곡된 표현으로 불과한 것으로 밝혀진 아이디어는 이데올로기이며, 새로운 사회질서에서 적절히 실현되었다고 밝혀진 것은 상대적 유토피아들이다(Menheim, 1954: 184)."

호명하는 개별적이고 집단적인 주장과 실천을 수행하는 것은 개인들이고, 집단들이다. 이러한 개인 및 집단들은 그 자체로 계급은 아니다. 그곳이 계급관계가 머무르고 있는 장소이다. 고유한 인격들만이 호명되는 것이다(Bidet, 2008: 141).

그러므로 그 장소 속에는 다양한 개인들의 차이들 동시에 얽혀 있다. 현대성의 메타구조적 주장으로 인해 시민주체로 구성된 개인들이 계급관계 내에서 다의적 효과를 보이는 것처럼, 계급관계와 관련된 전통적 이데올로기들(성차별주의, 동성애차별, 가부장주의)이 조금 더 복잡한 효과로 귀착된다. 하지만, 이러한 성차별주의, 동성애차별, 가부장주의는 이전과 같은 형태가 아니라 현대적 계급구조 속에 결합되고, 동시에 동일한 메타구조적 주장에 직면하여 상당히 다른 형태로 전환되며, 이러한 상황은 계급관계를 다중화(multiplié)한다(Bidet et Duménil, 2005: 281-283). 이러한 과정들은 현대적 계급관계가 갖는 역사적 경향과 관련되어 있다. 그 역사적 경향 속에서 전진하거나 퇴보한다. 과잉결정된 정세 속의 역사적 경향들을 따라 메타구조적 주장들이 나타난다.[13] 마르크스는 이러

---

13 여러 면에서 다른 개념/말들로 표현되어 있고 상이한 강조점을 두고 있지만, 우리의 논의를 사토 요시유키의 논의와 비교해보는 것도 흥미롭다. 사토는 알튀세르의 『재생산에 대하여』을 우리는 다른 라캉과 단절한 알튀세르(담론의 일반이론)라는 접근법을 통해 독해하면서, 1차 이데올로기와 2차(또는 종속적 이데올로기) 이데올로기라는 알튀세르의 구분을 통해 '저항의 실존'에 대해 이야기한다. "1차 이데올로기는 이데올로기적 국가장치 속에서 지배 이데올로기로서 실현되며, 이데올로기적 호명 또는 '의례'(rituel) 속에서 구현된다. 하지만 1차 이데올로기가 그 수신지(destination)인 주체에게 주입될 때, 그것은 '복잡한 원인들의 결합', 즉 정세(conjoncture)를 통해 전환된다. (…) 이데올로기적 호명 과정 속에서 지배적 이데올로기는 상황들의 결합을 통해 전화된다. (…) 계급투쟁의 효과가 2차 이데올로기 속에서

한 역사적 경향을 시장에서 조직으로의 발전, 즉 개인 간(interindividual) 계약성으로부터 중앙적 계약성으로 이행하는 과정으로 설명하면서, 이러한 이행 과정에서 자유롭고 직접적인 연합(어소시에이션, association)이 출현할 것이라고 보았지만, 이는 역사적으로 증명되지 못했다(Bidet, 2004, 2007; Bidet et Duménil, 2007). 우리는 역사 속에서 자유롭고 직접적인 연합의 또 다른 장애물이자 또 다른 계급관계의 출현을 확인했다고 주장할 것이다. 관리주의이다.

3. 현대성의 구체적 형태로서 자본주의와 관리주의

이제부터 현대성의 구체적 형태로서 자본주의 현대성을 논의하려고 한다. 우리는 앞선 비데의 논의를 통해 현대성에 잠재되어 있는 다의성/모호성을 통한 이데올로기/유토피아의 동요로서 현대성의 세계에 있는 주체화 과정에 대해 살펴보았다. 메타구조적 선언은 전도된 구조인 메타/구조 속에서만 존재하고 이는 메타구조적 선언의 이데올로기/유토피아의 성격을 동시에 만들어낸다. 공산주의는 바로 그 속에 있을 것이다. 비데의 메타/구조 논리에서 우리는 공산주의를 발견할 수 있다. 우리가 현대성만을 고려해 공산주의를 논의할 수 있다면, 사실상 현대성의 다의성과 모호성, 그리고 그 가운데서 등장하는 '보통 사람들(또는 피지배계급)의

나타난다는 점에 주목하자. (…) 지배적 이데올로기는 또 다른 이데올로기들과 '계급투쟁'을 억압하려는 목표를 가지고 있다. 하지만 계급투쟁은 항상 '다른 현실' 속에 있다. (…) 계급투쟁은 2차 이데올로기의 효과로서 나타난다. 그리고 이러한 효과는 저항의 실존을 지칭한다(Sato, 2007: 177-178, 국역(2012): 255-256).

유토피아'로 보아야 한다.

　공산주의에 좀 더 현실적으로 다가가기 위해 비데와 같은 사회성 이론에 기초하여 마르크스를 경유하는 현대성 이론(Duménil, 2013)보다 현대성의 구체적 형태를 논의해보려고 한다. 위의 비데의 논의는 현대성과 시장 관계(또는 시장경제)를 강조하고 있다. 우리는 자본주의 현대성과 관리주의 현대성으로 현대성의 구체적 형태를 제시하려고 한다. 비데의 논의를 통해 표현하자면 자본주의 현대성과 관리주의 현대성은 메타구조의 측면에서 정의된 자본주의 생산관계이며, 동시에 관리주의 생산관계(뒤메닐·레비, 2023)이다. 자본주의 사회(자본가-노동자계급을 중심으로 한 계급 사회)와 현대성의 수립(자유-평등 그리고 소유) 사이에는 깊은 관계가 있다. 무엇보다 다의성과 모호성이라는 측면에서 보면, 자본주의 생산양식 속에서만 앞선 현대성의 가치들이 실현될 수 있는가(뒤메닐·레비, 2023: 232)는 질문을 던질 수도 있지만, 어쨌든 자본주의 생산양식으로의 경제적 이행과 현대성의 사회 가치들이 실현되는 과정의 깊은 연관성을 부정할 수 없다.

　17세기 영국의 부르주아 혁명과 이후 프랑스 혁명이 추구했던 사회적 가치들을 자본주의 생산양식의 수립과 분리해서 사고하기는 힘들다. 17세기 영국의 수평파와 개간파의 시도들과 프랑스혁명의 산악파와 자코뱅, 그리고 그라쿠스 바뵈프와 평등주의자들은 현대성의 가치를 기초로 자본주의 생산양식의 수립(또 다른 계급사회) 그 이상을 원했다(뒤메닐·레비, 2023: 14장). 계급사회로서 자본주의 생산양식은 착취구조로서 현대성의 전도이지만, 자본주의 생산양식의 수립과 함께 나타난 자본주의 현대성은 유토피아적 실천들을 만들어 낸 것이다. 만하임의 유토피아/이데올로기와 비데의 메타구조적 선언과 주장을 이러한 역사적 과정과 비교해볼 수도 있다. 구조에서의 전도라는 테마는 유토피아의 이데올로기화를 의미한다. 자본주의 생산양식의 착취구조는 현대성의 선언을 이데올로기화한다. 따라서 자유-평등, 그리고 소유라는 현대성의 선언의 현실적 "실현"[14]은 자본주의 생산양식의 폐절을 통해서 가능하다. 자유-평등은 여전히 자본주의 생산양식을 폐절하기 위한 피지배계급의 '주장'으로서 작동할 수 있다. 그것은 이데올로기로부터 '실현할 수 있는 유토피아'로서 '공산주의적 주장'으로 전환된다.

하지만 우리는 아직은 자본주의 생산양식과 혼종적인(hybrid) 관계 속에 있는 관리주의 생산관계가 19세기 말과 20세기 초에 자본주의 생산관계의 사회화 과정을 통해 등장했다고 본다. 자본주의 생산관계 내에서 관리업무가 봉급생활자 집단으로 대거 위임되고 챈들러가 묘사했듯이 이러한 조직혁명은 미국경제가 20세기로 진입하면서 다른 경제를 압도할 수 있는 기초가 되었다(챈들러, 2014). 조직혁명 또는 관리혁명, 그리고 기업혁명을 통해 새로이 등장한 관리자 계급은 전형적인 중간계급으로서 역할을 수행했지만, 1930년대 대공황 이후 자본소유자 계급에 대한 규제 조치와 경제에서 정부가 차지하는 비중의 증대와 함께 꾸준히 성장해 지배계급의 지위로 도약했다. 또 다른 한편으로 소련과 같은 자칭 사회주의 국가는 자본소유자를 제거하고 주요 행위자로서 관리자들을 등장시켰는데, 이는 민중 계급의 지도자들이었다. 민중계급의 지도자들은 사회주의 관리자로 변신했다(Lew, 1997; Lewin, 2005; 뒤메닐·레비, 2003: 15장).

자칭 사회주의와 1930년대 뉴딜 이후 관리자본주의, 그리고 유럽의

---

[14] 『자본론』 1권 32장의 자기 노동에 기초한 개인적 사적 소유(individual private property)에 대한 부정인 자본주의 사적 소유, 부정의 부정으로서 개인적 소유의 등장에 관한 마르크스의 논의를 참고할 수 있다(Marx, 1990: 929).

사회민주주의 사회에서 볼 수 있듯이, 생산관계 내에서 관리주의적 성격의 진보는 사적 소유 또는 자본소유자의 무제한적 권리를 제한하면서 모두를 위한 복지를 실현하려고 시도했다. 이를 관리주의 현대성의 시대라고 부른다면, 관리주의 현대성의 사회적 가치는 '능력주의'이다. 신자유주의는 상층 자본소유자-상위 관리자 동맹으로서 능력주의를 '모두의 복지를 위한 더 나은 사람들의 지휘'에서 경제불평등 심화의 수단으로 특정한 성과를 고결한 가치로 포장하면서, 대다수에 도덕적 모멸감을 주는 형태로 왜곡시켰다(마코비츠, 2020).[15]

자본주의 생산양식과 자본주의 현대성, 그리고 자본주의 생산관계에 아직까지 혼종되어 있는 관리주의 생산관계는 사회 진보의 원동력이면서 동시에 퇴보시키는 계급관계이다. 이러한 현대성에 내재한 사회

---

15 2008년 금융위기 이후 신자유주의의 왜곡된(정치·경제·사회적) 결과들에 대한 논의에서 우리가 관리주의 현대성이라 부른 '능력주의'와 관련된 논의가 핵심에 있다. 해외 논의로는 샌델(2020), 마코비츠(2020), 피케티(2020) 등의 논의를 참고할 수 있다. 앞의 해외 논의가 모두 2020년 출간된 것도 우연이 아니다. 2019년 문재인 정부의 비정규직의 정규직화 논의와 함께 우리나라에서도 능력주의에 관한 논의가 쏟아져 나왔다. 박권일(2021), 장석준·김민섭(2022), 김동춘(2021) 등을 참고할 수 있다. 앞서 논의한 비데의 경우 능력자들(compétents)에 대해 논의한다. 우리는 비데와는 달리 관리자들을 생산관계 내의 지위와 그들의 소득 확보를 위한 잉여 전유 채널에 기초하여 '(지배) 계급'으로 정의해야 한다고 본다(Duménil, 2013; 뒤메닐·레비, 2023) 따라서 우리는 생산관계의 변화를 중심으로 자본주의 현대성과 관리주의 현대성을 논의했다. 우리는 1980년대 이후 신자유주의의 자본소유자-상위관리자 동맹으로 경제불평등, 또는 상위 관리자들의 고임금이 가능해졌고, 이것이 능력주의라는 사회적 가치를 왜곡시킨 가장 큰 요인이자 경제적 기초라고 본다. 능력주의는 자본소유자들의 권능을 제한하는 더 나은 사람들의 민중과의 동맹이 아니라 경제적 불평등을 정당화하는 효과적 수단이 되었다.

적 가치로서 자유-평등, 그리고 소유 및 능력주의는 유토피아와 이데올로기 사이를 가로질러 왔다. 자유-평등, 그리고 소유라는 사회적 가치는 계급사회를 재생산하는 자본주의 생산관계를 통해 매번 전도되어 이데올로기화된다. 또한 관리주의 현대성인 능력주의 또한 사회주의의 관료적 관리주의 체계 내에서, 그리고 신자유주의 자본소유자-상위관리자 동맹에서 계급사회를 더 공고화하는 이데올로기로 나타난다. 하지만 동시에 그것들은 신분제 사회를 돌파하는 힘이었고, 자본소유자들의 전능을 제한하는 힘으로 작용했다. 궁극적 해방은 이러한 사회적 가치의 실현을 제약하는 자본주의 및 관리주의 생산관계의 계급 요소(class factors)들을 무력화(neutralize)하는 것이다. 즉, 시장과 관리 내의 계급 요소(예를 들어, 생산수단의 사적 소유, 정보와 성과에 대한 독점 및 접근 장벽)를 무력화하는 투쟁이 필요하다.

4. 결론

비데는 현대성의 일반이론을 근거로 현대 사회에 구체성을 부여한다. 현대성의 일반이론은 그 무엇보다도 마르크스의 『자본론』에 근거한 것임(물론 그 재구성을 바탕으로 한)으로 『자본론』에서 제시된 현대적 계급관계와 그 전제에 대한 논의를 바탕으로 한다. 시장/상품관계는 자본주의 관계의 전제이고, 시장/상품관계는 자유-평등-합리성이라는 담론적 직접성/무매개성에 기초하고 있다는 것이다. 시장/상품관계와 같은 더 일반적이고, 추상적인 구조를 메타구조라 지칭하였다. 따라서 자유-평등-합리성은 메타구조의 선언이다. 계급관계를 통해 이러한 메타구조의 선언 다의적/모호한 효과가 나타난다. 지배계급의 이데올로기와 근본계급(피지배계급)의 유토피아이다. 하지만 이데올로기와 유토피아 모두 같은 메타구조적 선언에 준거한다. 비데에게 공산주의의 이념은 메타구조에 준거한 주장이자 바로 근본계급의 유토피아이다. 그것은 현대성의 메타구조적 선언이 가지고 있는 다의적/모호한 효과의 산물이다. 공산주의는 자본주의 계급구조 또는 자본주의가 전제하고 있는 메타구조 바깥 어딘가에 존재하고 있는 것이 아니다. 공산주의는 이러한 메타구조적 다의성에 기초한 행동과 주장이며, 그 행동과 주장을 통해 자본주의의 구조가 변혁되고 메타구조 또한 새롭게 재정립될 것이다.

현대성에 기초한 논의 이외에도 현대성의 구체적 형태로서 자본주의 생산관계와 관리주의 생산관계에 대한 논의로의 전개는 인간 사회 역사 속에서 이데올로기와 유토피아로 나타나는 과정을 이해할 수 있도록 해준다. 하지만 현대성의 논의로 생산관계 내의 계급 동역학을 분석하기 어렵다. 자본주의 생산양식과 혼종되어 있는 관리주의 생산관계가 능력주의라는 사회적 가치를 유토피아로 만들면서 자본의 권능을 제한하고 그러한 시도가 신자유주의 상위계급 동맹에서 좌절되는 과정을 비데의 현대성 논의에서 파악하기는 어려워보인다. 우리는 마르크스와 마찬가지로 자본주의 생산양식이 자유-평등, 그리고 소유라는 가치 위에서 이전 생산양식으로부터 사회 진보의 방향으로 나아가는 데 기여했다고 본다(마르크스·엥겔스, 2010). 하지만 계급사회로서 자본주의 생산양식은 자유-평등, 그리고 소유라는 사회적 가치를 단순한 이데올로기로 만든다. 마르크스가 보기에 자본주의 생산양식의 폐절만이 자유-평등, 그리고 소유의 유토피아를 실현하는 길이었다.

자본주의 생산양식을 폐절하는 조직적 운동과 자본소유자들의 권능을 제한하려는 보통의 사람들의 투쟁에는 더 나은 사람들(관리자 또는 비데의 용어법에 의하면 '지도자')이 결합했다. 한편으로 그것은 자본소유자들이 사멸한 사회의 운영에 대한 문제였고, 자본소유자들의 무제한적 권능으로부터 나타난 비참한 전쟁과 경제적 쇠퇴로부터 나라와 사회를 재건하는 문제였다. 능력주의라는 사회 가치는 새로운 사회의 운영과 전쟁 이후 경제 재건의 효율성을 부여했다. 적어도 미국과 유럽에서 불평등이 감소한 사회가 나타났고, 실행가능한 사회주의의 모습이 보였다. 하지만 자칭 사회주의 국가들에서 기회와 정보의 독점, 이를 통한 당 관리자들의 권한 강화, 그리고 1980년대 이후 신자유주의 상위계급 동맹은 능력주의라는 사회 가치를 이데올로기에 불과한 것으로 만들었다. 현대성 이론과 생산관계에 기초한 계급이론이라는 이론적 차이를 넘어서 우리는 지난 시기와 자본주의 생산양식 또는 관리자본주의의 동역학과 관련한 설명력을 배가할 필요가 있다. 또한 시장과 관리의 계급적 요소를 제한하고 자본주의적 생산관계와 관리자본주의 생산관계를 넘어설 힘을 계급투쟁에서 찾아야 한다. 그리고 그 유토피아로의 동력은 각 생산관계 내부에 있다.

마지막으로 현대성의 또 다른 측면, 소유와 능력 이외에 합리성(효율성 또는 경제성)에 대한 비판적 논의가 있다. 이는 기후변화와 그에 따른 발생하고 있는 기후재앙에 대한 반성으로부터 온다. 특히, '탈성장(고헤이, 2021, 2024)'에 대한 논의는 '성장'으로 표현되는 현대성의 효율성을 해체할 필요성과 관련되어 있다. 특히 고헤이는 이러한 현대성으로부터 탈피할 가능성을 마르크스로부터 찾고 있으며, 마르크스를 포스트 현대성의 선구자로서 표현한다. 하지만, 마르크스에 대한 이러한 평가는 '하나의' 역사과학으로서 마르크스의 생산양식 이론(또는 역사유물론)의 해체로 연결될 수도 있다고 본다. 그가 예를 들고 있는 '자술리치에 대한 편지(고헤이, 2024: 205-206)'는 오히려 혼종된 생산양식들을 표현하는 '사회구성체'에 대한 논의로 해석해야 한다고 본다.

마르크스를 생태정치학의 이론적 기초를 제공한 이로 보는 데 동의한다. 마르크스는 『자본론』 1권 7장, '노동과정과 가치증식과정'의 두 번째 문단에서 노동을 인간과 자연 사이의 물질대사 과정으로 설명한다.[16] 자본주의 생산양식의 추상성, 즉 자본가치 또는 이윤을 위한 생산은 이러한 과정에 균열을 일으키는 파괴적인 동역학을 생산한다. 우리는 이러한 기후변화에 대한 접근과 "탈성장"과 같은 포스트-현대성의 가치에 대한 논의 또한 현대성으로서 효율성과 경제성, 그리고 성장과 관련된 이데올로기와 유토피아 사이에서 이루어져야한다고 본다.

---

[16] Marx(1968)의 1권 5장 노동과정(Arbeitsprozeß)과 가치증식과정(Verwertungsprozeß)의 1절 노동과정 두 번째 문단에서 신진대사 또는 물질대사(Stoffwechsel)이 등장하고 있으며, 2절 가치증식과정으로 이어지면서, 자본주의 생산양식의 추상성 또는 이윤을 위한 생산, 즉 자본주의의 생산력주의를 설명한다(Bidet et Duménil, 2007: 212-213). Marx(1990)와 장 피에르 르페브르(Jean-Pierre Lefebvre)가 주도한 Marx(1993)에서도 물질대사(Stoffwechsel/Metabolism)에 대한 언급을 확인할 수 있다. 르와(Roy)가 번역하고, 막시밀리앙 루벨(Maximilien Rubel)이 주도한 Marx(1963)에서는 이 단어를 찾을 수 없지만, 내용은 같다. 이 판본의 해당 부분은 1권 7장에 있는데(이는 영어판과 같다. 르페브르가 주도한 판본에서는 독일어판과 마찬가지로 5장), 이 판본에서는 여기 모든 판본과 달리 해당 절의 제목이 사용가치의 생산(production de valeurs d'usage)과 잉여가치의 생산(production de la plus value)이다.

참고문헌

김덕민. 2012. "공산주의는 어디에? 자크 비데의 Court traité des idéologie(2008)에 대한 연구노트."『진보평론』53: 237-253.

김동춘. 2022.『시험능력주의: 한국형 능력주의는 어떻게 불평등을 강화하는가』. 창비.

박권일. 2021.『한국의 능력주의: 한국인이 기꺼이 참거나 죽어도 못 참는 것에 대하여』. 이데아.

장석준·김민섭. 2022.『능력주의, 가장 한국적인 계급지도/유령들의 패자부활전』. 갈라파고스.

뒤메닐, 제라르, 도미니크 레비 지음. 김덕민 옮김. 2023.『관리자본주의: 소유, 관리, 미래의 새로운 생산양식』. 두 번째 테제.

마르크스, 카를, 프리드리히 엥겔스 지음. 박재희 옮김. 1988.『독일이데올로기』. 청년사.

마르크스, 카를, 프리드리히 엥겔스 지음. 권화현 옮김. 2010.『공산당 선언』. 펭귄클래식코리아.

마코비츠, 대니얼 지음. 서정아 옮김. 2020.『엘리트 세습: 중산층의 해체와 엘리트 파멸을 가속하는 능력 위주 사회의 함정』. 세종.

사이토, 고헤이 지음. 김영현 옮김. 2021.『지속 불가능 자본주의: 기후 위기 시대의 자본론』. 다다서재.

사이토, 고헤이 지음. 정성진 옮김. 2024.『제로에서 시작하는 자본론』. 아르테.

샌델, 마이클 지음. 함규진 옮김. 2020.『공정하다는 착각: 능력주의는 모두에게 같은 기회를 제공하는가』. 와이즈베리.

제임슨, 프레드릭 지음. 황정아 옮김. 2020.『단일한 근대성: 현재의 존재론에 관한 에세이』. 창비.

챈들러, 앨프리드 지음. 김두얼, 신해경, 임효정 옮김. 2014.『보이는 손 Ⅱ』. 지식을만드는지식.

피케티, 토마 지음. 안준범 옮김. 2020.『자본과 이데올로기』. 문학동네.

Balibar, Étienne. 2004. "Europe as Borderland, The Alexander von Humboldt

Lecture in Human Geography." University of Nijmegen, November 10, 2004, socgeo.ruhosing.nl/colloquium/Europe%20as%20Borderland.pdf.

Bidet, Jacques. 1999. *Théorie générale: théorie du droit, de l'économie et de la politique*. Paris: PUF.

Bidet, Jacques. 2004. *Explication et reconstruction du Capital*. Paris: PUF.

Bidet, Jacques. 2007. Explanation and Reconstruction of Marx's Capital. *Rethinking Marxism* 19(3): 361-179.

Bidet, Jacques. 2008. Court traité des idéologies. *Actuel Marx* 44: 129-146.

Bidet, Jacques. 2011. *L'État-monde: libéralisme, socialisme et communisme à l'échelle globale*. Paris: PUF.

Bidet, Jacques. 2013. "Modernity and Global History." *Actuel Marx* 53(1): 106-120.

Bidet, Jacques et Gérard Duménil. 2007. *Altermarxisme: Un autre marxisme pour un autre monde*. Paris: PUF.

Brook, Andrew. 2010. "Kant's Attack on Leibniz' and Locke's Amphibolies." http-server.carleton.ca/~abrook/papers/kants-attack-on-leibnizs-and-lockes-amphibolies.pdf.

Duménil, Gérard. 2013. "Modernity and Capitalism." https://www.cepremap.fr/membres/dlevy/dge2013a.htm.

Caygill, Howard. 2000. *Kant Dictionary*. Blackwell Reference(e-book). Blackwell.

Kant, Immanuel. 1929. *Immanuel Kant's Critique of Pure Reason*. tr. Norman Kemp Smith. New York: Macmillan.

Mannheim, Karl. 1954. *Ideology and Utopia: An Introduction to the Sociology of Knowledge*. tr. Louis Wirth and Edward Shils, London: Routledge and Kegan Paul.

Lew, Roland. 1997. *L'intellectuel, l'état et la révolution: Essais sur le communisme chinois et le socialisme réel*. Paris: L'Harmattan.

Lewin, Moshe. 2005. *The Soviet Century*. London: Verso.

Marx, Karl. 1963. *Le capital*. livre 1. édition établi et annotée par Maximilien Rubel. Paris: Gallimard.

Marx, Karl. 1968. *Das Kapital*. Bd. 1. Karl Marx-Friedrich Engels-Werke. Berlin: Dietz Verlag.

Marx, Karl. 1990. *Capital*. Volume One. tr. Ben Fowkes. Reprinted in Penguin Classics, London: Penguin Books.

Marx, Karl. 1993. *Le capital: critique de l'économie*. livre 1. Quatrième édition allemande. la responsabilité de Jean-Pierre Lefebvre. Paris: PUF.

Peerboom, Derek. 1991. "Kant's Amphiboly." *Achiv für Geschichte de Philosophie* 73(1): 50-70.

Sato, Yoshiyuki. 2007. *Pouvoir et resistance: Foucault, Deleuze, Derrida, Althusser*. Paris: L'Harmattan. [국역(2012): 김상운 옮김. 난장].

Larousse dictionnaire Français. www.larousse.fr/dictionnaires/francais-monolingue.

Merriam-Webster Dictionary. www.merriam-webster.com.

제8장

반자본주의 비판과 포스트자본주의 변혁에서 사회적 욕구의 필수성

안잔 차크라바티(Anjan Chakrabarti, 캘커타대학교 경제학과 교수)

현대 욕구 이론은 두 가지 형태, 즉 '일반적 버전(thin version)'과 '특수적 버전(thick version)'으로 이해되어 왔다(Fraser, 1998: 14-16).[1] 일반적 버전에서 **보편적** 원리로서 욕구는 '문화'와 '주체-입장'의 문제를 추상한다. 특수적 버전에서는 욕구를 **특수한** 것으로 보며, 그리고 역사와 '경험'에서 나오는 것으로 본다. 특수적 버전(주관/특수)과 일반적 버전(객관/보편) 간 차이는 현재의 욕구 논쟁에서 많이 생겨났다.[2] 마르크스의 욕구 이해에 대한 독창적인 특징은 보편-특수 또는 객관-주관이라는 이분법에서 벗어나 객관적(일반적) 욕구 개념이 주관적(특수적) 욕구 개념과 다중결정

---

1 비마르크스주의와 마르크스주의의 욕구에 대한 논의는 Chakrabarti, Dhar and Cullenberg(2012: 10장)을 참고하라.

2 Heller(1968)를 참고하라.

(overdeterminated)의 관계에 있다는 관점으로 옮겨 갔다는 것이다.

프레이저(Ian Fraser)는 마르크스가 많은 욕구 개념, 즉 자연적 욕구, 필수적 욕구, 사치 욕구, 사회적으로 창조된 욕구, 사회적 욕구, 진정한 사회적 욕구를 사용한 점을 특히 강조한다. 이와 같은 다양한 사용을 면밀히 살펴보면 추상적 욕구와 구체적 욕구의 관계 또는 욕구와 욕구 형태의 관계에 대한 마르크스의 방법론을 파악할 수 있다. 자연적 욕구는 욕구의 추상적 형태를 나타내는 반면에, 나머지 욕구, 즉 필수적 욕구, 사치 욕구, 사회적으로 창조된 욕구, 사회적 욕구, 진정한 사회적 욕구는 모두 욕구의 구체적-실제적 형태이다. 마르크스의 방법론을 고려하면 추상적 욕구는 구체적-실제적 형태, 즉 욕구 형태없이 존재할 수 없다. 그리고 욕구와 욕구 형태는 다중결정의 관계에 있다.

욕구 형태로서 욕구는 자연적으로 미리 결정된 어떤 객관적 목적이나 생물학적 목적이나 다른 목적을 지정하지 않는다. 오히려 그것은 다중결정되는데, 즉 그런 욕구의 출현은 시공간적 측면에서 그런 욕구를 구성하는 모순적인 과정(경제, 정치, 문화, 자연)의 집합에 좌우된다. 따라서 욕구 형태는 사회적으로 결정되고 구체적인데, 그것을 결정하는 구성 과정이 변화함에 따라서 해석과 변화에 열려 있다. 개입을 통해 욕구의 의미, 구조, 구성을 바꾸는 게 가능하기 때문에, 욕구의 공간은 대결의 장이며, 욕구의 특수한 출현은 욕구 형태를 둘러싼 투쟁의 결과이다. 따라서 욕구는 경제, 자연, 문화, 정치의 다양하고 상호적인 구성 축이 한데 얽혀서 나타나는 산물이다.

욕구의 구성적 및 대결적 측면 외에 마르크스는 정치적 측면을 또 다른 방식으로 강조하였다. 우리는 사회적 욕구의 호소에서 급진적인 정치적 가능성을 찾을 수 있는데(우리는 이를 '급진적 욕구(radical need)'라 부른다), 그것의 강조는 자본주의의 한계와 동시에 포스트자본주의 미래에 대한 바람의 가능성을 나타내기 때문이다. 그런 급진적 정치의 가능성을 무력화하기 위해 헤게모니계급(the hegemonic)은 국민국가, 국제기구(예를 들어 세계은행), 지식 공장과 관련된 담론을 통해, 호소된 욕구 형태에 특정한 관점을 부여하여 그 급진적 내용을 누그러뜨려서 자본의 지배에 도움이 될 수 있게 한다(우리는 이를 헤게모니적 욕구(hegemomic need)라고 부른다).[3] 이 맥락에서 다음과 같은 질문이 제기될 수 있다. 어떤 욕구가 헤게모니적 자본주의의 산물인가? 어떤 욕구가 헤게모니적 자본주의에 대한 비판인가? 자본주의와 그것의 기반이 되는 정치경제학에 대한 마르크스적 비판의 임무 하나는 급진적 욕구를 헤게모니적 욕구로 대체하는 계기, 구조, 작동 체계를 추적하고, 질문하고, 분석하는 것이다. 이러한 두 계기 모두, 즉 현존 자본주의 체제에 도전하는 급진적 욕구를 사회적으로 정치화하여 표현하는 것과 그러한 욕구를 자본주의의 구미에 맞게 살균 소독된 형태로 대체하려는 시도는 자본주의를 보전하려고 하는 쪽과 자본주의를 포스트자본주의 정치로 대체하려는 쪽 사이의 진지전에서 이뤄지는 지배 정치의 두 축을 나타낸다.

우리는 더 진행하기 전에 세 가지 주의 사항을 알리고자 한다. 첫째 고전 정치경제학이 경제 및 자본주의 분석에 계급을 결합하는 데 실패한 것 때문에 마르크스가 고전 정치경제학과 거리를 두었던 마찬가지 이유로 우리 또한 자본주의에서 계급 과정/투쟁과 욕구 과정/투쟁의 결합 관계를 회피하는 '욕구의 비계급적 설명'을 삼간다.

둘째, 필요노동과 잉여노동 간 구분이 사라지고 계급 개념, 즉 잉여

---

[3] 급진적 욕구와 헤게모니적 욕구에 대해서는 Chakrabarti & Cullenberg(2003: 7장)과 Chakrabarti, Cullenberg & Dhar(2008)을 참고하라. 인도 맥락에서 욕구 투쟁의 특수한 논의에 대해서는 Chakrabarti, Dhar & Dasguta(2015)를 참고하라.

개념도 사라진, 계급 없는 공산주의 사회 환경의 욕구 논의는 삼간다. 그러나 마르크스가 발전된/계급없는 공산주의에서 강조한 사회 재생산의 조직화 원리로서 (우리가 알고 있는 바로서의) 노동과 욕구 출현의 퇴조는 착취와 궁극적으로 하나의 원칙으로서 노동을 폐지하는 계급투쟁이 사회적 욕구의 중요성에 대한 사회 투쟁으로 다중결정되는 장기간에 걸친 사회 투쟁의 과정으로 여겨져야 한다. 이는 반자본주의 저항과 포스트자본주의 변혁에서 욕구 투쟁 인식의 중요성을 강조한다. 정성진(Sengjin Jeong, 2016)은 다음과 같이 말한다.

> 욕구 기반 분배와 노동의 폐지는 먼 미래의 이상적 상태가 아니라 반자본주의 혁명의 시작부터 추구해야 하는 즉각적 임무이다. 실로, 마르크스 스스로 (필요 노동시간과 잉여 노동 간 구분이 남아 있지만 계급 구분이 비착취 계급의 제거와 함께 사라지는-안잔 차크라바티) "초기 공산주의"에서 조차도 총 사회 생산물의 충분한 부분이 개인들의 노동시간에 따라 개인들에게 분배되는 게 아니라 공통 욕구의 분배를 위해 공제된다라고 말했다. 『고타 강령 비판』에서는 "둘째: 학교, 건강 서비스 등 집단적 욕구의 충족을 위해 제공되는 모든 것. 이 부분은 현재 사회와 비교하면 처음부터 상당히 확대될 것이고, 새로운 사회의 발전에 비례하여 증가할 것이다"라고 한다. 그럼에도 불구하고, 노동시간 계산에 기반한 경제 조절이 일시적이지만 종종 사용되는 이유는 "초기 공산주의"에서 그것에 의존함으로써만 욕구 기반 분배의 확대와 노동의 폐지가 설계될 수 있기 때문이다(Sengjin Jeong, 2016: 132-333).

이런 방향의 사회 재설계는 학문적 책략이나 관리 업무가 아니라 현재의 과업으로서 정치화된 사회 재건설의 하나로 이해해야 한다. 이런 특수한 목적의 배경에서 생겨나는 하나의 도전은 반자본주의 비판과 포스트자본주의 변혁의 정치적 지평 사이에서 자본주의와 포스트자본주의의 이행기에 있기 위해서는 노동시간으로 계산한 잉여와 사회적 욕구 간 이론적 관계를 세우는 것이다.

세 번째 주의 사항은 국가 논의와 관련된다. 발전된 공산주의 아래서 국가의 존재 문제를 거론한다면 반자본주의 비판과 포스트자본주의 변혁 간의 공위기(空位期, interregnum)에 국가의 본성을 정치적으로 변혁하는 중요성을 인식해야만 한다. 다시 말해서 사회 투쟁처럼 국가 성격에 대한 투쟁도 사회화된 정치변혁의 중요한 부분으로 간주되어야 한다. (노동계급 인구로부터) 아동 노동에 대한 마르크스의 견해에서 이 점에 있는 중요성을 볼 수 있는데, 당시 산업 자본주의에서 아동 노동이 만연해 있었고, 그는 분명히 이를 아동의 성장(인지 발달과 건강을 포함함)에 그리고 노동계급이 참담한 자본주의 체제를 압도하는 수준으로까지 능력과 존엄과 의식을 키우는 데에 장애물이 되는 것으로 간주했다. 그런 상황을 바로잡는 데서 문제는 아이들은 "자기 힘으로 행동할 수 없다. 그러므로 그들을 위해서 행동하는 것은 사회의 의무이다."(Marx, 1977: 80)라는 점이다. 그가 생각했던 손에 잡히는 해결책은, 적어도 그것의 중요한 부분은, 노동계급 자녀의 교육 보장이었다. 이를 위해 그는 국가를 목적으로 보지 않았고, 폭넓은 노동계급에 기반한 사회운동 내의 어떤 목적을 달성하기 위한 통로로 보았다.

> 더욱 깨우친 노동계급은 노동계급의 미래, 따라서 인류의 미래가 전적으로 신진 노동계급 세대의 형성에 의존한다는 것을 완전히 이해한다. 그들은 무엇보다 아동 및 청소년 노동자들을 현존 체제의 참담한 결과로부터 구해야 한다는 것을 안다. 이는 오직 사회적 이성을

사회적 힘으로 바꿈으로써 가능하며, 그리고 **주어진 상황 아래서** 국가 권력으로 집행되는 일반법 외에는 그렇게 하는 다른 방법이 없다. 그런 법을 집행하는 것에서 노동계급은 정부 권력을 강화하지 않는다. 반대로 노동계급은 그들에게 대항적으로 사용된 정부 권력을 그들의 기구로 변혁한다. 그들은 고립된 다수 개인들의 노력으로는 헛된 시도로 끝날 것을 집단행동으로 해낸다…이런 관점에서 나아가면 우리는 어떤 부모도 어떤 고용주도 교육과 결합된 경우를 제외하고는 청소년 노동의 사용이 허용되어서는 안 된다고 말한다(Marx, 1977: 80-81).

그는 지배계급(자본가들과 동료 집단)의 아이들과 노동계급의 아이들이 다른 어린 시절을 보낸다는 것을 잘 인식하면서, 당시 팽배해 있던 정치경제학 맥락에서 아동 시기에 대한 관념을 재고할 필요성을 언급했다. 마르크스의 요점은 노동계급 아이들의 **욕구**가 당시 맥락에서 개별적으로 실현될 수 없기에, 그런 욕구를 사회적 욕구로 표현하고 사회적 이성을 변혁적 생각을 가진 사회적 힘으로 바꿀 필요가 있다는 것이라고 할 수 있다. 이는 특수한 맥락에서 사회적 욕구가 급진적 욕구가 되는 경우이다. 마르크스는 부모와 고용주에 대한 언급에서도 나타나듯이, 해당 아이들에게 기구를 제공하고 고용주와 부모의 책임을 묻기 위해서, '후견인(guardianship)' 제도에 분명히 반대하면서 아이들의 욕구를 사회 운동으로 바꿀 필요성이 있음을 말하고 있다. 이 투쟁에서 그는 국가를 자애로운 행위자가 아니라 최소한 아이들의 문제에 대해 사회 운동을 통해 국가 자체를 변혁해야 하는 투쟁의 장으로서 본다. 자본주의 헤게모니 아래서 국가는 헤게모니화(hegemonization) 능력이 다중결정되는 장으로서 이데올로기적이고 억압적 기구들의 결합된 효과들이 다중결정되는 장이라는 것을 잘 인식하면서 우리도 여기서 마르크스처럼 사회적 힘으로서 사회적 욕구에 대한 요구가 실행될 수 있는 열린 장소로서 국가를 다룰 필요성을 주장한다. 국가는 그런 사회적 욕구가 실행될 수 있는 유일한 장소가 아니라 마르크스가 인정하듯이 어떤 상황 아래서 어떤 이슈들을 위해서 유일하게 이용할 수 있는 통로가 될 수 있는 확실히 중요한 장소이다. 우리는 또한 어떤 사회적 욕구를 요구하기 위해 어떤 때에는 열리는 그 통로가 다른 때에는 빠르게 닫힐 수 있음을 알고 있다. 또는 국가는 급진적 욕구를 헤게모니적 욕구로 전위(displace)할 수 있다. 즉 급진적 욕구를 국가의 폭넓은 헤게모니화 과정의 필수 요소로 만들 수 있다(국가가 보통 교육과 인적 자본으로 그때 이후 150년 동안 그렇게 했듯이). 여기서 우리의 분석에서는 사회적 욕구와 국가 사이의 이런 복합적 관계를 고려할 것이다.

이 장은 세 부분으로 이루어져 있다. 첫째 부분은 계급 욕구 공간의 이론적 설명을 제시하고, 급진적 욕구와 헤게모니적 욕구 간 대립 관계를 강조한다. 둘째 부분은 욕구가 중심 개념인 개발 담론 맥락에서 우리 접근법의 독창성을 강조하는 인도에 대한 두 가지 예증으로 구성된다. 마지막 부분은 우리 논의의 배경이 되는 계급 중심의 변혁 정치에 초점을 맞춘다.

1. 자본주의의 한계로서 사회적 욕구

마르크스는 자본주의의 몇 가지 한계를 보여주는데, 평등-자유의 한계로서 착취와 자본주의 선순환의 한계로서 시초 축적이다. 그리고 생태사회주의자들은 마르크스의 정치경제학 비판에 따라 자본주의의 또 하나의 중요한 한계점을 일깨워 주는데, 자연이다. 우리는 네 번째 한계를 추가할 수 있는데, 욕구 또는 더욱 구체적으로는 사회적 욕구이다. 우리의 주장을 전개하기 위해서 사회적 욕구의 설명에서 한계를 보이는 신고전학파 경제학으로 논의를 시작하고, 그런 후에 우리의 출발점을 도표로 보여주겠다.

자본주의의 이데올로기적 미사일 탄두인 신고전학파 경제학—새 버전과 구 버전에 대해서는 Madra(2017)를 참조하라—의 탄생과 진화는 두 가지 범주, 즉 잉여노동의 과정으로 이해되는 계급과 욕구를 무시한다. 마르크스적 접근법은 상호적인 구성을 통해 그 두 개념을 생각하는 것을 요구하는 반면에 신고전학파 경제학은 욕망(wants)과 욕구(needs)를 구별하고 전자를 그것들을 충족시키기 위한 자원의 희소성과 대립하는 것으로 간주하면서 시장 자본주의 이론을 시작한다. 욕구 개념은 더 이상 거의 나타나지 않는다. 유명한 다이아몬드와 물의 역설의 예에서 보듯이, 욕구는 구매하고 판매하려는 **의향(willingless)과 능력(ability)**에 의해 전복된다. 의향은 개인의 선호(욕망)을 다루는 반면, 구매하고 판매할 능력의 측면은 개인들이 직면한 희소성 제약을 다룬다. 그 개념들은 수요와 공급의 영역을 구성할 뿐 아니라 작동하는 사회제도로서 시장을 전제하게 한다. 당신은 건강검진이 필요하지만 시장가격으로 그것을 받을 형편이 되지 않는다면, 건강검진은 당신의 수요표에 포함될 수 없으며, 그리하여 당신에게 합당한 소비재가 될 수 없다. 아주 명백하게 건강검진 산업은 당신을 소비자로 받아들이지 않을 것이고, 이제는 비 시장환경에서 건강검진을 감당할 수 있게 될 경우에만 당신은 이용할 수 있을 것이다. 역설적으로 그런 욕망 충족의 실패는 아주 극적으로 욕구(당신의 물에 대한 욕구, 건강검진 욕구)의 존재를 드러낸다. 그런 욕구의 결핍이 넓게 확대되어 집단적으로 인정될 때 그것은 사회적 욕구가 된다.

신고전학파 경제학이 숨긴 것을 가시화하는 데 초점을 맞추면, 이상적 형태에서 자본주의 경제체제는 두 가지 차원과 관련된다. 첫째는 이전에 한 사회에서 사회적으로 생겨난 생활필수품으로 고려된 것을 수요(구매할 의향과 능력)에 근거한 소비로 해석한 것으로의 대체이다. 소비에 대한 이런 생각은 사용가치의 생산이라는 두 번째 이슈와 결합된다. 구매한 노동력의 도움을 받아 자본가들이 조직한 생산은 사용가치를 교환가치로 전환함으로써 예상된 상품 소비 수요를 충족시키는 것을 목표로 삼는데, 그 과정에서 생산된 사용가치와 그것에 포함된 잉여가치를 전유한다. 잉여 노동(따라서 확장하면 잉여가치 형태도)의 계급 과정이라는 마르크스적 입구(entry point)는 시장수요로 요약되는 (욕망의 영역을 다루는) 선호, 기술, 자원이라는 신고전학파 입구에 의해 타당하지 않은 것으로 배제된다. 경제 구조―생산, 분배, 소비―를 완벽하게 조화로운 총체로 폐쇄시키는 것은 사회적 욕구에 대한 적대감에서 의심에 이르기까지 대다수 주류 경제학자들이 표현하는 다양한 정념을 설명한다. 수용할 경우 착취의 부당함이 드러나는 계급 개념처럼, 사회적 욕구도 나타날 경우에는 자기조정 시장 자본주의라는 이상에 흠집 또는 구멍을 표현하게 된다. 이는 헤게모니화를 통해서는 최악으로 통제될 수밖에 없고, 기껏해야 그런 조화와는 무관하게 확산될 수밖에 없는 사회 왜곡과 빈곤을 나타낸다.

두 번째 문제는 자본주의 체제 불안정에서 수반되는 두 가지 원천, 즉 잉여가치 창출 목적의 상품 생산을 소비 수요를 위한 상품 생산과 맞추는 문제(자본주의 경기순환 불안정의 원천)와 상품 생산을 인구의 사회적 욕구를 위한 생산과 조화시키는 문제(이른바 발전 공간에서 불안정)와 관련된다. 그것들 사이에 있는 불가분의 관계는 우리를 자본주의와 사회적 욕구 간 피할 수 없는 긴장으로 안내하는데, 그 긴장은 사회적 욕구와 이런 목적을 위한 잉여의 재분배 문제가 자본주의의 필수적 특징으로 나타나고, 투쟁의 장을 제공하는 이유를 설명한다. 우리의 논점을 자세히 살펴보자.

사이토 고헤이(Saito, 2018: 99-137)에 따르면 자본주의와 비자본주의에서 노동 총량 할당과 총생산물 분배가 이루어지는 방식에는 근본적인 차이가 있다. 비자본주의 경제 형태에서는 사전적으로 사회적 욕구에 대한 지식을 가지고 있기 때문에 생산을 위한 구체 노동 할당과 생산물 분배의 방식(이를 조직하는 방법이 독재적이든, 전통적이든, 민주적이든)이 **생산활동 이전에** 마련될 수 있다. 결과적으로 "각 개인의 노동은 사회 재생산에 대한 기여를 보장하므로 **직접적으로** 사회적 성격을 갖는다."(Saito, 2018: 105) 대조적으로 자본주의 상품 생산 방식 아래서 구체 노동은 사적인 계산에 기초한 **사적** 활동으로서 조직되며, 노동 수행 **시점에서** 총 사회적 노동의 부분이 아니다. 사적 노동과 그 생산물의 분배는 생산활동이 사회적 성격을 얻기 전에 일어날 수 없지만, 가치 또는 사회적 필요 추상 노동시간의 매개(개별 유용성을 충족시키는 물건의 사회적 교환을 통해 사적 노동의 교환을 가능하게 함)를 통한 교환에서는 그렇게 되는데, 이는 여기서 더 논의할 필요가 없다. 비자본주의 방식이 지배하는 경제 형태 아래서는 사회적 욕구가 생산과정 이전이나 생산과정 동안에 내부화되어 그 욕구를 충족하기 위한 생산물 분배가 보장되지만, 자본주의 아래서는 그러한 사전 보장이 없다. 달리 말하면, 비자본주의 생산 조직 외부에서는 사회적 욕구를 개념화할 필요는 없다.

반대로 자본주의에서는 분리가 나타나는데, 자본가들의 목적이 생산된 사용가치를 지불할 의향과 능력이 있는 잠재적 소비자들에게 양도하는 것이기 때문이다. 이를 조화로운 질서로 마무리 짓는 신고전학파의 시도에도 불구하고 마르크스주의 학자들이 지적한 잘 알려진 문제 하나는 그 둘이 일치할 수 없다는 것이다. 그것은 자본주의 체제 불안정의 원천이며, 그것에서 나온 다양한 결함들이 문헌에서 폭넓게 논의되었다. 하지만 우리가 주목해야 하는 또 다른 이슈가 있다. 이 분리는 나머지 사람들—비소비자 인구—의 욕구 접근성 문제는 미해결로 남겨둘 뿐 아니라 (특히 욕망과 욕구 사이의 사전적인 분리가 이루어졌을 때) 무엇이 욕구를 구성하는지의 기본적 질문조차도 미해결의 그리고 끝이 없는 사회적 질문으로서 제기하게 만든다. 생산-분배-소비의 축으로 된 경제체제의 시도된 폐쇄에도 불구하고 사회적 욕구라는 유령은 자본주의 한계와 왜 자본주의 역사는 특수한 사회적 욕구의 출현을 둘러싼 그리고 이런 사회적 욕구의 충족을 위해 (공공재처럼) 직접적인 또는 (현금 이전처럼) 화폐 형태를 통한 생산된 사용가치의 재분배 과정을 둘러싼 정치적 투쟁의 역사와 함께 해왔는지를 상기시키는 존재로서 등장한다.

    마르크스주의 관점에서 요점은 욕구를 계급에 부가하거나 그 반대로 하는 게(이른바 전략적 동맹을 창조하는 것) 아니라 그것들의 상호적 구성 관계를 보여주는 것이다. 실제로 우리의 입장은 항상 계급 및 욕구 과정은 다중결정되기 때문에 욕구는 무시한 채 계급에 집착하는 것과 계급을 무시한 채 욕구에 집착하는 것은 자본주의를 이해하고 포스트자본주의 미래를 다시 생각하는 데 심각한 방법론적 결함이 된다는 것이다.

2. 계급과 욕구: 모순과 대립의 관계

잉여노동의 수행과 전유 과정으로서 계급으로 시작하자. 이는 편의상 근본적 계급 과정(Fundamental class process: FCP)이라고 부른다. 그러면 이 잉여는 전유자들이 분배하여, 잉여 창출 및 전유 과정에 비계급적 존재

조건을 제공하는 이들이 수취하게 된다(Rsesnick and Woff, 1987). 편의상 이를 부차적 계급 과정(subsumed class process: SCP)이라고 부른다. 이제 근본적 계급 과정을 보장하는 흐름으로서 분배된 잉여가 사용가치의 생산장소에서 소진된다고 생각할 수 있다. 이는 비록 다중결정된 구조에서 계급 효과를 강화시킨 면이 있지만, 신고전학파의 생산-분배-소비 이론에 대응하는 마르크스 이론이다. 그러면 사회에서 근본적 계급 과정(FCP), 부차적 계급 과정(SCP), 비계급 과정 사이의 기본적 관계[4]는 다음과 같이 가치형태로 표현될 수 있다.

$$\sum_{i=1}^{n} SV_i = \sum_{j=1}^{k} SCCP_j \tag{1}$$

여기서 i와 j는 생산된 잉여가치(SV)가 전유되는 장소와 잉여가치의 생산 및 전유 과정, 즉 근본적 계급 과정(FCP)을 위한 다양한 비계급 존재 조건을 보장하는 목적을 가진 부차적 계급 과정(SCP)을 위해 부차적 지불(SCCP)로서 분배되는 장소를 나타낸다.

이런 생산-분배-소비의 계급 중심 모형은 설명한 바와 같이 생산장소, 즉 근본적 계급 과정의 조건을 제공하는 자들에 한정된다. 이것만으로는 비노동 구성원 또는 노동 구성원의 사회적 필요 소비품 꾸러미의 충족에 부족한 부분이 채워져야 한다는 것을 설명하지 못한다. 그것은 이미 설명한 이유로 급진적 욕구의 분출 계기 및 재분배 정책을 통한 욕구 공간의 헤게모니적 재구성의 계기를 설명하지 못한다. 즉, 이 모형에서는 사회적 욕구를 정의하는 것을 투쟁의 특수성, 또 그런 목적의 잉여 재분배 문제를 둘러싼 투쟁의 특수성이 부재하거나, 기껏해야 엄밀한

---

4 레스닉 및 울프(Resnick and Wolff, 1987)을 참조하라.

의미의 근본적 계급 과정 및 부차적 계급 과정을 둘러싼 투쟁으로서 계급투쟁에 포함되는 것으로 간주된다. 이는 마르크스적 틀을 앞서 언급한 바 사회적 욕구에 따른 자본주의 한계를 설명하지 못하는 같은 문제에 빠지게 한다. 또한 계급과 욕구의 분리는 사회적 욕구를 위한 분배와 관련된 공공 정책 문제에 대한 마르크스적 대응을 심각하게 제한한다.

그러한 분석틀이 깨닫지 못하는 것은 자본주의 역사는 자신의 한계에 부딪히기도 하지만 노동자와 사회 운동에 대응하고 적응하는 탁월한 능력으로 한계점을 제한하고 이를 헤게모니적 재구성과 주체화 활동으로 전위(轉位)하기 위한 욕구 담론을 통해서 한계에 끊임없이 대처함으로써 스스로를 재구성하는 시도도 했다는 것을 보여주었다는 사실이다. 자본주의 주창자들은 자본주의 체제의 존속을 위해 근본적 계급 과정과 부차적 계급 과정의 재생산에 도움이 되면서 위협적이지 않는 다양한 사회적 욕구를 이식하려고 욕구 공간에 개입할 수밖에 없으며, 개입하고 있다. 우리는 이런 욕구 담론을 전유(된) 욕구(appropriate(d) need) 또는 헤게모니적 욕구라고 부른다.

자본주의의 한계가 사회적 공간에서 자본주의에 노선하는 적대적 분출의 예로서 실제로 또는 잠재적으로 드러나기 마련이라는 것을 기억한다면 헤게모니적 욕구의 정치적 본성은 더욱 선명해진다. 일반적으로 그런 사회적 욕구의 초기 분출은 자본의 논리에 대항하는 투쟁에서 잠재적인 대항헤게모니적 계기로서, 또 글로벌 사우스에서 개발주의를 통한 헤게모니를 비롯한 구조와 지배로서 급진적 욕구의 출현을 알린다. 이런 한계점 대립—이것의 분출은 노동계급 또는 사회 운동을 통해서 종종 일어난다—은 예상치 못한 형태만큼이나 지금까지 알려지지 않은 것으로 나타날 수 있고, 방향을 알 수 없는데, 따라서 이는 정확히 급진적 욕구를 체제에 잠재적 위협으로 만든다. 계급 착취가 잉여에 대한 계급투쟁을 잠재적 체제 위협으로 여기고, 그런 이유로 **사전에** 제압해야만 하는 자본주의의 한가지 한계를 보여주듯이, 급진적 욕구의 출현은 한계점에서 또 다른 위험한 대립을 상기시키는 것이며, 그런 이유로 그것은 헤게모니적 욕구로 표현할 수 있도록 내용을 대체함으로써 누그러뜨려야 할 후보가 된다.

　마르크스와 엥겔스는 생산의 장소에서 벗어난 분배의 문제를 다시 생각할 필요성을 분배 문제를 둘러싼 투쟁의 정치적 중요성에 관한 것으로서 아주 잘 알고 있었다. 엥겔스는 "사회의 모든 비노동 구성원들을 부양하는 것을 부불노동이다."(Engels, 1974: 16)라며, 계급과 비노동 구성원들의 관계를 강조했으며, 마찬가지로 마르크스(Marx, 1970a: 13-30)는 '사회의 비노동 구성원'에 대한 잉여가치 분배가 "그 자체로 생산에 속하지 않는 행정의 일반적 비용", "학교, 건강 서비스 등 공통적 욕구의 충족을 위해 제공되는 것", "일할 수 없는 이들을 위한 기금 등, 즉 이른바 오늘날 빈곤 구제에 포함되는 것"으로 보내져야 한다고 말했다. 또한 이미 논의된 바, 대처되어야만 하는 자본주의의 한계를 드러내는 사회적 욕구의 측면을 덧붙인다면, 그 함의는 명확하다. 잉여는 생산의 장소에서 소진될 수 없다.

　이런 명확화를 고려하면 생산된 총 잉여는 두 가지 목적을 위해 분배되는 것으로 간주되어야 한다(Chakrabarti and Cullenberg, 2003: 197-234; Chakrabrti and Dhar, 2023: 59-84) 첫째, 부차적 계급 지불(SSCP)로서 '계급 분배'는 근본적 계급 과정을 보장하는 비계급 존재 조건을 직접적으로 제공하는 이들을 위한 것이다. 잉여 분배는 생산 장소를 위해 소진되기 때문에 우리는 편의상 그것을 생산 잉여(PS)로 부른다. 생산 잉여 외에 창조된 총 잉여가치(TSV)의 일부는 근본적 계급 과정 자체를 제공하는 조건과 직접 연결되지 않는 사회적으로 결정된 다양한 사회적 욕구를 총족시키기 위해 분배된다. 이런 잉여 부분은 계급 관련 존재 조건을 위해 보내지는 것과 다르게 사회적으로 결정된 욕구 기준에 의해 분배되고 수취될 수 있도록 다른 장소의 사회 축으로 보내진다. 그런 잉여를 '사회적 잉여'(SS)로, 이런 분배 방식을 '개발 분배'로 부르겠다. 그 자체로 일종의 비계급 과정인, 사회적으로 결정된 욕구를 위한 사회적 잉여(SS)의 개발 분배는 빈곤 관련 욕구, 실업 보상 욕구, 보편적 소득 제도, 노령 제도, 생태적 욕구 등을 포함한다.

'계급 분배'와 '개발 분배'를 합치면 다음과 같다.

$$TVS = \sum_{i=1}^{n} SCCP_i + \sum_{k=1}^{m} SS_k \tag{2}$$

여기서 i와 k는 각각 근본적 계급 과정의 비계급 조건 제공자에 대한 계급 분배와 다양한 사회적 욕구로 인한 개발 분배를 가리킨다. 계급 및 비계급 과정, 계급 분배 및 개발 분배, 욕구 과정에 대한 개발 투쟁(사회적 욕구의 의미, 내용, 양에 대한 투쟁)을 포함하는 계급투쟁 및 비계급 투쟁은 다중결정된 그리고 모순적인 관계에 있다. 따라서 어떤 한 흐름(예를 들어 SSCPs) 또는 한 프로그램(예를들어 빈곤 관련 SS)의 변화는 다른 요소들에 모순적인 효과를 유발한다.

관련된 마르크스 분석 구조는 다음과 같이 수정된다.

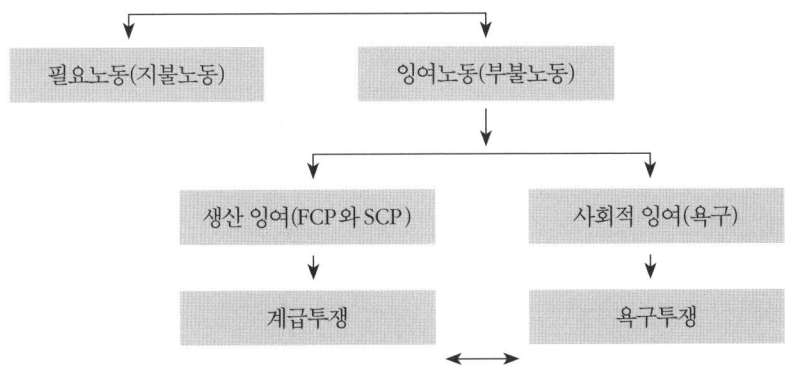

이 맥락에서 여러 가능성이 존재하고 실제로 실현된다. 예를 들어 총 잉여가치(TSV)의 양이 주어지면, 생산 잉여(PS)가 증가 또는 감소하면 이에 조응하여 사회적 잉여(SS)의 양에는 역효과를 가질 것이다. 다른 한편 기존 계급 분배가 유지된다면, 사회적 욕구를 위한 사회적 잉여(SS)가 증가한다면 근본적 계급 과정(FCP)에 모순적 효과를 가질 것이다. 계급과 욕구 간 모순 관계는 (생산적 및 비생산적) 자본가들과 그 동료 집단(경제단체, 주식 시장, 신용평가기관 등)이 사회적 욕구 그 자체에 대해, 그리고 이런 목적을 위한 잉여 부분의 재분배에 대해 보이는 무관심과 때때로 공공연한 적대감을 설명한다. 마치막으로 근본적 계급 과정(FCP)의 조건 제공자들이 계급 분배를 놓고 서로 투쟁하고, 자신들이 수취한 부차적 계급 과정(SCP)을 유지하거나 확대하기 위해 전유 자본가들과 싸우듯이, 욕구 공간도 다양한 사회적 욕구와 그런 욕구를 위한 요구들에 의해 분열됨으로써 사회적 잉여를 위한 투쟁을 목도한다. 계급(FCP와 SCP) 및 욕구 과정과 그것들의 의미, 구성, 형태, 통치, 기금을 둘러싼 투쟁 내의 그리고 그것들 간에 그런 관계는 피할 수 없으며, 예측할 수 없다. 우리의 분석은 그런 투쟁과 가치 흐름을 위해 마련된 공공 정책을 비평하고 개입할 수 있는 다른 시각을 제공한다. 이런 측면에서 많은 사상가들이 올바르게 지적한 '불평등 위기'(Piketty, 2014; Fullbrook and Margan, 2020)는 생산 장소로부터 잉여 분배 문제와 관련될 뿐만 아니라 사회적 욕구를 위한 사회적 잉여의 재분배 문제도 다루어야 하는 것이다. 사실 우리의 틀이 시사하듯이 그 두 측면은 불가분의 복합적 관계에 있다.

이제 우리의 틀에 세 가지 다른 예로 살을 붙여 나가겠다. 먼저 소개하는 두 가지 예는 인도를 배경으로 한다. 우리는 빈곤 및 보편적 기본소득의 개발 담론 맥락에서 공공 정책을 계급 중심 접근법 내에 통합하는 방법을 풀어내는 것부터 시작한다(Chakarabarti, 2022). 그것은 사회적 욕구를 다루는 데에 국가가 지원한 시도들이 어째서 모순적인 계급 및 비계급 과정의 다중결정된 공간에서 발생할 수밖에 없었는지 보여준다. 두 번째 예는 특수한 식량 안보 정책, 즉 국가식량안보법(National Food Security Act)를 다루며, 정치적 투쟁이 어떻게 식량안보(food security, 식량안전보장으로도 표기되며, 유엔식량농업기구의 정의로는 모든 사람이 활동적이고 건강한 삶을 위해 식생활 욕구와 식량 선호도를 충족할 수 있는, 충분히 안전하고 영양가 있는 식량에 물질적, 경제적으로 접근할 수 있는 상태를 의미함_옮긴이)의 급진적 욕구의 출현으로 여겨졌던 것을 헤게모니적 욕구로 전위시켰는지를 보여준다(Chakrabarti and Sakar, 2019). 마지막 부분은 포스트자본주의로 향하는 정치적 변혁의 사회화 관점에서 계급 욕구 투쟁의 가능성에 대한 짧은 논의로 구성된다(Chakrabarti and Cullenberg, 2003; Chakrabarti and Dhar, 2023).

3. 계급, 빈곤, 보편적 기본 소득: 인도의 예

초기 단계의 인도에서는 이중 경제 구조에서 나타나는 대표성─수카모이 차크라바티(Sukhamoy Chakravarty, 1987)는 역사적인 2차 5개년 계획(1956-1961)을 루이스 모델의 변종이라고 불렀음─으로 인해 빈곤이 제3세계 특징으로 간주되었고, 빈곤의 근절은 기본적으로 국가 주도의 경제 성장으로 유발되는 구조적 전환의 낙수효과의 결과여야 했다. 1960년대 말부터 현재까지 인도 정부의 체계적이지만 불안정한 재분배 과정을 통한 직접적인 빈곤 완화 현상이 진행되었으며, 성장을 통한 빈곤 완화 전략을 보완하게 되었다. 이런 측면에서 질문은 우리는 어떻게 이론적으로 사회적 욕구와 관련된 빈곤의 존재를 계급 과정에 통합하고, 이를 계급 과정과 관련하여 비판적으로 풀어낼 것인가이다. 계급이 빈곤에 중요한 문제인가?

빈곤과 관련된 사회적 욕구, 즉 빈민을 위해 명시적으로 지정된 식량, 주택 등과 같은 사회적 욕구의 출현, 의미, 내용은 모순적인 밀고 당김의 다중결정으로서 오직 역사적으로 나타났다. 그것의 의미와 형태는 또한 아주 많은 변형을 겪었기에 사회적 욕구로서 그 존재조차도 때때로 쟁점이 되었다. 식량을 예로 들어보자. 사카 및 챠크라바티(Sarkar and Chkrabarti, 2021)에 따르면 19세기부터 농업 위기, 기근, 그리고 때때로 경제-정치 체제에 도전하는 대규모 운동(독립 후 인도에서 일어난 치명적 식량 운동과 폭동을 포함)과 함께 수백만 명의 죽음에도 불구하고, 식량 안보 즉 사회적 욕구로서 식량이 인도 정부에 의해 받아들여진 것은 단지 1960년대였으며, 이것도 자본주의의 지속적 발전에 도움이 되는 방식으로였다. 즉 그때까지의 급진적 욕구가 국가의 권한과 감독 아래서 헤게모니적 욕구로 전위되었으며, 사회적 잉여의 분배는 공공분배제도(PDS) 형태를 취하게 되었다.

이 사례는 사회적 욕구가 국가 통치의 관리 공간 내에서 배타적으로 생겨난다고 생각하는 것은 오류임을 보여준다. 그렇게 생각하면 사회적 욕구의 출현과 형태를 만드는 다중결정되고 모순적인 과정과 투쟁의 복합성을 무시하게 된다. 이런 측면에서 사회적 욕구와 국가의 관계는 정치적 상황에 달려 있다. 우리의 예를 확장하면, 사회-경제적 과정에 대한 효과와 투쟁으로 인해 사회적 잉여의 형태와 양으로서 식량 안보라는 사회적 욕구의 의미와 타당성은 이후에 계속 변화했다. 즉, 처음에는 (원칙상) 보편에서 1990년대는 공공분배제도(PDS)를 목표로, 그 뒤 오랜 투쟁을 통해 2013년 국가식량안보법 아래의 현재 형태에 이르게 되었다(다음 절에서 이에 대해 자세히 설명하겠다).

그런 이유로 다른 종류의 빈곤 관련 사회적 욕구도 역사적으로 생겨나고 변형이 일어났다. 그것들은 우리의 계급 욕구 접근법이 분석적 대응으로서 적합한지에 대한 추가적인 이론적 도전을 제기한다. 인도와 관련된 우리의 핵심 주장을 분석적으로 예증하기 위해 챠크라바티(Chakrabarti, 2022)를 따라서 세 종류의 인정된 사회적 욕구에 대한 국가 지원 사회적 잉여(SS) 분배의 예를 들겠다(물론 다른 예들도 많다). 첫째는 국가식량안보법(SS_{FC}) 아래서 공공분배제도(PDS)를 통한 빈민의 식량 욕구이며, 둘째는 아유슈만 바랏(Ayushman Bharat)인데, 이는 최근 사회경제 카스트 인구조사(SECC) 데이터에 따른 결핍(deprivation) 기준에 기초하여 결정된 빈곤하고 결핍된 농촌 가구 및 식별된 직업 범주의 도시 노동자 가구를 위한 자격 기반 건강 계획을 다루는 국민건강보험제도(National Health Protection Mission)이다(SS_{AB}). 셋째는 갠지스강 환경오염의 방지, 통제, 저감과 적합한 물의 흐름이 지속될 수 있도록 '깨끗한 갠지스강을 위한 국가 계획(Mission for Clean Ganga, NMCG)' 아래서 갠지스강을 재생하기 위한 생태적 욕구(SS_{RG})이다. 개념화, 구성, 시행의 측면에서 이런 계획들은 자본주의 계급 구조에 직접적인 존재 소선을 제공하는 것과 관련이 없다. 앞의 두 가지 계획—SS_{FC}와 SS_{AB}—은 특히 (SECC가 나누거나 정한 빈곤선 이하 같은 기준에 의해 식별된) 빈민을 위한 것으로 인식되고, 그들을 대상으로 하고 있으며, 반면에 마지막 계획은 (갠지스강이 신성한 것으로 여겨지기에) 문화적인 의미를 가진다고 하더라도 환경적인 목적을 위한 것이다. 우리 분석 틀의 측면에서 빈민을 위한 사회적 잉여(SS_P)는 $SS_{FC} + SS_{AB}$와 같다. 따라서 이러한 사회적 잉여 지불은 생산 장소를 위한 부차적 계급 지불(PS)과 개념적으로 구별되어야 한다. 그래서 다음과 같이 정리할 수 있다.

$$TSV(FCP) = PS(SCP) + SS(SS_{FC} + SS_{AB} + SS_{RG})$$
$$SS_{FC} + SS_{AB} = SS_P = TSV(FCP) - PS(SCP) - SS_{RG} \qquad (3)$$

세 가지 결론이 나온다. 첫째 식량, 건강, 환경은 자연적인 사회적 욕구가 아님을 인식할 필요가 있다. 그것들은 또한 다중결정적이고 모순적인 공간 내에서 장기적인 과정의 관여와 투쟁을 통해서 생겨난다는 것을 인식해야 한다. 그뿐만 아니라 그것들의 의미와 형태도 이런 관여와 투쟁의 중요한 부분이 되었다. 둘째로 계급 및 욕구 과정/투쟁은 필연적으로 다중결정의 그리고 모순적인 관계에 있으며, 이런 관계는 지배 이익 집단이 그런 사회 프로그램 사업에 개입하고 때때로 공공연하게 적대감을 가지는 것을 설명해준다. 즉, (자본가와 노동자 간) 근본적 계급 과정(FCP)에 대한 계급투쟁과 (FCP의 비계급 조건 제공자로서 실질적 수취자와 잠재적 청구자 간) 부차적 계급 과정(SCP)에 대한 계급투쟁 외에도 사회적 욕구의 인정과 여기에 공급되는 사회적 잉여의 크기를 둘러싼 피할 수 없는 욕구 투쟁도 있다. 예를 들어 생산되어 전유되는 잉여가치의 양을 고려할 때, 사회적 잉여로 가는 개발 분배의 증가는 계급 분배의 감소를 의미하고, 따라서 자본가들과 부차적 지불로서 상당한 부분을 수취하는 직접적인 동료 집단에 압박으로 작용한다. 놀랍지 않게 성장률(즉 새로운 부가가치(임금 소득과 잉여가치)가 국가적으로 추가되는 비율)이 압박을 받는 시기에는 사회적 잉여로 가는 그와 같은 재분배에 대한 반대가 두드러진다. 셋째, 그런 투쟁은 계급 및 개발 분배에 대해서 뿐만 아니라 사회적 욕구의 다양한 청구인 사이에서도 일어나고 따라서 어떤 사회적 욕구가 우선순위에 놓아야 하는지에 대해서도 일어난다. 총 잉여가치(TSV)와 부차적 계급 과정(SCP)을 고려할 때, 얼마나 많은 사회적 잉여가 빈곤 관련 사회적 욕구로 가야 하는지와 다른 종류의 사회적 욕구(여기서 전형적인 예는 SS_{RG}임)에는 얼마나 많이 가야 하는지는 각 사회적 욕구의 의미에 대한 투쟁, 그런 욕구의 인정된 중요성, 사회적 힘에 의해 결정될 것이다.

앞서 언급한 특징들을 더욱 선명하게 강조하기 위해서 우리는 보편적 기본 소득(UBI)의 도입 가능성을 살펴보고, 우리의 분석 틀이 마르크스적 관점에서 그 논쟁을 재해석하는 데 어떻게 도움이 되는지 보여줄 것이다. 정의상 보편적 기본소득은 부유하든 가난하든 모든 시민이 국부를 누릴 자격을 의미하며, 분명히 이런 주장의 근거는 빈곤도 환경도 아니다. 인도의 맥락에서 보편적 기본소득의 타당성이 무엇인지(즉, 그것이 적어도 높은 불평등을 가진 나라에서 사회적 욕구로서 자격을 갖는지 여부), 그것이 갖추어야 하는 형태, 필요한 재분배 가치의 양, 생산활동(즉 생산된 가치의 영역, 근본적 계급 과정, 부차적 계급 과정)에 미치는 왜곡 효과의 가능성, 재정 압박 모두 논의 되고 있다(2017년 인도 인간개발 저널(the symposium in Indian Journal of Human Developmentdm, 2017)의 심포지움을 참조하라). 보편적 기본 소득을 위한 사회적 잉여를 SS_{UBI}로 표기하면 정식 (3)은 다음과 같이 된다.

$$SS_{FC} + SS_{AB} = SS_P = TSV(FCP) - PS(SCP) - SS_{RG} - SS_{UBI} \qquad (4)$$

보편적 기본소득(UBI)의 도입은 계급 분배와 나머지 개발 분배에 영향을 주며, 이는 계급 및 비계급 과정 간 다중결정된 모순의 복합성 증가를 초래한다는 것이 (4)부터 명확해진다. 적어도 보편적 기본소득 논의는 계급 및 개발 투쟁의 복합성을 포함하는, 즉 생산된 총 잉여가치(TSV) 중에 얼마나 많이 생산 잉여(PS) 대신에 그것으로 돌려야 하는지와 관련되는 계급 이슈('계급'이라는 말이 헤게모니적 담론에서 터부시된다고 하더라도)이다. 더욱이 그 논의는 보편적 기본소득의 도입이 다른 종류의 빈곤 관련 프로그램(여기서는 $SS_{FC} + SS_{AB}$)에 감소를 초래할지에 대한 곤란한 질문을 제기했던 것 같다. 다시 말해, 보편적 기본소득 논의는 역시 사회적 욕구의 개발 공간 내에서 타당한 부분이 있는지, 실현 가능성은 어떠한지에 대한 것으로 많이 이루어진다. 포스트자본주의 정치에 의해 상상되거나 건설된 잉여 경제에서 비자본주의 근본적 계급 과정도 특히 사회적 욕구를 위한 사회적 잉여의 밀고 당김으로부터 생기는 다중결정된 모순을 가진 자신의 환경과 싸워야 한다(뒤에서 더 자세히 다루겠다).

4. 인도에서 국가식량안보 논쟁: 계급–욕구 투쟁

앞서 설명했듯이 공공분배제도의 역사는 많은 수정을 겪었지만, 여기서 우리의 초점은 포용적 개발의 대표 프로그램으로서 2013년 인도 의회에서 통과된 국가식량안보법(NSFA)이다. 인도에서 급진적 욕구의 권리로서 식량 안보에 대한 요구가 인도에서 부각된 것은 독립 전후 수십년 간에 걸친 사회 운동을 통해서였다. 이런 사회 운동에서 생겨난 아이디어를 바탕으로 인간의 권리문제로서 인도의 식량 안보를 이론화 한 사람들은 21세기 '식량권(Right to Food)' 캠페인을 벌였다. 이 운동 진영은 '식량지원법(Food Entitlements Act)'으로 요약된 보편적 보장을 요구함으로써 빈곤의 퇴치와 종식을 위한 급진적 욕구로서 식량 안보 아이디어를 발전시켰다. 놀랍지 않게 이것의 보장에 필요한 사회적 잉여의 양은 추진될 가능성이 있는 모든 형태 중에서 가장 많을 것이다. 지금부터 우리가 살펴보듯이, 인도에서 이 문제의 토론에 참여한 사람들을 포함한 나머지 입장은 이 입장을 참조점과 출발점으로 삼는다.

식량안보법 토론의 직접적인 장소를 시민자유연합(Peoples' Union for Civil Liverties: PUCL)이 인도 연방을 상대로 제기한 대법원 소송으로 추적할 수 있는데, 그때부터 대법원은 식량권 캠페인이 제안한 이슈를 위해 여러 차례 개입했기 때문이다. 그것은 2002년 1월까지 목표한 공공분배제도(PDS)의 시행을 완료하는 지시, 가구당 월 25kg의 곡물 분배를 받을 빈곤선 이하(BPL) 가구 식별을 완료하는 지시, 가장 가난한 사람은 곡물을 kg당 2루피로 구매할 수 있는 안트요다야 아나 요자나(Antyodaya Anna Yojana: AAY) 계획을 시행하는 지시, 모든 정부와 정부 지원 학교에 점심을 제공하는 것, 안나푸르나 계획(Annapoorna Scheme_생계 수단이 거의 없는 65세 초과 극빈자에게 매달 무료로 곡물 10kg을 정부가 분배하는 것_옮긴이), 통합아동발달서비스(Integrated Child Development Services), 국가출산혜택제도(National Materinty Benefit Scheme) 등과 같은 다른 계획과 관련된 지시를 포함한다(Human Rights Law Network, 2009). 캠페인에서 '식량권' 운동 진영은 영양부족의 측면에서 가장 취약하다고 여겨지는 아동과 여성의 곤경을 통합했다. 전국표본조사 데이터에 따르면 도시와 농촌 지역 모두에서 1983-1984년부터 2000-2001년까지 1인당 곡물 소비가 감소하고 농촌 지역에서 1인당 총 칼로리가 1983년 2211에서 1999-2000년 2149로 급감한 것은 숨겨진 기아 상황을 나타낸다는 주장이 제기된다(Human Righs Law Network 2009; Dreze and Khera, 2010). 그 문제를 더 강조하자면, "전국가구건강조사2005-2006(National Family Health Survey 2005-2006)에 따르면, 세 살 미만 아동의 40.4%가 체중미달이며 15-49살 여성의 33%가 정상 미달 체질량 지수를 갖고 있으며, 6-35개월 아동의 78.9%가 빈혈이었다"(국가식량안보법 전문위원회 2011년 보고서 Report of the Expert Committee on National Food Security Bill 2011: 1). 달리 말해서 기아 문제는 특히 아동과 여성이 극심하다. 이런 수치와 주장으로부터 출발하여, 소득 중심의 빈곤선 이해로는 영양부족의 정도와 깊이를 포착할 수 없다는 입장이 전개되었다.

대법원의 개입으로 자극을 받은 '식량권' 운동 진영은 모든 사람을 기아로부터 보호하는 중대한 의무를 목적으로 삼는 보편적 '식량지원법'을 제안했다. 다른 권고들 중에서도 운동 진영은 공공분배제도를 추구했다. 따라서 운동 진영은 식량 안보의 거부를 생활을 위해 식량에 접근할 수 있는 기본적 인권의 침해로서 문제화하여 식량안보 문제를 '배제(exclusion_사회적 배제는 특정 개인이나 집단 등이 사회구조적으로 다양한 영역에서 박탈, 결핍, 불이익을 당해 사회, 경제, 정치 활동에 제대로 참여할 수 없어서 기본적 인권을 침해당하는 것을 말함_옮긴이)'의 경우로서 재구성했다. 식량은 개발 투쟁의 문제로 바뀌었고, 식량 안보는 사회적 잉여 분배로 의무적으로 기금을 조달해야 하는 의미 있고, 정당한 사회적 욕구로 바뀌었다. 개발 정의(development justice) 문제에 대한 투쟁으로서 식량 안보의 요소는 인도 정부의 정책 담론으로 나아갈 수밖에 없었고, 연속하여 집권한 통일진보연합(UPA) 정부(2004-2014)는 이를 포용적 개발이라는 표현으로 수용하는 것을 추구했다.

의회 주도의 통일진보연합 1기 정부는 국회의장 소니아 간디(Sonia Gandhi)가 이끌고 몇몇 학자들과 사회운동가들과 NGO 활동가들도 포함된 국가자문위원회(NAC)를 구성했다는 것은 잘 알려진 사실이다. 국가자문위원회 1기가 국가농촌고용보장법(Mahatma Gandi National Rural Employment Guarrantee Act, 인도 농촌 지역의 모든 가구에 적어도 100일 동안 비숙련 노동 일자리를 보장하는 제도)이라는 공공 정책을 개척했다는 것도 잘 알려진 사실이다. 소득 불평등을 다루기 위해 설계된 국가농촌고용보장법(MGNREGA)은 농촌 지역의 소득을 증진하고, 공공 사회기반시설을 구축하고, 농업 생산을 안정화하고, 도시지역으로 이주를 막을 것으로 여겨졌다. 그것은 처음에 몇몇 지역에서 시작했고, 그 후 확장되었다. 이것의 성공에 고무되어 집권 2기 통일진보연합 정부는 '국가식량안보법' 도입

과정을 시작했는데, 국가자문위원회 2기는 그것에 대한 권고사항을 전달하도록 요청받았다. 그 법안의 범위와 관련해서 말하자면, 국가농촌고용보장법의 절차에 따라 처음에는 식량안보법을 가장 가난한 지역에 적용하고, 그런 후 2014년까지 식량권을 확대해 나가는 것으로 제안되었다. 2010년 12월 보고서를 제출한 국가자문위원회 1기의 첫 번째 권고사항들은 최근 인도 역사에서 가장 중요한 정책 논의 중 하나로서 보일 수 있는 것에 대한 논쟁의 길을 열었다. 국가자문위원회의 전문가 위원회는 최종적으로 인도 농촌 인구의 90%, 도시 인구의 50%를 보장하도록 권고했다. 이는 인도 인구의 75%를 아우른다. 이런 인구에 대한 보장은 두 단계에 걸쳐 이루어지게 계획되었다. 가구는 선순위 가구(농촌 지역 46%와 도시 지역 28%)와 일반 가구(1단계에서 농촌지역 39%와 도시 지역 12%, 최종 단계에서 농촌지역 44% 도시지역 22%)로 나뉘도록 계획되었다. 선순위 집단의 각 가구는 매달 기장의 경우 kg당 1루피, 밀의 경우 kg당 2루피, 쌀의 경우 kg당 3루피의 보조 가격(subsidized price)으로 35kg(1인당 7kg)을 지원받을 자격을 얻었고, 일반 집단의 각 가구는 기장, 밀, 쌀의 현재 최소 시원 가격의 50%를 초과하지 않는 가격으로 매달 20kg(1인당 4kg)을 지원 받을 자격을 얻었다. 아동 및 산모의 영양, 빈곤층, 기타 취약 집단을 위한 법적 지원 기준도 마련되었다.

  같은 통일진보연합 정부가 똑같이 전임 계획 위원회(Planning Commission)에 문제를 조사하고 결과를 전달해달라고 요청한 것은 아주 흥미롭다. 정부의 비호 아래서 랑가라잔 위원회 보고서(Rangarajan Committee Report, 당시 인도 총리가 임명한 전문가 위원회)는 국가자문위원회 규정을 희석하는 모순된 역할을 했다. 보고서의 권고는 선순위 집단(공식적 빈곤선 이하 인구 비율+빈곤선 이하 인구의 10%로 산출함)으로 간주되는 농촌 인구 46%와 도시 인구 28%의 분배를 밀 kg당 2루피, 쌀 kg당 3루피 가격으로 제한했는데, 가격은 소비자 가격 지수와 연동될 예정이었고, 기장은 제외되었다. 더 큰 문제점은 차상위(above poverty line) 범주에 속하는 사람들을 그 과정에서 제외시켰다는 점이며, 이 경우에는 가능할 시 최소 지원 가격으로 차상위 인구에 곡물이 분배될 수도 있다. 국가자문위원회 보고서 거부에 대해서 말하자면, 랑가라잔 위원회는 국가자문위원회가 요구하는 만큼 곡물을 확보할 수 없다는 제약, 곡물의 추가적인 조달로 인해 자유 시장에서 가격이 상승할 가능성(이는 선순위 집단에도 해로울 것이라고 주장됨), 국가자문위원회가 예상한 것보다 훨씬 많은 보조금의 부담을 지적했다. 그 논의는 식량안보법이 보장하는 보장 범위와 법의 내용 (예를 들어 보편적이어야 하는지, 보편적이지 않으면 누가 혜택을 받아야 하는지, 쌀과 밀 같은 곡물의 일정량의 분배가 영양 기반이어야 하는지 아니면 단순히 목표 기반이어야 하는지)에까지 파고드는 것 같았다.

결국, 여러 차례에 걸쳐서 이루어진 많은 제안과 권고 후에 두 입장 사이에 타협이 도출되었고, 인도 국회는 2013년 12월 '국가식량안보법 (The National Food Security Bill)'을 통과시켰다. 법안의 정확한 성격에 대해 자세히 설명하지 않더라도, 법안이 **사회적 욕구**로서 식량 안보의 정신을 유지하고 있더라도 최종 수정된 권고안에서 그것은 보조금 법안의 제약처럼 식량 생산과 조달의 제약을 수용함으로써 보편적 보장의 이상에서 분명히 벗어났다고 여전히 추론할 수 있다. 기본적으로 그 법은 다른 사회적 욕구 고려들에 대한 사회적 잉여 요구 증가의 가능한 부정적 효과, 그리고 실제로 근본적 계급 과정과 부차적 계급 과정에 대한 가능한 부정적 효과를 어느 정도 내부화 했다. 타협의 일환으로 그 법은 매월 선순위 가구에 인당 곡물 5kg, 안트요다야(Antyodaya) 가구에 가구당 35kg 곡물을 배당하는 것을 추구했고, 곡물에 쌀, 기장, 밀을 포함시켰다. 농촌 인구의 75%와 도시 인구의 최고 50%가 선순위 및 안트요다야 가구

('적격 가구'라고 부름)로 보장될 것이라고 주장했다.

식량 안보에 대한 공공 정책을 둘러싼 국가 내 대립은 사회 운동, 활동가, NGO, 정부 기관에 한정된 게 아니라 자본가들과 그들의 동료 집단(기업체, 매체, 두뇌 집단, 신용평가사 등을 포함)의 적극적 개입에도 연관되었다. 이런 측면에서 우리는 국가자문위원회의 식량 안보에 대한 최종 권고안이 요구한 사회적 잉여가 '식량권' 캠페인이 주장한 것 또는 국가자문위원회가 처음에 제안한 것보다 적었음에도 불구하고 친자본가적, 신자유주의적 이익 단체—인도상공회의소(FICCI)[5]와 무디스(Moody's)[6] 같은 경제단체와 두뇌집단을 포함함—가 그 법에 대해 시작한 더욱 흉포한 공격에 주목하고 싶다. 랑가라잔 위원회 보고서로 촉발된 이런 비판은 급진적 욕구로서 식량 안보 아이디어에 대한 공감이나 고려가 없었다. 오히려 비판은 제안된 식량 안보법을 거부하기 위한 이유로 재정 건정성의 부정

---

[5] 인도상공회의소(FICCI) 회장 나이나 날 키드와이(Nina Lal Kidwai)는 "상공회의소는 식량안보법을 지지하지 않는다…정부가 제시한 비용 외에도 그것을 집행하는 비용과 그에 수반되는 모든 것이 재정에 부담을 줄 것이다. 숫자 면에서도 아주 골치 아픈 일이다."(식량안보법 '골치 아픈 일'(Food Security Bill 'a troublesome act'): Ficci, https://economictimes.indiatimes.com/news/economy/policy/food-security-bill-a-troublesome-act-ficci/articleshow/21251014.cms; Jul 22, 2013, 09.34 PM IST)라고 말했다.

[6] 무디스의 입장에 대해서는 「식량안보법은 인도의 신용에 부정적: 무디스(Food Bill credit negative for India: Moody's)」(http://www.rediff.com/business/report/food-bill-credit-negative-for-india-moodys/20130829.htm, August 29, 2013 15:20 IST)을 보아라. 이 입장의 일반적 예는 사비나 알키레(Sabina Alkire, http://www.thehindu.com/opinion/op-ed/this-bill-wont-eat-your-money/article4963938.ece, July 29, 2013 00:56 IST)를 참조.

적 측면, 곡물 공급 및 가격 왜곡, 관료화와 낭비의 심화, 투자자들에게 부정적 신호를 준다는 점 등을 강조했다. 어떤 추가 '식량 제공'도 거부함으로써 어떤 이들은 심지어 사회적 욕구로서 식량 안보라는 아이디어 자체에 문제를 제기했는데, 즉 그것이 대체 사회적 욕구로서 자격을 가지는지이다.[7] 우리의 관점에서 이런 비판들은 계급 분배를 위한 잉여를 가능한 많이 보유하려는 자본주의 계급 과정과 (생산적 및 비생산적) 자본가 권리의 이해관계를 대변하는 입장을 위해서 연합하는 기관 및 개인들의 예를 보여준다. 글로벌 자본 순환의 옹호자들과 수혜자들이 표현하는 우려는 이 정책의 결과로 그들에게 미칠 영향과 관련되는데, 즉 식량 안보에 더 많은 사회적 잉여가 간다면 부차적 계급과정(SCP)을 위해 전유된 잉여와 사용되는 잉여 지불에 압박을 주며, 따라서 인도의 성장 가도에 문제를 야기할 수 있다는 것이다. 이는 공공 정책에 대중이 참여하는 역할에 대한 불안감의 표현, 그리고 사회적 욕구의 일반적 타당성을 희석시키려는 것의 표현으로 볼 수 있다. 우리는 이를 공공 정책과 국정운영에서 자본가들과 동료 집단들이 영향력을 얻고 유지하려는 치열한 투쟁의 일환으로 본다. 이런 맹렬한 연합 공격은 공공 정책의 정치적 본성과 취약성을 상기시키는 기능을 한다.

친성장 의제와 경제 이익 단체의 강한 지원으로 2014년 2기 국민민주연합(NDA)이 집권하면서, 식량안보법 시행의 진정성에 관한 의문이

---

[7] 이코노믹 타임스(The Economic Times)는 국가식량안보법을 "돈만 축내는 정책"이라고 언급했고, 인도 씨엔비씨 방송(CNBC-TV18)에 따르면 바자즈 오토사의 회장인 라훌 바자즈(Rahul Bajaj)가 사비나 알키레를 인용하여 "그와 같은 모든 공짜 선물은 대중주의적 정책이다"(http://www.thehindu.com/opinion/op-ed/this-bill-wont-eat-your-money/article4963938.ece, July 29, 2013 00:56 IST)라고 말했다고 한다.

제기되어 왔다. 식량안보법에 대한 비판이 증가하는 가운데, 역설적인 면은 팬데믹으로부터 대규모 기아의 재앙적 결과를 막은 것이, 특히 저소득의 그리고 현재 실직 상태의 노동대중에 대해서 그렇게 한 것이 이른바 비효율적인 공공분배제도의 존재였다는 점이다. 코로나19 시기의 경험은 공공 정책에 대한 그런 효율성 논리의 부당함을 역사적으로 증명했을 뿐만 아니라 공공분배제도가 아니었다면 인도에서 일어났을 수도 있는 대규모 기아, 기근, 궁핍을 촉진하는 효율성 논리와 그런 논리를 추구하는 이론들의 범죄 공모를 보여준다. 그럼에도 불구하고 그것은 어떻게 식량 안보가 특히 코로나19 시기 같은 불확실한 상황에서 자본의 전진을 안정화하고 보장하기 위해서 인구의 사회적 재생산에 대한 삶-정치적 통제의 헤게모니 수단이 될 수 있는지 보여준다. 사회적 욕구로서 식량 안보는 인도 자본주의 한계에 머무르고 있다. 그 한계는 인도가 현재 식량 생산에서 자급자족하지만 경제체제를 재생산하기 위해서는 무료 식량을 제공하는 세계 최대 규모의 정부 지원 공급 제도(약 8억 1,350만 수혜자)를 보장해야만 하는 역설로 표현된다.

우리는 식량 안보에 대한 논쟁이 사회적 욕구의 의미를 **둘러싼**, 그 절차와 범위를 포함하는 사회적 잉여의 분배로서, 그리고 계급 과정을 둘러싼, 치열한 투쟁을 나타낸다는 것을 보였다. 이런 논쟁에서는 '계급'이라는 열쇠 말이 (인식론적 폐제성(foreclosure) 때문에) 당연히 금기시되지만, 계급 중심 접근법은 이런 논쟁의 용어들을 낯설게 하고, 식량 안보에 대한 공공 정책의 형성을 사회적 욕구, 계급 분배, 개발 분배를 둘러싼 투쟁으로 풀어냄으로써 독창적 해석을 낳는 데 일조한다는 것은 분명하다.

5. 계급, 욕구, 정의 문제

우리의 마르크스적 접근법(Chakrabarti and Cullendberg, 2003: 3장; Chakrabrti and Dahr, 2023: 10장)은 다음과 같은 경제 및 사회의 변혁을 옹호한다.

(1) 착취적인 계급 환경을 비착취적 계급 환경으로 바꾸고, 잉여를 생산하는 이들이 잉여 노동의 전유 및 분배에 관한 의사결정에서 배제되지 않도록 하는 것

(2) 평등 개념에 기초하여 생산된 부의 '정의로운' 분배를 이룩하는 것

(2)의 대목은 우리를 다른 문제로 데려간다. 근본적 계급 과정을 재생산하는 데 필요한 부차적 지불 분배 후에 보유한 잉여는 어떻게 되는가? 만약 사회적 잉여로서 추가로 분배된다면 누구에게, 어떤 기준으로 분배될 것인가? 계급 욕구의 관점에서 '정의로운' 분배는 정치적 문제인데, 이는 현존 자본주의의 한계와 이를 옹호하는 정치 경제학의 한계에서 생겨나는, 사회적으로 표현된 사회적 욕구의 충족을 위한 사회적 잉여에 대한 추론 없이는 논의될 수 없다.

놀랍지 않게 자본주의 경제사는 중앙정부, 광역단체, 기초단체, NGO, 세계은행 같은 국제기구, 개별 계급 기업(국가 계급 기업, 민간 계급 기업, 가계 계급 기업 등), 자본가, 신용평가기관, 정당, 사회 운동들이 사회적 욕구의 의미와 내용에 대해, 사회적 잉여의 소유, 분배, 수취에 대해 어떻게 서로 맞서 싸우는지를 증언한다. 앞의 두 가지 사례는 이를 분명하게 보여준다. 시공간적 맥락에서 지배에 도움이 되는 어떤 평등 개념

에 기초하여 제시된 헤게모니적 정의 개념에 맞서서 마르크스주의는 역시 이런 경합을 자본주의의 존재론적 한계를 보여주고, 급진적 욕구와 헤게모니적 욕구 간 정치적 갈등을 요약하는 것으로서 이해하는 방법을 제공해야 한다. 마르크스주의가 계급투쟁과 계급 정의의 가능성을 붙잡고 있는 것처럼(Cullenberg, 1998; Demartino, 2003), 정의에 대한 고려가 개발 공간과 특히 욕구 투쟁으로 확장되어서는 안 될 이유는 없다.

계급 및 욕구 과정/투쟁의 관계는 자본주의 체제 위기 동안에 유난히 뚜렷해진다. 그런 예들에서 자본가들과 동료 집단은 체제 안정성을 위한 정치 과정과 정치력에 대해 자신들이 행사하는 상대적 통제력에 따라, (대공황과 세계대전의 여파로 나타난 뉴딜 또는 복지국가처럼) 다양한 사회적 욕구에 사회적 잉여의 재분배를 통한 양보에 합의함으로써 소득과 부의 분배 재조정에서처럼 사회적 욕구의 기존 의미의 재구성에 관여하거나 (효율성을 높인다는 이름으로 재정 긴축을 통해 일어났던 것처럼) 기존 사회적 욕구의 일부 또는 전부를 제거하기 위한 전면전을 응원하는 데 관여한다. 욕구 공간과 사회적 욕구 투쟁의 지속적 분출에서 국가-자본-담론 결합의 이런 역사적 배경을 고려할 때 반자본주의 비판과 포스트자본주의 실천을 위한 판돈으로서 욕구와 정의로운 분배의 범주를 무시하는 것은 정치적 위험이 될 것이다.

자본주의 한계에서 나타나면서 그 한계를 나타내는 급진적인 사회적 욕구의 호소는 계급 변혁을 위한 사회적 근거와 주체적 열망이 왜 존재하는지에 대한 필연성을 보여준다. 계급 변혁의 목적은 비착취적 방식을 세우는 것 외에 사용가치와 잉여의 생산, 전유, 분배, 수취의 조직을 재구성하여 착취 종식에 초점을 맞추는 것은 비착취적 근본적 계급 과정의 특수한 환경으로 향하는 운동이 요구되며, 공정한 분배에 초점을 맞추는 것은 급진적 욕구의 관련 기준에 토대를 둔 특수한 방향의 분배 변화를 요구한다. 마르크스적 관점은 두 목표를 위한 동시적인 운동을 요구하는데, 두 목표는 반드시 양립 가능한 것은 아니다.

아래 매트릭스는 사회적 총체가 시간과 공간을 진동(振動)한다는 것을 보여주며, 그런 이유로 마르크스주의자들은 미시 수준(예를 들어 기업 수준에서 정치)과 거시 수준(예를 들어 국가 수준에서 정치) 모두에서 여러 가능성을 다루는 전략을 수립하는 것이 중요하다. 따라서 발전 단계들이 있으며, 이는 통시적으로 주어지는 게 아니라 발전을 서로 다른 방향으로 동시다발적으로 밀고 당긴다. 이런 측면에서 우리의 분석은 반자본주의 저항과 포스트자본주의 변혁에 대한 정치적 역할을 위한 어떤 지침을 제공한다.

표 1   마르크스적 정치

	마르크스적 정치	
	공정한 분배-급진적 욕구를 고려	불공정한 분배-급진적 욕구를 고려하지 않음
착취 계급	전략적 상황	수용할 수 없음
비착취 계급	계급에 기반한 확장된 공산주의라는 정치적 목표	전략적 상황

출처: 차크로바티 및 쿨렌버그(Chakrabarti and Cullenberg, 2003: 233)에서 수정한 것임

이 매트릭스는 '착취 계급, 불공정한 분배'의 쌍은 받아들일 수 없다는 것과 마르크스주의자는 그런 쌍으로 지배되는 체제를 거부해야 한다는 것을 보여준다. '비착취적인, 공정한 분배'가 가장 선호될 것이지만, 그런 측면에서 다른 쌍을 향한 움직임은 수용될 것이다. 어디로 향해야 하는지에 대한 불변의 규칙은 없다. 특수한 맥락을 고려하면 '착취적인, 공정

분배(욕구 공간의 확장을 의미함)' 또는 '비착취적인(착취 공간의 축소를 의미함), 불공정한 분배'의 상태로 이동하는 것도 전략적으로 가능하다.

　마르크스주의 이론에서 어떤 것도 사회의 여정이 미리 주어진 형태를 따르며, 그리하여 사회는 비착취적이고 상대적으로 '정의로운' 사회를 향해서 거침없이 나아갈 것이라고 주장할 수 없다. 반대로 마르크스주의가 말하는 것은 바람직한 방향의 사회이면 그것을 **향해** 일해야 한다는 것이다. 하지만 비착취와 공정한 분배를 향해 일하거나 실천하는 것이 그런 사회의 실현과 안정화를 보장하지 않는다. 더욱이 우리가 사회 전체에서 비착취와 공정한 분배에 도달하거나 성취한다고 가정하더라도, 다중결정론 및 모순의 개념은 그런 상황이 영원히 지속되는 것을 배제한다. 구성 과정과 정치 행위는 어떤 계급 구조를 착취 형태로 되돌리게 할 수 있고, 부의 사회적 분배는 다시 심히 '불의'해질 수 있다. 이런 맥락에서 비착취 계급 환경과 공정한 분배를 위한 계급투쟁과 욕구 투쟁은 영구적 투쟁의 부분이다. 그리고 이는 끝이 없는 그리고 한없이 무궁무진한 실천이다.

번역: 유철수(독립연구자)

참고문헌

Chakrabarti, A. 2022. "Class and Social Needs: A Marxian Approach to Poverty." *Global Poverty: Rethinking Causality* edited by Raju J Das and Deepak Mishra. Brill: Studies in Critical Social Sciences.

Chakrabarti, A. and Cullenberg, S. 2003. *Transition and Development in India*. Routledge: New York.

Chakrabarti, A, Cullenberg, S. & Dhar, A. 2008. "Rethinking Poverty Beyond Non-Surplus Theories: Class and Ethical Dimensions of Poverty Eradication" *Rethinking Marxism* 20(4): 673-687.

Chakrabarti, A., Dhar, A. and Cullenberg, S. 2012. *Global Capitalism and World of the Third*. World View: New Delhi.

Chakrabarti, A and Dhar, A. 2023. *World of the Third and Hegemonic Capital: Between Marx and Freud*. Cham: Palgrave Macmillan.

Chakrabarti, A, Dhar, A and B, Dasgupta. 2015. *The Indian Economy in Transition: Globalization, Capitalism and Development*. Cambridge University Press: Cambridge.

Chakrabarti, A and Sarkar, A. 2019. "An Examination of Indian State in the Post-Planning Period." (with Soumik Sarkar) *Changing Contexts and Shifting Roles: New Perspectives on the Indian State*. Anthony P. D'Costa and Achin Chakraborty (ed.) Springer. 2

Chaudhury, A. 2001. "Western Marxists' Commodity Fetishism: Looking for an Exit." *Margins* Vol I, No. II (August).

Chakravarty, S. 1987. *Development Planning: The Indian Experience*. Oxford: Clarendon Press.

Chakrabarti, A. 2022. "Class and Social Needs: A Marxian Approach to Poverty." *Global Poverty: Rethinking Causality* edited by Raju J Das and Deepak Mishra. Brill: Studies in Critical Social Sciences.

Chakrabarti, A. and Cullenberg, S. 2003. *Transition and Development in India*.

Routledge: New York.

Chakrabarti, A, Cullenberg, S. & Dhar, A. 2008. "Rethinking Poverty Beyond Non-Surplus Theories: Class and Ethical Dimensions of Poverty Eradication." *Rethinking Marxism* 20(4): 673-687.

Chakrabarti, A., Dhar, A. and Cullenberg, S. 2012. *Global Capitalism and World of the Third*. World View: New Delhi.

Chakrabarti, A and Dhar, A. 2023. *World of the Third and Hegemonic Capital: Between Marx and Freud*. Cham: Palgrave Macmillan.

Fullbrook, E, and Morgan, J. 2020. *The Inequality Crisis*. World Economics Association Books: Bristol.

Heller, Agnes. 1988. "Labour and Human Needs in a Society of Associated Producers." *Interpretations of Marx*. Ed Bottomore, T. Basil Blackwell: Oxford and New York.

Human Rights Law Network. (Fourth edition). 2009. *Right to food*. New Delhi: Human Rights Law Network.

Jeong, Seongjin 2016. "Marx's Communism as Associations of Free Individuals." *Marx-Engels Jahrbuch* 2015 (1): 115-134.

Piketty, T. 2014. *Capital in the Twenty-First Century*. Trans. Arthur Goldhammer. Harvard University Press.

Madra, Y.M. 2016. *Late Neoclassical Economics: The restoration of theoretical humanism in contemporary economic theory* (1st ed.). Routledge.

Marx, K. 1970. "Marginal Notes to the Programme of the German Workers' Party." Marx, K and F. Engels *Selected Works*, Volume Three. Progress Publishers: Moscow.

Marx, K. 1977. "Instructions for the Delegates of the Provisional General Council: The Different Questions." in Selected Works by K. Marx and F. Engels, Moscow: Progress Publishers, 77-85.

Resnick, S. and Wolff, R. 1987. *Knowledge and Class: A Marxian Critique of Political Economy*. University of Chicago Press: Chicago.

Saito, K. 2018. *Karl Marx's Ecosocialism: Capital, Nature and the Unfinished Critique of Political Economy*. Dev Publishers and Distributers: New Delhi (originally published by Monthly Review Press, New York).

Sarkar, S., & Chakrabarti, A. 2022. Rethinking the Formation of Public Distribution System: A Class-Focused Approach. *Review of Radical Political Economics* 54(1): 26-43.

제9장

21세기를 위한 카를 마르크스의 생태사회주의의 유산[1]

사이토 고헤이(斎藤幸平, 도쿄대학교 종합문화연구과 부교수)

1. 서문

인류세(Anthropocene)는 인류가 '주요 요인'이 되는 새로운 지질학적 시내를 의미한다(Crutzen and Stoermer, 2000:18). 우리 행성 역사에서의 전례 없는, 존재론적 상황은 제2차 세계대전 이후 자본주의의 발전과 분리될 수 없다. 이로 인해 일부 사람들은 자본세(Capitalocene)라는 용어를 사용하게 되었다(Moore, 2016). 소련이 붕괴된 후 신자유주의 글로벌 자본주의가 승리하면서 일부에서는 "역사의 종말"(Fukuyama, 1992) 같은 선언을 했다. 동양의 새로운 시장과 값싼 노동력을 찾아서, 자본은 "시간 벌기"(Streeck, 2017)를 위한 좋은 기회를 찾았고 마치 제한이 없는 것처럼 계속 팽창했다. 그러나 지구는 분명히 유한하다. 자본은 기후변화, 대량

---

[1] 이 장은 Saito(2022)를 우리 말로 옮긴 것이다.

멸종, 토양침식 등 지구적 생태위기를 야기함으로써 자유와 정의를 위한 물질적 기반을 심각하게 훼손한다. 이제는 '인류 역사의 종말'이 다가오고 있다.

자본은 심각한 딜레마에 직면해 있다. 한편으로는 전례 없는 규모의 기후변화 대응책을 마련해야 한다. 그렇지 않으면 심화되는 생태 위기와 그에 따른 사람들의 생활 수준 저하 앞에서 정당성 위기에 직면할 것이다. 다른 한편으로, 이러한 대책에는 대량 생산과 소비의 끝없는 순환에서 벗어나기 위해 현재 시스템의 대전환이 요구된다. 대전환을 위해서는 사회적 생산 계획, 시장 규제, 부유층에 대한 과세, 신자유주의 정책의 포기가 필요하다. 일부 논자는 녹색 자본주의와 녹색 성장이 가능하다고 계속 믿고 있다(Pollin, 2018). 하지만 절대적인 디커플링에 대한 경험적 증거는 존재하지 않는다(Hickel and Kallis, 2020).

자본에게 남은 것은 더 많은 "생태 모더니스트" 또는 지구 구성주의적 개입을 가속화하는 것이다. 행성을 테라포밍하기 위해 지구 시스템에 개입하는 것이다(Neyrad, 2019). 이는 기술적으로 불확실하고 윤리적으로도 의문이 제기된다. 자본의 딜레마에 빠진 현실에서, 필요한 근본적인 해결책은 자본주의 시스템 내부에서 나올 수 없으며 외부에서 나와야 한다. 환경 운동의 급진화는 이 점을 명확히 증명한다. 이것이 또한 급진적 아이디어와 이론이 그 어느 때보다 필요한 이유이기도 하다. 이런 맥락에서 나오미 클라인은 비록 마르크스주의자는 아니지만 그녀의 신자유주의 비판을 급진화시키고, 사회주의에 대한 옹호를 저작『미래가 불타고 있다 On Fire』에서 분명히 하였다.

현실 사회주의가 심각한 환경 파괴를 일으켰다는 사실을 인식하자, 동시에 강력한 민주적 사회주의 전통을 지닌 덴마크, 스웨덴, 우루과 이와 같은 국가들은 세계에서 가장 선구적인 환경 정책을 펼치고 있다. 이를 통해 우리는 사회주의가 반드시 생태주의는 아니지만 새로운 형태의 민주적 생태 사회주의 즉, 미래 세대에 대한 의무와 모든 생명의 상호 연결성에 대한 원주민의 가르침에서 배우는 겸손함을 지닌 사회주의가 집단적 생존을 위한 인류의 최선의 기회인 것처럼 보인다(Klein, 2019: 264).

클라인이 생태사회주의를 지지한 배경에는 지난 20년간의 생태사회주의 이론과 실천의 심화가 존재하며, 여기에는 사회주의에 대한 마르크스주의의 유산이 큰 기여를 하였다. 현실 사회주의가 붕괴한 지 30년이 지난 최근 사회주의 사상의 부흥은 21세기 마르크스 생태학의 "재발견"에 의해 촉진되고 있으며, 이는 "물질대사 균열"(Burkett, 1999; Foster, 2000)과 "자본주의의 2차 모순"의 개념을 중심축으로 삼는다. 자본주의"(O'Connor, 1998). "역사의 종말"을 피하기 위해서는 이러한 마르크스주의의 전통을 확고히 파악하는 것이 필수적이다. 마르크스주의는 상상력을 회복시켜 인류세의 지구적 생태위기 속에 있는 우리에게 지속가능한 포스트 자본주의 사회를 구상할 수 있도록 해준다.

2. 생태사회주의와 마르크스주의

간단히 말해, '생태사회주의'는 '적색'(사회주의 사상과 노동계급 운동)과 '녹색'(환경 사상과 운동) 융합이다. 이 조합은 달성하기 쉽게 들릴수도 있지만, 이 둘의 관계는 오랫동안 적대적이었다. 한편으로, 환경주의는 녹색 자본주의의 한계를 인식하고 훨씬 더 급진적인 시장 시스템의 더 급진적인 변화를 시작해야한다(Empson, 2019). 다른 한편으로 사회주의 운동은 노동 계급의 풍요를 위해 자연에 대한 지배를 추구하는 생산력주의를 거부하고 주어진 자연적 한계 내에서의 번영에 더 중점을 두어야 한다.

특히 후자와 관련하여, 생산력의 극대화가 인간 해방의 필수 전제조건이라는 마르크스의 "프로메테우스주의"(Giddens, 1981: 60)에 대한 비판이 많이 제기되었다. 이런 논점에서 마르크스는 자연의 자유로운 이용에 대한 자연적 제한에 대한 인식을 거부하는 베이컨 이후의 모더니스트로 이해되었다. 따라서 마르크스의 프로메테우스주의에 대한 나이브한 수용은 다음과 같은 이유로 비판을 받았다. "자연 지배에 대한 성경적-데카르트의 이데올로기"(Lipietz, 2000: 75). 이런 종류의 비판은 소련의 심각한 환경 파괴로 인해 더욱 강화되었다(Cole, 1993: 36).

환경운동가들의 가혹한 비판과 소련의 붕괴로 인해 마르크스주의는 이전의 생산력주의적 태도를 근본적으로 재고해야만 했다. 환경운동가들의 비판에 대해 미셸 뢰비는 다음과 같이 선언했다: "마르크스는 통합적인 생태학적 관점을 갖고 있지 않았다. 자본주의적 생산 관계의 제약이 제거될 시 생산력의 무한한 발전에 대한 그의 '프로메테우스적' 낙관주의적 개념은 오늘날 방어할 수 없다"(Löwy, 1997). 테드 벤튼(Benton, 1989)은 마르크스주의에서 프로메테우스주의를 버리고 적색과 녹색의 융합을 시도한 것으로 유명하다. 그는 녹색의 요소를 마르크스주의에 도입하고자 했다. 마르크스 자신의 사상에는 존재하지 않는 마르크스주의. 벤튼에 따르면 마르크스는 자연의 한계를 인정함으로써 맬서스주의에 빠지는 것을 두려워했기 때문에 그는 결국 천연자원의 유한성을 극복해야 한다는 생산력주의적 주장을 펼쳤다. 환경 사상측면에서의 비판의 타당성을 인정하며 그는 "환경 조절적" 노동 과정의 특성에 주목하는 "녹색화된 마르크스주의"를 추구했다(Benton, 1996).

이러한 접근 방식은 알랭 리피에츠(Lipietz, 2000)와 한스 임믈러(Immler, 2011) 등이 마르크스 비판에 동참하면서 더 큰 영향력을 얻게 되었다. 특히 이들은 자본주의에 대한 생태학적 비판을 체계적으로 발전시킨다는 측면에서의 마르크스 이론의 한계를 다음과 같이 강조했다.

"마르크스는 잊어버리자!"(Immler, 2011: 11)

이러한 태도는 그들의 진짜 의도를 드러냈다. 벤튼, 리피에츠, 그리고 임믈러는 마르크스주의의 녹색화를 통해 마르크스의 정치 경제학 비판을 계승하는 척했지만 마르크스주의는 실제로는 마르크스를 녹색 운동의 우위 아래 노동 운동을 포섭하려는 시도에 방해가 되거나 장애물로 간주한다. 그러나 그 대가는 컸다.

마르크스의 가치론, 물상화론, 계급론을 포기한 이후 녹색운동이 마르크스주의의 유산에서 통합할 수 있는 내용은 상당히 제한적인 것으로 밝혀졌다. 다시 말해, 생태주의적 프로젝트와 사회주의적 프로젝트 융합의 어려움은 마르크스의 자본주의 비판의 핵심 내용을 배제한 결과로써 생태사회주의의 내용을 부실화시켰다. 안타깝게도 비판적 이론가들 사이에서 마르크스에 대한 이러한 태도는 오늘날에도 계속되고 있다. 악셀 호네트(Honneth, 2017: 45)는 마르크스주의에 내재된 아이디어 중 하나가 다음과 같은 한계를 가지고 있다고 비판하는데, 마르크스주의는 "자연에 대한 지배"(Naturbeherrschung)를 위해 생산력의 선형적 진보를 가정하는 "기술결정론"이라는 것이다. 낸시 프레이저(Fraser, 2014: 56)도 이에 동참하였다. "그러나 [마르크스의 사상]은 자본주의 사회에서의 불평등의 축이자 구조화하는 원칙인(사회투쟁의 전제이자 지주라는 점은 말할 것도 없고)젠더, 생태, 권력에 대해 체계적으로 인식하는 것에 실패하였다." 또한, 스벤-에릭 리드먼은 "마르크스를 환경의 옹호자 또는 적어도 생태학적으로 의식적인 사람으로 서술하는 것의 위험성"을 지적하였는데, 그 이유는 현대적 의미에서 "그렇지 않았기 때문"이라고 언급하였다(Liedman, 2018: 480).

3. 마르크스 생태학의 재발견

다행히도 이것이 전부는 아니다. 1990년대 이전에도 자본주의 하에서 환경 파괴에 대한 분석을 발전시키는 데서 마르크스의 유산을 이끌어내고 발전시키고, 보다 지속 가능한 사회를 위한 대안을 구상하는데 성공한 여러 마르크스주의자들이 있었다. 칼 윌리엄 캅(Kapp, 1963), 배리 커머너(Commoner, 1971), 이스트반 메자로스(Mészáros, 1972)는 이미 마르크스주의적 통찰을 자본주의에 대한 생태학적 비판에 통합하려고 시도했다. 상황은 일본에서 매우 달랐다. 1990년 이전에도 미야모토 겐이치(宮本憲一, 1967), 쓰루 시게토(Tsuru, 1976)와 같은 주요 경제학자들은 자본주의와 산업 공해의 관계에 대한 비판적 분석을 마르크스의 『자본론』에 기초하여 발전시켰다. 일본의 환경경제학은 마르크스 경제학의 기여 없이는 등장하지 않았다고 해도 과언이 아니다.

이러한 이론적 기여는 신자유주의 세계화의 헤게모니 아래서 주변화되었지만, 소련 붕괴 이후 생태사회주의 전통의 일부가 "재발견"되었다. 이스트반 메자로스(Mészáros, 1995)는 마르크스의 "물질대사" 개념에 기초하여 자본주의적 생산의 파괴적 경향에 대한 비판을 활성화했다. 제임스 오코너(O'Connor, 1998), 조엘 코벨(Kovel, 2007), 앙드레 고르(Gorz, 2018), 미셸 뢰비(Löwy, 2015)가 중요한 공헌을 했다. 보다 의미있는 기여는 존 벨라미 포스터(Foster, 2000)와 폴 버킷(Burkett, 1999)으로부터 나왔다. 벤튼, 임믈러, 리피에츠와 달리 포스터와 버킷은 마르크스와 엥겔스의 텍스트를 면밀히 분석하여 자본주의에 대한 생태학적 비판이 마르크스 자신의 이론에 존재하며, 이를 정치경제학 비판에 통합하는 것이 가능하다는 것을 설득력 있게 보여주었다.

분명히 마르크스는 기후 변화를 포함한 모든것을 예상하지는 못했고(Engel-Di Mauro, 2014; Tanuro, 2003), 마르크스에게 신과 같은 전능함을 부과하는 것은 분명히 틀렸다(Kovel, 2007: 232). 그러나 포스터와 버킷의 요점은 "물질대사 균열"이라는 개념을 중심으로 한 마르크스의 분석은 자본축적의 논리에 대한 그의 비판적 이해를 바탕으로 오늘날의 생태 위기를 비판하는 '방법론적 토대'를 제공한다는 것이다(Foster and Burkett, 2016: 8). 다시 말해, 정확하게는 마르크스의 정치경제학 비판을 재전유하고, 확장함으로써 오늘날의 글로벌 생태 위기를 자본주의의 모순의 징후로 파악할 수 있다. 그런 비판은 자본주의를 넘어 지속가능한 사회를 만들기 위한 사회적, 물질적 조건을 밝히는 데 필수적이다.

이런 시점에서 포스터와 버킷은 마르크스수의 생태학의 핵심 개념으로 '물질대사의 균열'을 정립하는데 협력하였다. 독일의 화학자 유스투스 폰 리비히가 여기에서 중심적인 역할을 했다. 리비히의 『농화학』 제7판을 읽고 나서 마르크스는 근대 농업의 비합리성을 일종의 강탈적 시스템으로 비난하였다. 단기적인 이윤추구를 위해 자본주의적 농업은 최대한 많은 토양 영양분을 경작물에 투입하고 수확 이후에도 영양물질을 토양에 반환하지 않는다는 면에서 토양의 자연법칙을 파괴한다. 이는 궁극적으로 인간과 자연의 물질대사적 순환을 교란하는 토양의 고갈로 귀결되며, 이는 『자본론』 1권에서 언급된다.

[자본주의적 생산은] 인간과 토지 사이의 물질대사적 상호작용을 교란한다. 즉 인간이 식품과 의복의 형태로 소비한 토지의 성분들을 토지로 복귀시키지 않고, 따라서 토지의 생산력을 유지하는데 필요한 영원한 자연적 조건이 작용할 수 없게 된다. 그리하여 자본주의적 생산은 도시노동자의 육체적 건강과 농촌노동자의 정신생활을 다 같이 파괴한다.

(Marx, 1976: 637)

게다가 마르크스는 『자본론』 3권에서 글로벌 규모에서 사회적 물질대사와 자연적 물질대사 간의 "회복불가능한 균열"에 대해 지적하였다.

대규모 토지소유는 농업인구를 대도시에 밀집시킨다. 이리하여 대규모 토지소유는 생명의 자연법칙이 명령하는 사회적 물질대사의 상호의존적인 과정에 회복할 수 없는 균열이 생기도록 하며 지력을 탕진하는데, 이것은 무역에 의해 한 나라의 국경을 넘어 타국에서도 발생한다(리비히).

(Marx, 1992: 752-753)

이들은 '물질대사 균열' 접근법을 위한 핵심적 문단들이다. 포스터와 버킷의 정식화 덕분에 다른 분야의 마르크스주의 연구가 쇠락으로 고통받을 때에도 마르크스주의 생태학은 소련 붕괴 이후에도 글로벌 생태위기의 심화와 더불어서 더 큰 영향력을 얻게 되었으며, 이는 다양한 사회학적 연구들 특히 해양생태학(Longo, Clausen, and Clark 2015), 농기업(Gunderson 2011), 질소순환 교란(Mancus 2007), 기후변화(Klein 2014; Weston 2014)에 대한 연구에서 증명되고 있다.

그런데 『자본론』에서 리비히의 이론적 기여는 일본 독자들에게는 전혀 새로운 것이 아니다. 시이나 시게아키(椎名重明, 1976), 요시다 후미자쿠(吉田文和, 1980), 후쿠토미 마사미(福富正実, 1989)는 이미 마르크스와 리비히 사이의 지적인 연관성에 대한 분석을 충분히 전개하였다. 이는 불행한 결과를 가져왔는데 왜냐하면 앵글로색슨 세계에서의 마르크스주의 생태학의 최근 부흥이 일본에서는 대체로 과소평가되었기 때문이다. 1990년대 이후 일본 마르크스주의의 급속한 쇠퇴와 결합되어 물질대사 균열론은 아주 최근까지도 소개되지 못하였다(斎藤幸平, 2019).

오코너의 '자본주의 2차 모순'은 포스터의 물질대사 균열과 마찬가지로 자본축적의 역사적 동학과 전 지구적 규모의 자연환경의 지속되는 악화에 대한 분석을 의도한다. 이는 자본주의가 단순히 어느 날 붕괴한다는 의미가 아니다. 자본 하에 자연을 포섭하는 끊임없는 과정을 통해, 과학과 기술을 통해 생태적 모순을 전가하는 것 덕분에, 그렇게 믿을만한 설득력있는 근거가 존재하지 않는다. 저렴한 자연을 무자비하게 전유하고, 지구 전체를 테라포밍하려는 자본의 시도(프래킹 공법과 지구 공학은 대표적 사례)는 자본에게 자기증식의 지속을 가능케 한다. 비록 더 심각한 생태적 재앙이 동반되겠지만. 자본은 그런 재앙 속에서조차 새로운 투자 기회를 포착하여 자연 파괴에서 이윤을 얻을 수 있다. 자본축적의 논리가 인간의 삶과 생태적 지속가능성으로부터 소외되어 있는 한, 행성의 한계가 초과되고 지구의 대부분이 생명체가 살기에 부적합한 환경이 되더라도 자본주의적 시스템은 아마 유지될 수도 있다. 동시에 자본은 그 부정적인 결과를 주로 '남반구'에 '이전'한다. 이런 균열의 이전을 통해 그 이전은 북반구 사람들에게는 거의 '보이지 않는' 것이 된다. '제국적 생활 양식'과 '외부화된 사회'는 북반구의 풍요를 위한 필수 조건이지만 다른 지역 사람들의 희생을 수반한다.

4. MEGA와 마르크스의 생태학

그러나 마르크스의 『자본론』을 따르는 자본주의에 대한 생태학적 비판의 발전 가능성을 충분히 인식하지 못하는 일련의 저작들이 여전히 존재한다. 이러한 마르크스주의자들은 마르크스와 엥겔스의 산발적인 발언을 모아서는 자본주의에 대한 마르크스주의 비판을 체계적으로 정교화하는 것은 불가능하다고 생각한다. 다니엘 벤사이드는 "마르크스가 이런 인식을 원자재, 에너지, 환경으로 확장하지 않은 것은 후회할 만한 일"이라고 탄식한다(Bensaïd, 2009: 317). 이런 맥락에서 일부에서는 포스터가 마르크스의 생태학의 체계적 성격과 현대 과학상의 타당성을 지나치게 강조했다고 비판한다. "생태학적 동학이 아닌 주제들을 다루는 텍스트 중에서 모호하고, 간략한 단상을 생태학적이라고 추론"했다는 것이다(Engel-di Mauro, 2014: 137). 생태학은 마르크스 시대 이후 실제 생태학자와 환경 과학자들이 밝혀낸 사실에 근거해야지, 마르크스가 당대 과학자들을 통해 알아낸 사실에 근거해서는 안 된다는 것이다.

    마르크스와 엥겔스의 새로운 전집, MEGA의 출간은 이러한 상황을 바꾸어 놓았다. MEGA의 네 번째 섹션에서는 마르크스의 발췌노트가 처음으로 출판되었다. 『자본론』이 미완성된 작품이라는 사실을 고려할 때 중요한 자료이다.

    마르크스는 말년에 『자본론』 제2권과 제3권을 준비하면서 자연과학을 연구하기 위해 매우 열심히 노력했다. 주제는 농화학, 식물학, 광물학, 지질학에 이르기까지 매우 다양하며, 발췌노트에 쓴 글의 분량도 매우 많다. 그럼에도 불구하고 그는 새로운 발견을 『자본론』에 반영하지 못했고, 그의 생태학적 통찰력은 개인 발췌노트에 남아있다(Saito, 2017).

    다른 말로 하면 『자본론』과 다른 저작들에서의 자본주의에 대한 마르크스의 생태학적 비판은 비체계적이고, 산발적으로 보일 수 있지만, 그의 발췌노트 자료는 그가 이런 이론상의 허점을 인식하고 있었고, 그의 정치경제학 비판에 근거하여 자본주의의 생태적 모순의 정교화를 시도했다는 점을 보여준다. 이런 발췌노트들은 마르크스가 리비히의 농화학을 절대화시켰다는 것이 아니라 19세기 후반의 자연과학의 급속된 발전에 고무되어, 지속적으로 그의 지식을 업데이트 했다는 점을 보여준다. 이런 식으로 마르크스 정치경제학의 미완결된 특성은 생태학의 최근 성과에 생태사회주의를 더욱 개방적으로 만들어 준다.

불행하게도 몇몇 중요한 학자들은 마르크스 발췌노트의 존재를 무시하는데 이는 그것들이 그의 사망 이후 한 세기가 넘도록 발표되지 않았기 때문이다. 그들의 무시에 또 하나의 이유는 마르크스의 역사유물론을 하나의 닫힌 변증법적 체계로 해석한 소련의 "전통적 마르크스주의" 때문이다. 여기서 문제는 전통적 마르크스주의자들이 『자본론』 체계의 폐쇄성을 강조하면 강조할수록, 그들은 마르크스의 경제학 수고와 발췌노트에는 관심을 갖기가 더 어렵게 되었다는 것이다. 이것은 이런 자료들이 『자본론』의 미완성품적 성격을 확인해 주기 때문이다.[2] 사실 엥겔스가 마르크스주의를 사회운동과 정치운동의 이론적 토대로 성립시킬 때 그는 수많은 마르크스의 발췌노트들의 존재를 언급하지 않았다. 이들

---

[2] 물론 스탈린주의 하에서 다양한 수고들이 출판되었다. '1844년의 경제학-철학 수고'도 MEGA(1932)에서 출판되었으나, 그것은 그 후 공식적인 마르크스 전집에서 사라졌다. 또한 『그룬트리세』는 스탈린 시대의 한복판인 1930년대에 출판되었다. 불행히도, 마르크스-엥겔스 연구소와 MEGA의 책임자 리야자노프(David Riazanov)는 숙청당하고, 살해당했으며, 『그룬트리세』를 편집한 웰러(Paul Weller)는 징집되어 독소전쟁의 전투에서 사망했다.

에 대해 알고 있었지만 말이다(Saito, 2019b). 그 결과로서 마르크스주의의 후속세대들은 마르크스는 자연에 대해서는 별로 언급을 하지 않았다고 확신하였고, 엥겔스의 경우 『자연변증법』과 『반뒤링론』에서 알 수 있듯이 자연과학의 발전상에 대해 전문적 식견을 갖고 있었다고 생각했다.

다른 한편으로, 모든 측면에서 변증법적 관점을 거부한 마르크스주의자들이 존재하였다. '서구 마르크스주의'는 전통적 마르크스주의의 문제적 세계관을 성립시켰다는 이유로 엥겔스를 비판하면서, 마르크스의 철학을 구원하려는 사람들이었다. 루카치가 『역사와 계급의식』에서 다음과 같이 말한 것은 유명하다.

> 이와 같이 방법을 사회, 역사적 현실(historisch-soziale Wirklichkeit)에 한정하는 것이 매우 중요하다. 변증법에 관한 엥겔스의 서술에서 생겨나는 오해는 본질적으로 엥겔스가 헤겔의 잘못된 예에 따라 변증법적 방법을 자연에 대한 지식에 까지도 확장했다는데 기인한다. 변증법의 결정적인 규정들, 즉 주체와 객체의 상호작용, 이론과 실천의 통일, 사고에서의 범주들의 변화의 기반인, 범주들의 기체(基體)의 역사적 변화 등의 규정들이 자연에 대한 우리의 지식 속에는 존재하지 않는다(Lukacs, 1971: 24).

이런 관점에 따르면 엥겔스가 자연으로 변증법을 확장한 것은 실수이고, 그것은 원래 사회분석을 위한 방법론이어야 한다. 이런 잘못은 경제결정론과 기계적 실증주의의 원인이 된다. 이 관점은 마르크스를 구원하려는 분투였지만 그 대가는 컸다. 서구 마르크스주의는 자연과 자연과학을 그들의 분석에서 배제하는 것으로 귀결되었고, 그래서 서구 마르크스주의는 생태문제를 다룰 수 없었다. 결과적으로 마르크스의 자연과학에 대한 관심은 전통적 마르크스주의, 서구 마르크스주의 양자에 의해 대체로 거부되었다.

하지만 MEGA에서 마르크스의 경제학 수고와 발췌노트의 출판은 이런 상황을 크게 변화시켰다. 더 이상 마르크스의 정치경제학 비판에서 자연의 영역을 배제하는 건 정당화 될 수 없다. 특히 말년에 마르크스가 자본주의 하에서의 환경파괴에 대한 구체적 서술을 그의 자본주의 비판에 통합시키려고 의도했다는 점이 명확해졌다. 리드먼의 견해와 달리 마르크스는 '생태적으로 의식있는 사람'이었다.

토양의 고갈뿐만 아니라 과도한 벌목, 동물학대, 멸종에 대한 다양한 논의가 존재한다(Saito, 2017). 이런 맥락에서 마르크스 시대의 다양한 사회주의자들은 사회정의를 위한 그들의 투쟁에서 생태적 이슈의 중요성을 인식하고 있었으며, 국제노동자협회(IWA)에서도 논의되었다. 예를 들어 1868년 브뤼셀 대회의 결의문에서 다음과 같이 말하였다.

> 삼림을 사적 개인들의 손에 맡긴다면 수원의 보존을 위해 필수적인 이들 삼림은 파괴될 것이고, 이런 파괴는 나아가서 토지의 비옥도나 공중위생, 시민의 삶을 해칠것이다. 삼림은 전체 사회에 귀속해야 한다고 대회는 생각한다(Marx and Engels, 2009: 1955).

마르크스는 총평의회 회의에서 결의문에서 다음과 같이 언급하였다.

> 각 대회에 소농은 출석하지 않았지만 그들의 이념적 대표자는 참석하였다. 프루동주의자들은 완강하게 그 입장을 고수했고, 브뤼셀 대회에 출석하였다. 총평의회는 브뤼셀 소위원회에 의해, 자신들이 어떤 이론을 대적하는지 잘 이해하고 있었던 사람들에 의해 기초된 것

이므로 결의에 대해 책임이 없다. 나는 이 결의를 고쳐쓰는 것을 반대하지 않는다.

(Marx and Engels, 2009: 672)³

마르크스는 산림과 수자원의 사회화에 반대하지는 않았다. 그보다는 그는 브뤼셀 대회 결의의 불충분성에 대해 비판하였다. 마르크스는 경작가능한 농지를 포함한 보다 종합적인 사회적 통제를 요구했으나 프루동주의자들은 소농의 관점에서 사적 토지소유를 보호하려고 노력했다. 마르크스의 보다 종합적인 관점은 물질대사론에 의해 기초지워졌다. 물질대사론을 통해 그는 어떻게 자본의 자연에 대한 형식적, 실질적 포섭을 통해 세계가 물질적으로 변형되어가는지 분석하는 것을 목표로 하였다. 물질세계는 탄력적이며, 자본축적에 유리한 방향으로 수정될 수 있다. 그러나 그 탄력성은 무한하지 않다(Akashi, 2016). 자연과 자본 사이의 불일치는 확장되고 결국 생산의 물질적 조건의 질적 저하로 귀결된다. 마르크스는 자본의 회전 및 이윤율과의 관련에서 자본축적에 대한 그것의 효과를 분석하려고 노력했다.

마르크스의 발췌노트에 대한 관심을 갖게되면 마르크스가 정치경제학 비판을 심화하면서 자본주의 하에서 환경파괴에 대해 점점 더 비판적으로 되어갔다는 점을 분명히 알 수 있다. 마르크스의 비판자들은 그의 『공산당 선언』에서 소위 프로메테우스적 논평을 지나치게 일반화하였다. 그의 만년 시기에는 자본주의 발전의 진보적 경향에 대한 대놓고 낙관적 논평을 거의 찾아보기 어렵다. 마르크스의 생태적 인식 내에서의

---

3 이 문장은 그 동안 "총평의회는 결의에 책임을 진다"라고 잘못 인쇄되어 마르크스의 의도를 모호하게 했다.

이런 변화를 인식하는 것이 중요하다(Löwy, 2017: 11). 만년의 마르크스에 따르면 자본주의 하의 생산력의 발전은 '자본의 생산력'으로 조직되며, 이는 자본의 가치증식에 유리하다. 그런 생산력의 발전은 노동으로부터 노동자의 해방을 실현하지 못하고, 사회측면에서 지속가능한 생산 시스템을 만들지도 못한다. 반면에 '자본의 생산력'은 인류를 지배하고, 자연으로부터의 체계적 강탈을 실현하는 것을 지원한다. 그러므로, 생산력의 발전은 지속가능성의 측면을 반드시 포함해야 한다. 만약 그것이 지속가능하지 않다면 생산력 발전은 단순히 **강탈적일** 뿐이다. 생산력은 기본적으로 지속가능성 측면에서 인간이 자연과의 물질대사를 의식적으로 조절하는 능력의 표현이다.[4]

마르크스가 역사에 대한 생산력주의적 관점을 포기하고, 자연적 한계를 인식하게 되면서 그는 가치증식을 위한 자본의 무한한 욕망과 그것들의 양립불가능성을 강조하기 시작했다. 만약 좌파가 초창기의 생산력주의의 결함을 반성한다면, 생태사회주의는 번영이 자연적 한계 내에서 성취되어야 하며, 이는 탈성장만큼이나 정상형(定常型) 경제(steady-state economy)의 요소들에 대한 적극적 개입이 필요하다는 것을 의미한다. 자연과의 소외된 관계를 극복하는 것은 적색과 녹색 모두의 핵심적 과제이

---

[4] 이 '자본의 생산력'이라는 개념은 프로메테우스주의를 피하기 위해 필수적인 것이다. 오늘날 기술발전의 자본주의적 경향이 가속화되면서 지구의 지구의 '청지기 역할(stewardship)'에 대한 영향력이 커지고 있다. 예를 들어 바스타니(Bastani, 2019)는 마르크스가 '완전히 자동화된 화려한(luxury) 공산주의자'라고 주장했다. 바스타니는 지난 20년 동안 커진 프로메테우스주의에 대한 비판적 논의를 거부하고 있고, 그 부정적 측면에 대한 충분한 주의없이 기술의 자본주의적 발전을 나이브하게 수용하는 입장으로 퇴보하였다.

다. 이런 맥락에서 마르크스의 물질대사 균열 비판은 현재 글로벌 생태위기의 비판적 분석을 위한 방법론적 토대를 제공한다. 오늘날 우리의 과제는 정치경제학과 자연과학의 종합적 분석을 발전시켜 21세기를 위해 마르크스의 생태사회주의적 사상을 현대적으로 갱신, 보완하는 것이다.

번역: 권오범(정치경제학연구소 프닉스 연구위원)

참고문헌

斎藤幸平. 2019. 『大洪水の前に マルクスと惑星の物質代謝』. 堀之内出版.

椎名重明. 1976. 『農学の思想-マルクスとリービヒ』. 東京大学出版会.

福富正実. 1989. 『経済学と自然哲学』. 世界書院.

宮本憲一. 1976. 『社会資本論』. 有斐閣.

吉田文和. 1980. 『環境と技術の経済学: 人間と自然の物質代謝の理論』. 青木書店.

Akashi, Hideto. 2016. "The Elasticity of Capital and Ecological Crisis." *Marx-Engels Jahrbuch* 45-58.

Bastani, A. 2019. *Fully Automated Luxury Communism: A Manifesto*. Verso.

Benton, T. 1989. "Marxism and Natural Limits." *New Left Review* 178: 5-86.

Bensaid, D. 2009. *Marx for Our Times: Adventures and Misadventures of a Critique*. Verso.

Benton, T.(ed). 1996. *The Greening of Marxism*. Guilford Press.

Boyd, W., W. Scott P., and Rachel A. S. 2001. "Industrial Dynamics and the Problem of Nature." *Society and Natural Resources* 14: 555-570.

Brand, U., and Markus W. 2021. *The Imperial Mode of Living: Everyday Life and the Ecological Crisis of Capitalism*. Verso.

Burkett, P. 1999. *Marx and Nature: A Red and Green Perspective*. Palgrave Macmillan.

Burkett, P. 2006. *Marxism and Ecological Economics: Toward a Red and Green Political Economy*. Brill.

Cole, D. H. 1993. "Marxism and the Failure of Environmental Protection in Eastern Europe and the U.S.S.R." *Legal Studies Forum* XVII(1): 35-72.

Commoner, B. 1971. *The Closing Circle*. Knopf.

Crutzen, P., and Eugene S. 2000. "The 'Anthropocene'." *Global Change Newsletter* 41: 17-18.

Empson, M.,(ed). 2019. *System Change not Climate Change: A Revolutionary*

Response to Environmental Crisis. Bookmarks Publications.

Engel-Di Mauro, S. 2014. *Ecology, Soils, and the Left: An Ecosocial Approach*. Palgrave Macmillan.

Foster, J. B. 2000. *Marx's Ecology: Materialism and Nature*. Monthly Review Press.

Foster, J. B., and Burkett., P. 2016. *Marx and the Earth: An Anti-Critique*. Brill.

Foster, J. B., Richard Y., and Brett C. 2011. *The Ecological Rift: Capitalism's War on the Earth*. Monthly Review Press.

Fraser, N. 2014. "Behind Marx's Hidden Abode: For an Expanded Conception of Capitalism." *New Left Review* 86: 55-72.

Fukuyama, F. 1992. *The End of History and the Last Man*. Free Press.

Giddens, A. 1981. *Contemporary Critique of Historical Materialism*. University of California Press.

Gorz, Andre. 2018. *Ecologica*. Seagull Books.

Gunderson, R. 2011. "The Metabolic Rifts of Livestock Agribusiness." *Organization & Environment* 24(4): 404-422.

Hickel, J., and Kallis, G. 2020. "Is Green Growth Possible?" *New Political Economy* 25(7576): 1-18.

Honneth, A. 2017. *The Idea of Socialism: Towards a Renewal*. Polity Press.

Immler, H. 2011. "Vergiss Marx, entdecke Schelling." *Marx und die Naturfrage. Ein Wissenschaftsstreit*, edited by Immler, H. and Schmied-Kowarzik W. 9-12. Kassel University Press.

Kapp, K. W. 2000 [1963]. *Social Costs of Business Enterprise*. Russell Press.

Klein, N. 2014. *This Changes Everything: Capitalism vs. the Climate*. Simon & Schuster.

Klein, N. 2019. *On Fire: The(Burning) Case for a Green New Deal*. Simon & Schuster.

Kovel, J. 2007. *The Enemy of Nature: The End of Capitalism or the End of the

World 2nd ed. Zed Books.

Lessenich, Stephan. 2019. *Living Well at Others' Expense: The Hidden Costs of Western Prosperity*. Polity.

Liedman, S. 2018. *A World to Win*. Verso.

Lipietz, A. 2000. "Political Ecology and the Future of Marxism." *Capitalism Nature Socialism* 11: 65-85.

Longo, S., Rebecca C., and Brett C. 2015. *The Tragedy of the Commodity: Ocean Fisheries, and the Aquaculture*. New Brunswick. Rutgers University Press.

Löwy, M. 1997. "For a Critical Marxism." *Against the Current* 71. https://againstthecurrent.org/atc071/p832/(accessed 19 March 2021).

Löwy, Ml. 2015. *Ecosocialism: A Radical Alternative to Capitalist Catastrophe*. Haymarket Books.

Löwy, Ml. 2017. "Marx, Engels, and Ecology." *Capitalism Nature Socialism* 28(2): 10-21.

Lukács, G. 1971. *History and Class Consciousness: Studies in Marxist Dialectics*. The MIT Press.

Mancus, P. 2007. "Nitrogen Fertilizer Dependency and Its Contradiction." *Rural Sociology* 72(2): 269-288.

Marx, K. 1976 [1867] *Capital*. *Vol*. 1. Penguin Books.

Marx, K. 1992 [1863-1865]. "Das Kapital(ökonomische Manuskript 1863-1865): Drittes Buch." *Marx-Engels-Gesamtausgabe*(MEGA 2) vol. II/4.2. Dietz.

Marx, K., and Engels, F. 2009. "Werke, Artikel, Entwürfe September 1867 bis März 1871." *Marx-Engels-Gesamtausgabe*(MEGA 2) vol. I/21. Akademie Verlag.

Mészáros, I. 1972. *The Necessity of Social Control*. Merlin Press.

Mészáros, I. 1995. *Beyond Capital*. Monthly Review Press.

Moore, J. W. 2016. *Anthropocene or Capitalocene? Nature, History, and the*

Crisis of Capitalism. PM Press.

Neyrad, F. 2019. *The Unconstructable Earth: Ecology of Separation*. Fordham University Press.

O'Connor, J. 1998. *Natural Causes: Essays in Ecological Marxism*. The Guilford Press.

Pollin, R. 2018. "De-Growth vs. A Green New Deal." *New Left Review* 112: 5-25.

Saito, K. 2017. *Karl Marx's Ecosocialism: Capital, Nature and the Unfinished Critique of Political Economy*. Monthly Review Press.

Saito, K. 2019. "Marx and Engels: The Intellectual Relationship Revisited from an Ecological Perspective." *Marx's Capital After 150 Years: Critique and Alternative to Capitalism*. edited by Marcello M. 167-183. Routledge.

Saito, K. 2022. "The Legacy of Karl Marx's Ecosocialism in the Twenty-First Century". *The Routledge Handbook on Ecosocialism*. edited by Brownhill, L. et al. 135-143. Routledge.

Streeck, W. 2017. *Buying Time: The Delayed Crisis of Democratic Capitalism*. Verso.

Tanuro, D. 2003. *Green Capitalism: Why It Can't Work*. Merlin.

Tsuru, S. 1976. *Towards a New Political Economy*. Kodansha.

Weston, D. 2014. *The Political Economy of Global Warming: The Terminal Crisis*. Routledge.

York, R. and Brett C. 2010. "Critical Materialism: Science, Technology, and Environmental Sustainability." *Sociological Inquiry* 80(3): 475-499.